Arbeitsrechtliche Probleme bei Spaltungen nach dem Umwandlungsgesetz

Europäische Hochschulschriften
Publications Universitaires Européennes
European University Studies

Reihe II
Rechtswissenschaft

Série II Series II
Droit
Law

Bd./Vol. 3201

PETER LANG
Frankfurt am Main · Berlin · Bern · Bruxelles · New York · Oxford · Wien

Achim Tempelmann

Arbeitsrechtliche Probleme bei Spaltungen nach dem Umwandlungsgesetz

Eine Untersuchung der Wechselwirkung
zwischen den Vorschriften
des Umwandlungsgesetzes und
den allgemeinen arbeitsrechtlichen
Vorschriften auf dem Gebiet
des Individualarbeitsrechts
unter besonderer Berücksichtigung
des § 613 a BGB

PETER LANG
Europäischer Verlag der Wissenschaften

Die Deutsche Bibliothek - CIP-Einheitsaufnahme

Tempelmann, Achim:

Arbeitsrechtliche Probleme bei Spaltungen nach dem Umwandlungsgesetz : eine Untersuchung der Wechselwirkung zwischen den Vorschriften des Umwandlungsgesetzes und den allgemeinen arbeitsrechtlichen Vorschriften auf dem Gebiet des Individualarbeitsrechts unter besonderer Berücksichtigung des § 613 a BGB / Achim Tempelmann. - Frankfurt am Main ; Berlin ; Bern ; Bruxelles ; New York ; Oxford ; Wien : Lang, 2001
(Europäische Hochschulschriften : Reihe 2, Rechtswissenschaft ; Bd. 3201)
Zugl.: Bochum, Univ., Diss., 2001
ISBN 3-631-37988-9

D 294
ISSN 0531-7312
ISBN 3-631-37988-9

www.peterlang.de

Für Kirstin und meine Eltern

Vorwort

Die vorliegende Arbeit ist im Sommersemester 2000 von der Rechtswissenschaftlichen Fakultät der Ruhr-Universität Bochum als Dissertation angenommen worden.
Rechtsprechung und Literatur sind für die Veröffentlichung bis März 2001 berücksichtigt.

Zu besonderem Dank bin ich meinem Doktorvater Herrn Prof. Dr. Rolf Wank verpflichtet, der die Anfertigung dieser Arbeit betreut und mir die berufsbegleitende Erstellung ermöglicht hat. Herrn Prof. Dr. Klaus Schreiber danke ich herzlich für die zügige Zweitberichterstattung.

Danken möchte ich ferner allen Kollegen des Bochumer Büros der Kanzlei Menold und Aulinger, die mir trotz ihrer eigenen beruflichen Beanspruchung stets die nötigen Freiräume zur Erstellung dieser Arbeit gewährt haben.

Vor allem aber danke ich meiner Frau, ohne deren Unterstützung und steten Ansporn die Arbeit nicht fertiggestellt worden wäre.

Bochum, im April 2001 Achim Tempelmann

Inhaltsverzeichnis

Literaturverzeichnis

von Alvensleben, Konstantin	Die Rechte der Arbeitnehmer bei Betriebsübergang im Europäischen Gemeinschaftsrecht, Baden-Baden 1992 (zit.: von Alvensleben, Betriebsübergang)
Annuß, Georg	Der Betriebsübergang nach „Ayse Süzen", NZA 1998, 70
derselbe	Der Betriebsübergang in der neuesten Rechtsprechung des Bundesarbeitsgerichts, BB 1998, 1582
Arens/Spieker	Umwandlungsrecht, Bonn 1996
Ascheid/Preis/Schmidt	Großkommentar zum Kündigungsrecht, München 2000 (zit.: APS/Bearbeiter)
Bachner, Michael	Individualarbeits- und kollektivrechtliche Auswirkungen des neuen Umwandlungsgesetzes, NJW 1995, 2881
derselbe	Der Betriebsübergang nach § 613a BGB, AiB 1996, 291
derselbe	Arbeitsrechtliche Folgen des neuen Umwandlungsgesetzes, AuA 1996, 217
Backhaus, Ludger	Betriebsübergang nach § 613a BGB bei Erwerb des Betriebsvermögens durch ein Bündel von Rechtsgeschäften mit betriebsfremden Dritten ?, DB 1985, 1131
Baeck/Lingemann	Auftragsübergang als Betriebsübergang ? – Neues vom EuGH, NJW 1997, 2492
Bartodziej, Peter	Neukodifikation des deutschen Umwandlungsrechts: Das Umwandlungsbereinigungsgesetz, BuW 1994, 788

Bauer, Jobst-Hubertus	Unternehmensveräußerung und Arbeitsrecht, Heidelberg 1983 (zit.: Bauer, Unternehmensveräußerung)
derselbe	Betriebsänderungen, Arbeitsrechtlicher Leitfaden für die betriebliche Praxis, Stuttgart 1992 (zit.: Bauer, Betriebsänderungen)
derselbe	Beendigung von Arbeitsverhältnissen beim Betriebsübergang, DB 1983, 713
derselbe	Zuordnung von Arbeitsverhältnissen beim Betriebsübergang, DB 1983, 1097
derselbe	Kein Widerspruchsrecht der Arbeitnehmer bei Betriebsübergang, NZA 1990, 881
derselbe	Nochmals: Kein Widerspruchsrecht, NZA 1991, 139
derselbe	Outsourcing out ? – Anmerkung zum Urteil des EuGH vom 14.4.1994, BB 1994, 1435
Bauer/Lingemann	Das neue Umwandlungsrecht und seine arbeitsrechtlichen Auswirkungen, NZA 1994, 1057
Baumann, Thomas	Arbeitsrechtliche Aspekte des neuen Umwandlungsgesetzes, DStR 1995, 888
Baumbach/Hopt	Handelsgesetzbuch, 29.Aufl., München 1995
Becker/Etzel/Fischermeier/ Friedrich/Lipke/Pfeiffer/ Rost/Spilger/Weigand/Wolff	Gemeinschaftskommentar zum Kündigungsschutzrecht und zu sonstigen kündigungsschutzrechtlichen Vorschriften, 5. Aufl., Neuwied/Kriftel 1998 (zit.: GK-KR/Bearbeiter)
Belling/Collas	Der Schutz der Arbeitnehmer vor den haftungsrechtlichen Folgen einer Betriebsaufspaltung, NJW 1991, 1919

Bepler, Klaus | Der Betriebsbegriff des Kündigungsschutzgesetzes und die Kleinbetriebsklausel, ArbuR 1997, 54

Berkowsky, Wilfried | Betriebsübergang und Kündigungsverbot nach § 613 a BGB, DB 1983, 2683

Berscheid, Ernst-Dieter | Die Auswirkungen der arbeitsrechtlichen Vorschriften des Umwandlungsgesetzes auf die einzelnen Arbeitsverhältnisse und die Beteiligungsrechte des Betriebsrates, in: Arbeitsgesetzgebung und Arbeitsrechtsprechung, Festschrift zum 70. Geburtstag von Eugen Stahlhacke, Neuwied/Kriftel/Berlin 1995, 15

derselbe | Auswirkungen der arbeitsrechtlichen Vorschriften des Umwandlungsgesetzes auf die einzelnen Arbeitsverhältnisse, Wprax 23/1994, 4

Binz/Rauser | Betriebliche Altersversorgung bei Betriebsaufspaltung, BB 1980, 897

Birk, Rolf | Arbeitsrechtliche Probleme der Betriebsaufspaltung, BB 1976, 1227

derselbe | Betriebsaufspaltung und Änderung der Konzernorganisation im Arbeitsrecht, ZGR 1984, 23

Blomeyer/Otto | Gesetz zur Verbesserung der betrieblichen Altersversorgung, 2. Aufl., München 1997

Blumers, Wolfgang | Ausgliederung und Spaltung und Zuordnung von Wirtschaftsgütern, DB 1996, 7

Böckel, Markus | Instrumente der Einpassung neuen Rechts in die Rechtsordnung (unter besonderer Berücksichtigung von Unberührtheitsklauseln), Berlin 1993 (zit.: Böckel, Instrumente der Einpassung)

Boecken, Winfried	Unternehmensumwandlungen und Arbeitsrecht, Köln 1996 (zit.: Boecken, Unternehmensumwandlung)
derselbe	Der Übergang von Arbeitsverhältnissen bei Spaltung nach dem neuen Umwandlungsrecht, ZIP 1994, 1087
Boewer, Dietrich	Arbeitsrechtliche Auswirkungen des Umwandlungsrechts - Umwandlungsrecht und Individualarbeitsrecht -, in: Brennpunkte des Arbeitsrechts 1997, Herne/Berlin 1997, 91
Bork/Hommelhoff/Lutter/ Schmidt/Schulze-Osterloh/ Teichmann/Zöllner	Arbeitskreis Umwandlungsrecht, Vorschläge zum Referentenentwurf eines Umwandlungsgesetzes, ZGR 1993, 321 (zit.: Arbeitskreis UmwR)
Bork, Reinhard	Arbeitnehmerschutz bei der Betriebsaufspaltung, Arbeitsrechtliche Prolegomena zu einem gesellschaftsrechtlichen Problem, BB 1989, 2181
Borngräber, Helmut	Arbeitsverhältnis bei Betriebsübergang, Der Eintritt des neuen Betriebsinhabers in die Rechte und Pflichten aus den Arbeitsverhältnissen beim Betriebsübergang durch Rechtsgeschäft (§ 613a Abs.1 BGB), Düsseldorf/Frankfurt 1977 (zit.: Borngräber, Betriebsübergang)
Bracker, Ulrich	Betriebsübergang und Betriebsverfassung, Berlin 1979 (zit.: Bracker, Betriebsübergang)
Brandmüller, Gerhard	Die Betriebsaufspaltung nach Handels- und Steuerrecht einschließlich Betriebsverpachtung, 7. Aufl., Heidelberg 1997 (zit.: Brandmüller, Betriebsaufspaltung)

Brinkmann, Antje Die Spaltung von Rechtsträgern nach dem neuen Umwandlungsrecht, Berlin 1999 (zit.: Brinkmann, Spaltung)

Bröske, Christof Übernahme eines „nach Zahl und Sachkunde wesentlichen Teils des Personals“ als Voraussetzung des Betriebsübergangs, BB 1997, 1412

Buchner, Herbert Verlagerung betrieblicher Aufgaben als Betriebsübergang i. S. von § 613a BGB ? – Zum Urteil des EuGH vom 14.4.1994 – Rs. 392/92, DB 1994, 1417

derselbe Lösung der Kontroverse um den Betriebsübergang - Eine konsensfähige Entscheidung des EuGH, NZA 1997, 408

derselbe Die Ausgliederung von betrieblichen Funktionen (Betriebsteilen) unter arbeitsrechtlichen Aspekten, GmbHR 1997, 377 und 443

Carl, Dieter § 613a BGB – eine Norm im Spannungsfeld zwischen Insolvenz- und Europarecht, AuA 1993, 293

Commandeur, Gert Individualrechtliche Probleme des Widerspruchs des Arbeitnehmers beim Betriebsübergang, NJW 1996, 2537

Däubler, Wolfgang Das Widerspruchsrecht des Arbeitnehmers bei Betriebsübergang - ein Verstoß gegen EG-Recht ?, NZA 1991, 134

derselbe Der Gemeinschaftsbetrieb im Arbeitsrecht, in: Festschrift für Albrecht Zeuner zum 70. Geburtstag, 1994, 19

derselbe Das Arbeitsrecht im neuen Umwandlungsgesetz, RdA 1995, 136

derselbe	Tarifvertragsrecht, 3. Aufl., Baden-Baden 1993 (zit.: Däubler, Tarifvertragsrecht)
Däubler/Kittner/Klebe/ Schneider	Betriebsverfassungsgesetz, 5. Aufl., Köln 1996 (zit.: Däubler/Bearbeiter)
Debong, Bernhard	Die EG-Richtlinie über die Wahrung der Arbeitnehmeransprüche bei Betriebsübergang, 1988 (zit.: Debong, Betriebsübergang)
Dehmer, Hans	Umwandlungsgesetz Umwandlungssteuergesetz, 2. Aufl., München 1996 (zit.: Dehmer, Umwandlungsgesetz)
Dieterich/Hanau/Schaub (Hrsg.)	Erfurter Kommentar zum Arbeitsrecht, 2. Aufl., München 2001 (zit.: ErfK/Bearbeiter)
Drygala, Anja	Die Reichweite der arbeitsrechtlichen Angaben im Verschmelzungsvertrag, ZIP 1996, 1365
Drygalla, Tim	Der Gläubigerschutz bei der typischen Betriebsaufspaltung, 1991 (zit.: Drygala, Gläubigerschutz)
derselbe	Betriebsaufspaltung und Haftungsausschluß doch keine Illusion ?, NJW 1995, 3237
Duden/Schilling	Die Spaltung von Gesellschaften, AG 1974, 202
Düwell, Franz Josef	Umstrukturierung von Unternehmen – legislatorische Defizite und rechtspolitische Forderungen, ArbuR 1994, 357
derselbe	Umwandlung von Unternehmen und arbeitsrechtliche Folgen, NZA 1996, 393

Duvinage, Peter Die Spaltung von Personengesellschaften, Köln/Berlin/Bonn/München 1984 (zit.: Duvinage, Spaltung)

Ehrich, Christian Das Widerspruchsrecht des Arbeitnehmers beim Betriebsübergang (§ 613a BGB) - keine Makulatur, NZA 1993, 635

Ende, Monika Das Recht des Arbeitnehmers auf Beendigung seines Arbeitsverhältnisses bei Betriebsübergang im EG-Recht, NZA 1994, 494

Engelmayer, Cäcilie Die Spaltung von Aktiengesellschaften nach dem neuen Umwandlungsrecht, Köln 1995 (zit.: Engelmayer, Spaltung)

dieselbe Informationsrechte des Betriebsrats und der Arbeitnehmer bei Strukturänderungen, DB 1996, 2542

Engels, Gerd Fortentwicklung des Betriebsverfassungsrechts außerhalb des Betriebsverfassungsrechts, in: Entwicklungen im Arbeitsrecht und Arbeitsschutzrecht, Festschrift für Otfried Wlotzke zum 70. Geburtstag, 1996, 279

Erman, Walter Handkommentar zum Bürgerlichen Gesetzbuch, Band 1 §§ 1 - 853, 10. Aufl., Münster 2000 (zit.: Erman/Bearbeiter)

Etzel, Gerhard Die Entwicklung des Arbeitsrechts seit 1994, NJW 1995, 3357

Fabricius/Kraft/Wiese/ Kreutz/Oetker | Gemeinschaftskommentar zum Betriebsverfassungsgesetz
Band I: §§ 1-73 mit Wahlordnungen, 6. Aufl., Neuwied/Kriftel/Berlin 1997
Band II: §§ 74 - 132 mit Kommentierungen des BetrVG 1952 und des Sozialplangesetzes, 6. Aufl., Neuwied/Kriftel 1998
(zit.: GK-BetrVG/Bearbeiter)

Falkenberg, Rolf | Auswirkungen des § 613a BGB in der betrieblichen Praxis, DB 1980, 783

Feddersen/Kiem | Die Ausgliederung zwischen „Holzmüller" und neuem Umwandlungsrecht, ZIP 1994, 1078

Fischer, Lorenz | Individualarbeitsrechtliche Probleme beim Betriebsübergang nach § 613a BGB, Mainz 1980
(zit.: Fischer, Betriebsübergang)

Fitting/Kaiser/Heither/Engels | Betriebsverfassungsgesetz, 19. Aufl., München 1998

Flume, Werner | Allgemeiner Teil des Bürgerlichen Rechts, 4. Aufl., Berlin 1992
(zit.: Flume, BGB AT)

Fritz, Michael | Die Spaltung von Kapitalgesellschaften, Köln 1991
(zit.: Fritz, Spaltung)

Gäbelein, Wolfgang | Die Unternehmensspaltung, BB 1989, 1420
(zit.: Gäbelein, Unternehmensspaltung)

Ganske, Joachim | Reform des Umwandlungsrechts – Ein Bericht, WM 1993, 1117

derselbe | Umwandlung von Unternehmen, DB 1992, 125

Gaul, Björn	Das Schicksal von Tarifverträgen und Betriebsvereinbarungen bei der Umwandlung von Unternehmen, NZA 1995, 717
derselbe	Aktuelle Entwicklungen im Europäischen Arbeitsrecht, NZA 1997, 1022
Gaul, Dieter	Der Betriebsübergang, 2. Aufl., Köln 1993 (zit.: Gaul, Betriebsübergang)
derselbe	Der Betriebsinhaberwechsel und seine einzelvertraglichen Auswirkungen, BB 1979, 1666
derselbe	Die kollektivrechtlichen Auswirkungen eines rechtsgeschäftlich begründeten Betriebsübergangs, ZTR 1989, 432
derselbe	Das Widerspruchsrecht des Arbeitnehmers beim Betriebsübergang und seine Rechtswirkungen, ZfA 1990, 87
Geck, Reinhard	Die Spaltung von Unternehmen nach dem neuen Umwandlungsrecht, DStR 1995, 416
Gentges, Peter	Die Zuordnung von Arbeitsverhältnissen beim Betriebsübergang, RdA 1996, 265
Gernhuber, Joachim (Hrsg.)	Handbuch des Schuldrechts Band 2: Sukzessionen – Zession, Vertragsübernahme, Schuldübernahme, Schuldbeitritt, Tübingen 1983 (zit.: Gernhuber, Schuldrecht)
Gitter, Wolfgang	Betriebsübergang und Arbeitsverhältnis unter Besonderer Berücksichtigung der Zustimmung des Arbeitnehmers, in: Festschrift 25 Jahre Bundesarbeitsgericht, München 1979, 133
Goutier/Knopf/Tulloch	Kommentar zum Umwandlungsrecht, Heidelberg 1996

Großfeld/Jasper	Identitätswahrende Sitzverlegung und Fusion von Kapitalgesellschaften in die Bundesrepublik Deutschland, RabelsZ 53(1989), 52
Gussen, Heinz	Die Fortgeltung von Betriebsvereinbarungen Und Tarifverträgen beim Betriebsübergang, Berlin 1989 (zit.: Gussen, Betriebsvereinbarungen)
Hahn, Hartmut	Zum Gläubigerschutz bei der Spaltung von Kapitalgesellschaften, GmbHR 1991, 242
Hanau, Peter	Zur Kündigung von Arbeitsverhältnissen wegen Betriebsübergangs, ZIP 1984, 141
derselbe	Arbeitsrecht und Mitbestimmung in Umwandlung und Fusion, ZGR 1990, 548
derselbe	Aktuelle Fragen zu § 613 a BGB, in: Festschrift für Dieter Gaul zum 70. Geburtstag, Neuwied/Kriftel/Berlin 1992, 287
Hanau/Langanke/Preis/ Widlak	Das Arbeitsrecht der neuen Bundesländer, Köln 1991 (zit.: Hanau/Bearbeiter)
Hanau/Vossen	Die Auswirkungen des Betriebsinhaberwechsels auf Betriebsvereinbarungen und Tarifverträge, in: Festschrift für Hilger und Stumpf, 1983, 271
Hartmann, Christian	Die privatautonome Zuordnung von Arbeitsver-Hältnissen nach Umwandlungsrecht, ZfA 1997, 21
Heckelmann, Dieter	Europarecht und richterliche Fortbildung nationalen Rechts: Das Widerspruchsrecht des Arbeitnehmers beim Betriebsübergang nach § 613a BGB, in: Gedenkschrift für Eberhard Grabitz, München 1995, 141

Heidenhain, Martin Sonderrechtsnachfolge bei der Spaltung, ZIP 1995, 801

derselbe Spaltungsvertrag und Spaltungsplan, NJW 1995, 2873

Heinze, Meinhard Mißverständnisse zu § 613a BGB, in: Festschrift für Wolfram Henckel zum 70. Geburtstag, Berlin/New York 1995, 401

derselbe Die Arbeitgeber – Nachfolge bei Betriebsübergang – die Regelungsstruktur des § 613a BGB und rechtliche Konsequenzen, insbesondere im Konkurs, DB 1980, 205

derselbe Arbeitsrechtliche Probleme im Zusammenhang mit dem Spaltungsgesetz und der Unternehmensrückgabeverordnung, VIZ 1992, 301

derselbe Arbeitsrechtliche Fragen bei der Übertragung und Umwandlung von Unternehmen, ZfA 1997, 1

derselbe Der Betriebsübergang in der Rechtsprechung des EuGH, DB 1997, 677

Heiss, Manuela Die Spaltung von Unternehmen im deutschen Gesellschaftsrecht, Berlin 1995 (zit.: Heiss, Spaltung)

dieselbe Gläubigerschutz bei der Unternehmensspaltung, DZWiR 1993, 12

Heither, Friedrich Zum Widerspruchsrecht der Arbeitnehmer bei Betriebsübergang, NZA 1991, 136

Hennrichs, Joachim Formwechsel und Gesamtrechtsnachfolge bei Umwandlungen, Berlin 1995 (zit.: Hennrichs, Formwechsel)

derselbe Wirkungen der Spaltung, AG 1993, 508

derselbe — Zum Formwechsel und zur Spaltung nach dem neuen Umwandlungsgesetz, ZIP 1995, 794

Henssler, Martin — Aufspaltung, Ausgliederung und Fremdvergabe, NZA 1994, 294

derselbe — Aktuelle Rechtsprobleme des Betriebsübergangs, NZA 1994, 913

Herbst, Jens — Arbeitsrecht im neuen Umwandlungsgesetz, AiB 1995, 5

Herschel, Wilhelm — Übertragung eines Betriebsteiles bei Widerspruch des Arbeitnehmers, ArbuR 1975, 379

derselbe — Betriebsübergang und Arbeitsvertrag, ZfA 1977, 219

Hess, Harald — Gesetzlicher Übergang des Arbeitsverhältnisses bei Betriebsübergang nur mit Zustimmung des Arbeitnehmers ?, BB 1977, 501

Hilger, Marie Luise — Die Anpassung des Rechts der Betriebsübernahme (§ 613a BGB) an die Insolvenzsituation de lege lata und de lege ferenda, ZGR 1984, 258

Hill, Ulrike — Das neue Umwandlungsrecht und seine Aus-Wirkungen auf die Betriebliche Altersversorgung, BetrAV 1995, 114

Höfer, Reinhold — Gesetz zur Verbesserung der betrieblichen Altersversorgung, Kommentar, Band 1 Arbeitsrecht, München, Loseblatt, Stand April 1999

Hohenstatt, Klaus-Stefan — Der Interessenausgleich in einem veränderten rechtlichen Umfeld, NZA 1998, 846

Horn, Norbert	Das Zivil- und Wirtschaftsrecht im neuen Bundesgebiet: Eine systematische Darstellung für Praxis und Wissenschaft, 2. Aufl., Köln 1993 (zit.: Horn, Zivil- und Wirtschaftsrecht)
v. Hoyningen-Huene/ Windbichler	Der Übergang von Betriebsteilen nach § 613a BGB, RdA 1977, 329
Hueck/v. Hoyningen-Huene	Kündigungsschutzgesetz, 11. Aufl., München 1992
Ising/Thiell	Der Übergang laufender Arbeitsverhältnisse nach dem Spaltungsgesetz, DB 1991, 2082
Jacobi, Erwin	Betrieb und Unternehmen als Rechtsbegriff, Festschrift für Victor Ehrenberg zum 30.3.1926, 1926, 9
Jaeger, Georg	Die Betriebsaufspaltung durch Ausgliederung einzelner Betriebsteile als sozialplanpflichtige Betriebsänderung, BB 1988, 1036
Jäger, Christophe	Spaltung von Aktiengesellschaften zwecks Privatisierung im Vergleich Deutschland – Frankreich, Pfaffenweiler 1995 (zit.: Jäger, Spaltung)
Jarass/Pieroth	Grundgesetz für die Bundesrepublik Deutschland, 4. Aufl., München 1997
Joost, Detlev	Betrieb und Unternehmen als Grundbegriffe im Arbeitsrecht, München 1988 (zit.: Joost, Betrieb und Unternehmen)
derselbe	Arbeitsrechtliche Angaben im Umwandlungsvertrag, ZIP 1995, 976
derselbe	Betriebsübergang und Funktionsausgliederung, in: Entwicklungen im Arbeitsrecht und Arbeitsschutzrecht, Festschrift für Otfried Wlotzke zum 70. Geburtstag, 1996, 683

Jung, Eberhard Die Weitergeltung kollektivvertraglicher Regelungen (Tarifverträge, Betriebsvereinbarungen) bei einem Betriebsinhaberwechsel, RdA 1981, 360

Junker, Michael Die auf einer Betriebsvereinbarung beruhende Altersversorgung beim Betriebsübergang, RdA 1993, 203

Kaestel, Maria Anmerkung zu BAG v. 21.7.19997, BB 1978, 175

Kainz, Martin Das Nachhaftungsbegrenzungsgesetz, DStR 1994, 620

Kaiser/Gradel Betriebliche Altersversorgung bei Unternehmenskäufen, DB 1996, 1621

Kallmeyer, Harald Umwandlungsgesetz, Köln 1997 (zit.: Kallmeyer/Bearbeiter)

derselbe Das neue Umwandlungsgesetz, ZIP 1994, 1746

derselbe Spaltung nach neuem Umwandlungsgesetz: Anwendung des § 133 UmwG auf Arbeitnehmeransprüche ?, ZIP 1995, 550

Kamlah, Wulf Bestandsschutz und Ablösung von Kollektivverträgen bei Betriebsübergang, Bonn 1996 (zit.: Kamlah, Bestandsschutz)

Kania, Thomas Tarifbindung bei Ausgliederung und Aufspaltung eines Betriebs, DB 1995, 625

Kempen, Otto Betriebsübergang und Tarifvertrag, BB 1991, 2006

Köstler, Roland Anmerkung zu OLG Düsseldorf, NZA 1998, 766

derselbe Arbeitsrechtliche Folgen der Umwandlung, Mitbestimmung 1998, 63

Konzen, Horst Unternehmensaufspaltung und Betriebseinheit, ArbuR 1985, 341

derselbe Die Rechtsprechung des Bundesarbeitsgerichts im Jahre 1977, ZfA 1978, 451

Kreitner, Jochen Die Zuordnung von Arbeitsverhältnissen beim Betriebsinhaberwechsel, NZA 1990, 429

Kreßel, Eckhard Arbeitsrechtliche Aspekte des neuen Umwandlungsbereinigungsgesetzes, BB 1995, 925

Kropff, Bruno Über die „Ausgliederung", in: Festschrift für Ernst Geßler zum 65. Geburtstag, München 1971

Küttner, Wolfdieter (Hrsg.) Personalbuch 2000, 7. Aufl., München 2000 (zit.: Küttner/Bearbeiter)

Lange, Sabine Betriebsaufspaltung und Probleme des § 613a BGB - insbesondere Arbeitnehmeransprüche -, Würzburg 1993 (zit.: Lange, Betriebsaufspaltung)

Langohr-Plato, Uwe Umwandlung und Nachhaftung: neue rechtliche Aspekte in der Betrieblichen Altersversorgung, MDR 1996, 325

Larenz, Karl Methodenlehre der Rechtswissenschaft, 6. Aufl., Berlin/Heidelberg/New York/London/Paris/Tokyo/Hong Kong/Barcelona/Budapest 1991 (zit.: Larenz, Methodenlehre)

derselbe Allgemeiner Teil des Bürgerlichen Rechts, 8. Aufl., München 1997 (zit.: Larenz, BGB AT)

Leinemann, Wolfgang (Hrsg.) Kasseler Handbuch zum Arbeitsrecht, Band 1 Arbeitsverhältnis und Inhalt des Arbeitsverhältnisses, Neuwied/Kriftel 1997 (zit.: Kasseler Handbuch/Bearbeiter)

derselbe	Rechte und Pflichten des Unternehmers bei Betriebsänderungen, ZIP 1989, 552
Loritz, Karl-Georg	Aktuelle Rechtsprobleme des Betriebsübergangs nach § 613a BGB, RdA 1987, 65
Lüke, Gerhard	Anmerkung zu BAG AP Nr. 24 zu § 613a BGB
derselbe	Anmerkung zu BAG AP Nr. 55 zu § 613a BGB
Lüttge, Jörg W.	Das neue Umwandlungs- und Umwandlungssteuerrecht, NJW 1995, 417
Lunk, Stefan	Widerspruch gegen Betriebsübergang und Sozialauswahl, NZA 1995, 711
Lutter, Marcus (Hrsg.)	Umwandlungsgesetz, Kommentar Band I, §§ 1 - 151, 2. Aufl., Köln 2000 Band II, §§ 152 - 325, 2. Aufl., Köln 2000 (zit.: Lutter/Bearbeiter)
derselbe (Hrsg.)	Umwandlung von Kapitalgesellschaften und Personengesellschaften nach neuem Umwandlungsgesetz und Umwandlungssteuergesetz, Vorträge der Kölner Umwandlungsrechtstage, 12./13.1. 1995, Köln 1995 (zit.: Kölner Umwandlungsrechtstage/Autor)
Marsch-Barner, Reinhard	Das Spaltungsgesetz – Rechtsinnovation im Sinne der Privatisierung, DZWiR 1991, 88
Martens, Klaus-Peter	Das Arbeitsverhältnis im Konzern, in: Festschrift 25 Jahre Bundesarbeitsgericht, München 1979, 367
derselbe	Grundlagen des Konzernarbeitsrechts, ZGR 1984, 417
Martin, Renate	Interessenausgleich und Sozialplan, Berlin 1995 (zit.: Martin, Interessenausgleich)

Masing, Tobias Betriebliche Altersversorgung in der Unternehmensspaltung, Berlin 1997 (zit.: Masing, Altersversorgung)

Matthes, Hans-Christoph Rechtsfragen zum Interessenausgleich, in: Entwicklungen im Arbeitsrecht und Arbeitsschutzrecht, Festschrift für Otfried Wlotzke zum 70. Geburtstag, München 1996, 393

derselbe Betriebsänderungen in wesentlichen Betriebsteilen, in: Festschrift für Dieter Gaul zum 70. Geburtstag, Neuwied/Kriftel/Berlin 1992, 397

Mayer, Dieter Zweifelsfragen bei der Spaltung der Treuhandunternehmen, DB 1991, 1609

derselbe Zivilrechtliche Möglichkeiten und Haftungsrisiken bei der ertragsteuerlich neutralen Spaltung einer GmbH, GmbHR 1992, 129

derselbe Erste Zweifelsfragen bei der Unternehmensspaltung, DB 1995, 861

derselbe Spaltungsbremse ? Ein Vorschlag zur sachgerechten Auslegung des § 132 UmwG, GmbHR 1996, 403

Meilicke, Wienand Widerspruchsrecht des Arbeitnehmers bei Betriebsübergang – Wirkungen des Europarechts, DB 1991, 1326

derselbe EuGH zu § 613a BGB: Widerspruchsrecht des Arbeitnehmers hindert nicht Übergang des Arbeitsverhältnisses, DB 1990, 1770

Mengel, Anja Umwandlungen im Arbeitsrecht, Heidelberg 1997 (zit.: Mengel, Umwandlungen)

Mertens, Kai — Umwandlung und Universalsukzession, Heidelberg 1993 (zit.: Mertens, Umwandlung und Universalsukzession)

derselbe — Zur Universalsukzession in einem neuen Umwandlungsrecht, AG 1994, 66

Meyer-Ladewig, Jens — Der Komissionsvorschlag für eine Dritte Richtlinie des Rates zur Koordinierung des Gesellschaftsrechts (Nationale Fusion), BB 1970, 1517

Moll, Wilhelm — Betriebsübergang und Arbeitsverhältnisse, AnwBl 1991, 282

derselbe — Die Rechtsstellung des Arbeitnehmers nach einem Betriebsübergang, NJW 1993, 2016

derselbe — Kollektivvertragliche Arbeitsbedingungen nach einem Betriebsübergang, RdA 1996, 275

derselbe — Betriebsübergang und Funktionsnachfolge, AuA 1996, 270

Müller, Thomas — Umwandlungen des Unternehmensträgers und Betriebsvereinbarung, RdA 1996, 287

Müller-Ehlen, Frank — Der Übergang von Arbeitsverhältnissen im Umwandlungsrecht, Frankfurt a.M. 1999 (zit.: Müller-Ehlen, Übergang von Arbeitsverhältnissen)

Müller/Thüsing — Die Zuordnung von Arbeitsverhältnissen beim Betriebsübergang, ZIP 1997, 1873

Müller/Willemsen — Zum Umfang arbeitsrechtlicher Pflichtangaben im Verschmelzungsvertrag, EWiR 1998, 155

Neef, Klaus — Betriebsübergang und Betriebsänderung, Eine Analyse der Rechtsprechung, NZA 1994, 97

Neye, Hans-Werner (Hrsg.) Der Regierungsentwurf zur Reform des Umwandlungsrechts, ZIP 1994, 165

derselbe Das neue Umwandlungsrecht vor der Verabschiedung im Bundestag, ZIP 1994, 917

derselbe Inkrafttreten des Umwandlungsrechts zum 1.1.1995 - Keine Gefahr für Betriebsrenten -, Wprax 18/94, 15

Neye/Frenz/Limmer Handbuch der Unternehmensumwandlung, Berlin 1996

Oetker, Hartmut Das Widerspruchsrecht der Arbeitnehmer beim Betriebsübergang und die Rechtsprechung des EuGH, NZA 1991, 137

Oetker/Busche Entflechtung ehemals volkseigener Wirtschaftseinheiten im Lichte des Arbeitsrechts, NZA 1991, Beilage 1, 18

Palandt, Otto Bürgerliches Gesetzbuch, 60. Aufl., München 2001 (zit.: Palandt/Bearbeiter)

Pietzko, Joachim Der Tatbestand des § 613a BGB, Berlin 1988 (zit.: Pietzko, Der Tatbestand des § 613a)

Preis, Ulrich Entwicklungslinien in der Rechtsprechung des EuGH zum Arbeitsrecht, ZIP 1995, 891

Priester/Thimm (Hrsg.) Abschied von der Betriebsaufspaltung ? Köln 1990 (zit.: Priester/Thimm/Autor)

Quander, Thomas Betriebsinhaberwechsel bei Gesamtrechtsnachfolge, München 1990 (zit.: Quander, Betriebsinhaberwechsel)

Raiser, Thomas Gesamthand und juristische Person im Licht des neuen Umwandlungsrechts, AcP 194(1994), 495

Rebmann/Säcker (Hrsg.) Münchener Kommentar zum Bürgerlichen Gesetzbuch
Band 2, Schuldrecht Allgemeiner Teil, §§ 241 – 432, 3. Aufl., München 1994
Band 4, Schuldrecht Besonderer Teil II, §§ 607 - 704, 3. Aufl., München 1997
(zit.: MünchKomm/Bearbeiter)

Reichsgerichtsrätekommentar Das Bürgerliche Gesetzbuch mit besonderer Berücksichtigung der Rechtsprechung des Reichsgerichts und des Bundesgerichtshofes
Band II, Teil 3/1, §§ 611a-620 BGB, 12. Aufl., Berlin/New York 1992
(zit.: RGRK/Bearbeiter)

Richardi, Reinhard Betriebsverfassungsgesetz, 7. Aufl., München 1998

derselbe Individualrechtsschutz vor Betriebspartnerherrschaft, NZA 1999, 617

derselbe Die Anwendbarkeit des § 613a BGB bei Betriebserwerb und Neugründung von Unternehmen in den neuen Bundesländern, NZA 1991, 289

Richardi/Wlotzke Münchener Handbuch zum Arbeitsrecht,
Band 1, §§ 1-113 Individualarbeitsrecht I, 2. Aufl., München 2000
Band 2, §§ 111-232, Individualarbeitsrecht II, München 1993
Band 2, §§ 114-239 Individualarbeitsrecht II, 2. Aufl., München 2000
Band 3, §§ 240-394 Kollektives Arbeitsrecht, 2. Aufl., München 2000
(zit.: MünchArbR/Bearbeiter)

Rieble, Volker Verschmelzung und Spaltung von Unternehmen und ihre Folgen für Schuldverhältnisse mit Dritten, ZIP 1997, 301

Röder/Baeck Interessenausgleich und Sozialplan, 2. Aufl., München 1997 (zit.: Röder/Baeck, Interessenausgleich)

dieselben EuGH: Funktionsnachfolge als Betriebsübergang, NZA 1994, 542

Rüthers, Bernd Beschäftigungskrise und Arbeitsrecht, Bad Homburg 1996 (zit.: Rüthers, Beschäftigungskrise)

Sagasser/Bula/Brünger Umwandlungen. Verschmelzung, Spaltung, Formwechsel, Vermögensübertragung. Zivil-, Handelsbilanz- und Steuerrecht, 2. Aufl., München 2000 (zit.: Sagasser/Bula, Umwandlungen)

Schalle, Heidrun Der Bestandsschutz der Arbeitsverhältnisse bei Unternehmensumwandlungen, Berlin 1999 (zit.: Schalle, Bestandsschutz)

Schaub, Günter Arbeitsrechts-Handbuch, Systematische Darstellung und Nachschlagewerk für die Praxis, 8. Aufl., München 1996

derselbe Fragen zur Haftung bei Betriebs- und Unternehmensspaltung, NZA 1989, 5

derselbe Rechtsprobleme des Betriebsübergangs, ZIP 1984, 272

derselbe Der arbeitsrechtliche Betriebsübergang im Recht der Gesamtnachfolge, in: Entwicklungen im Arbeitsrecht und Arbeitsschutzrecht, Festschrift für Otfried Wlotzke zum 70. Geburtstag, 1996, 103

derselbe Outsourcing, Auftragsvergabe, Betriebsübergang - nach geänderter Rechtsprechung, NZA 1998, 1095

derselbe	Rechtsfolgen des Betriebsübergangs nach § 613a BGB, NJW 1998, 1817
Schlachter, Monika	Die Rechtsstellung des widersprechenden Arbeitnehmers bei Betriebsübergang, NZA 1995, 705
Schlüter, Wilfried	Die Rechtsprechung des Bundesarbeitsgerichts im Jahre 1974, ZfA 1975, 437
Schmidt, Karsten	Gesetzliche Gestaltung und dogmatisches Konzept eines neuen Umwandlungsgesetzes, ZGR 1990, 580
derselbe	Universalsukzession kraft Rechtsgeschäfts, AcP 191(1991), 495
Schmidt, Monika	Die Anwendbarkeit des Kündigungsschutzgesetzes auf Kleinstbetriebe vor dem Hintergrund der zunehmenden internationalen Unternehmensverflechtungen, NZA 1998, 169
Schmitt, Jochen	Zur Rechtsnatur des Übergangs der Arbeitsverhältnisse gemäß § 613a BGB, ZfA 1979, 503
Schneider, Christian	Die vertragsrechtliche Zuordnung der Arbeitnehmer im Gemeinschaftsbetrieb unter Berücksichtigung der Unternehmensspaltung, Regensburg 1997 (zit.: Schneider, Zuordnung im Gemeinschaftsbetrieb)
Schnitker, Elmar	Die Auswirkungen des neuen Umwandlungsgesetzes auf die Zuordnung und den Inhalt der Arbeitsverhältnisse sowie die Fortgeltung von Betriebsvereinbarungen, Frankfurt a.M. 1998 (zit.: Schnitker, Auswirkungen des Umwandlungsgesetzes)
Schöne, Torsten	Die Spaltung unter Beteiligung von GmbH, Köln 1998 (zit.: Schöne, Spaltung)

derselbe — Auf- und Abspaltung nach den §§ 123ff. UmwG – ein Überblick unter Berücksichtigung der Rechtslage für die GmbH, ZAP 1995, 157

Schreiber, Klaus — Das Arbeitsverhältnis beim Übergang des Betriebs, RdA 1982, 137

Schulze-Osterloh, Joachim — Probleme einer Spaltung von Personengesellschaften, ZHR 149 (1985), 614

Schwanda, Klaus — Der Betriebsübergang in § 613a BGB unter Besonderer Berücksichtigung des Betriebsbegriffs, Berlin 1992 (zit.: Schwanda, Betriebsübergang)

Schwedhelm, Rolf — Die Unternehmensumwandlung, 3. Aufl., Köln 1999 (zit.: Schwedhelm, Unternehmensumwandlung)

Schwedhelm/Streck/Mack — Die Spaltung der GmbH nach neuem Umwandlungsrecht (I), GmbHR 1995, 7

Schwerdtner, Peter — Individualarbeitsrechtliche Probleme des Betriebsübergangs, in: Arbeitsleben und Rechtspflege, Festschrift für Gerhard Müller, Berlin 1981, 557

derselbe — Anmerkung zu BAG SAE 1978, 57

Seiter, Hugo — Betriebsinhaberwechsel, Stuttgart/Wiesbaden 1980 (zit.: Seiter, Betriebsinhaberwechsel)

Soergel, Theodor — Bürgerliches Gesetzbuch mit Einführungsgesetz und Nebengesetzen, Kommentar Band 4, Schuldrecht III/1, §§ 516 - 651, 12. Aufl., Stuttgart/Berlin/Köln 1998 (zit.: Soergel/Bearbeiter)

Sonnenberger, Hans-Jürgen — Interne Fusion von Aktiengesellschaften im Gemeinsamen Markt, AG 1971, 76

Spiessen/Gruber — Heilung notleidender Realteilungen gemäß § 12 Spaltungsgesetz, VIZ 1994, 209

Spirolke, Matthias — Der Betriebsübergang nach § 613a BGB im neuen Umwandlungsgesetz, Bonn 1998 (zit.: Spirolke, Betriebsübergang)

Stahlhacke/Preis — Kündigung und Kündigungsschutz im Arbeitsverhältnis, 5. Aufl., München 1991 (zit.: Stahlhacke/Preis, Kündigungsschutz)

von Staudinger, Julius — Kommentar zum Bürgerlichen Gesetzbuch mit Einführungsgesetz und Nebengesetzen Zweites Buch, Recht der Schuldverhältnisse (§§ 611 – 619 BGB), 12. Aufl., Berlin 1993 (zit.: Staudinger/Bearbeiter)

Steffan, Ralf — Arbeitsrecht und Unternehmenssanierung in den neuen Bundesländern unter besonderer Berücksichtigung der Tätigkeit der Treuhandanstalt, Baden-Baden 1995 (zit.: Steffan, Arbeitsrecht)

Stege/Weinspach — Betriebsverfassungsgesetz, 7. Aufl., Köln 1994

von Steinau-Steinrück, Robert — Haftungsrechtlicher Arbeitnehmerschutz bei der Betriebsaufspaltung, 1996 (zit.: von Steinau-Steinrück, Arbeitnehmerschutz)

Steuck, Jens-Peter — Die privatisierende Umwandlung, NJW 1995, 2887

Stuber, Manfred — Die Auswirkungen gesellschaftsrechtlicher Gesamtrechtsnachfolgen auf die bestehenden Arbeitsverträge und Kollektivvereinbarungen, Berlin 1993 (zit.: Stuber, Gesamtrechtsnachfolgen)

Teichmann, Arndt — Die Spaltung von Rechtsträgern als Akt der Vermögensübertragung, ZGR 1993, 396

derselbe	Die Spaltung der Aktiengesellschaft als gesetzgeberische Aufgabe, AG 1980, 85
Trittin, Wolfgang	Das Umwandlungsgesetz, AiB 1996, 349
Trümner, Ralf	„Kündigungsrechtliche Stellung" in § 323 Abs.1 UmwG, AiB 1995, 309
Tschöpe, Ulrich	Rechtsfolgen eines arbeitnehmerseitigen Widerspruchsrechts beim Betriebsinhaberwechsel, Frankfurt (Main) 1984 (zit.: Tschöpe, Widerspruchsrecht)
derselbe (Hrsg.)	Anwalts - Handbuch Arbeitsrecht, Köln 1998 (zit.: Tschöpe/Bearbeiter)
Voss, Beate	Funktionsnachfolge als Betriebsübergang im Sinne von § 613a BGB, NZA 1995, 205
Wank, Rolf	Die Auslegung von Gesetzen: Eine Einführung Köln/Berlin/Bonn/München 1997 (zit.: Wank, Auslegung von Gesetzen)
derselbe	Grenzen richterlicher Rechtsfortbildung, Berlin 1978 (zit.: Wank, Rechtsfortbildung)
derselbe	Die Geltung von Kollektivvereinbarungen nach einem Betriebsübergang, NZA 1987, 505
derselbe	Richterliche Rechtsfortbildung und Verfassungsrecht, ZGR 1988, 314
derselbe	Der Übergang „durch Rechtsgeschäft" beim Betriebsübergang, DB 1997, 1229
Wank/Brüning	Der Übergang des Personals von Betriebskrankenkassen nach § 147 Abs.2 SGB V, ZfA 1995, 699

Weimar/Alfes	Widerspruchsrecht des Arbeitnehmers bei Umstrukturierung von Treuhandunternehmen ?, NZA 1991, 833
dieselben	Betriebsbelegschaften als Investitionshemmnis in den neuen Bundesländern – Arbeitsrechtliche Fragen zum VermG, SpTrUG und THG, BB 1991, Beil. 9, 16
dieselben	Arbeitsrechtliche Grundsatzfragen der Betriebsaufspaltung, BB 1993, 783
Widmann/Mayer	Kommentar zur Umwandlung von Unternehmen nach neuestem Handels- und Steuerrecht, März 1997
Wiedemann/Stumpf	Tarifvertragsgesetz, 5. Aufl., München 1977
Willemsen/Annuß	Neue Betriebsübergangsrichtlinie – Anpassungsbedarf im deutschen Recht ?, NJW 1999, 2073
Willemsen, Heinz-Josef	Die Kündigung wegen Betriebsübergangs – Zur Auslegung des § 613a Abs.4 BGB, ZIP 1983, 411
derselbe	Die neuere Rechtsprechung des Bundesarbeitsgerichts zu § 613a BGB, Tendenzen und Schlußfolgerungen für die Praxis, ZIP 1986, 477
derselbe	Der Grundtatbestand des Betriebsübergangs nach § 613a BGB, RdA 1991, 204
derselbe	Arbeitsrechtliche Aspekte der Reform des Umwandlungsrechts, RdA 1993, 133
derselbe	Aktuelle Tendenzen zur Abgrenzung des Betriebsübergangs - Die Zeit nach „Christel Schmidt“ -, DB 1995, 924
derselbe	Replik auf Zwanziger, DB 1995, 1331

derselbe	Arbeitsrecht im Umwandlungsgesetz - Zehn Fragen aus der Sicht der Praxis, NZA 1996, 791
derselbe	Die Beteiligung des Betriebsrates im Umwandlungsverfahren, RdA 1998, 23
Windbichler, Christine	Arbeitsrecht und Konzernrecht, RdA 1999, 146
Wlotzke, Otfried	Das Arbeitsrecht im Rahmen des deutsch-deutschen Einigungsprozesses, RdA 1994, 73
derselbe	Arbeitsrechtliche Aspekte des neuen Umwandlungsrechts, DB 1995, 40
Ziege, Hans Joachim	Anmerkung zum Urteil des BAG – 3 AZR 703/75 - , BB 1978, 203
Zöllner, Wolfgang	Bemerkungen zu allgemeinen Fragen des Referentenentwurfs eines Umwandlungsgesetzes, ZGR 1993, 334
derselbe	Gemeinsame Betriebsnutzung - Kritische Bemerkungen zur Rechtsfigur des gemeinsamen Betriebs, in: Festschrift für Johannes Semler, zum 70. Geburtstag, 1993, 995
derselbe	Veränderung und Ausgleich tarifvertraglich geregelter Arbeitsbedingungen nach Betriebsübergang, DB 1995, 1401
Zwanziger, Bertram	Zur Abgrenzung des Betriebsübergangs – Erwiderung auf Willemsen, DB 1995, 924 und 1331
derselbe	Vom Reinigungsvertrag zur Krise der Europäischen Union ?, DB 1994, 2621

Abkürzungsverzeichnis

a.A.	anderer Ansicht
a.a.O.	am angegebenen Ort
abl.	ablehnend
ABl. (EG)	Amtsblatt (der Europäischen Gemeinschaften)
Abs.	Absatz
abw.	abweichend
AcP	Archiv für die civilistische Praxis (Zeitschrift)
a.F.	alte Fassung
AG	Aktiengesellschaft; Die Aktiengesellschaft (Zeitschrift)
AiB	Arbeitsrecht im Betrieb (Zeitschrift)
AktG	Aktiengesetz
allg. (Auff.)	allgemein(e Auffassung)
Alt.	Alternative
Anm.	Anmerkung
AnwBl	Anwaltsblatt (Zeitschrift)
AP	Arbeitsrechtliche Praxis - Nachschlagewerk des Bundesarbeitsgerichts
ArbuR	Arbeit und Recht (Zeitschrift)
Art.	Artikel
AuA	Arbeit und Arbeitsrecht (Zeitschrift)
AÜG	Gesetz zur Regelung der gewerbsmäßigen Arbeitnehmerüberlassung
Auff.	Auffassung
Aufl.	Auflage
ausdr.	ausdrücklich
ausf.	ausführlich
BA	Bundesanzeiger
BAG	Bundesarbeitsgericht
BAGE	Entscheidungen des BAG - Amtliche Sammlung
BB	Betriebsberater
Begr.	Begründung
Beil.	Beilage
BeschFG	Beschäftigungsförderungsgesetz
BetrR	Der Betriebsrat
BetrAV	Betriebliche Altersversorgung (Zeitschrift)
BetrAVG	Gesetz über die Verbesserung der betrieblichen Altersversorgung (Betriebsrentengesetz)
BetrVG	Betriebsverfassungsgesetz

BFH	Bundesfinanzhof
BGB	Bürgerliches Gesetzbuch
BGBl.	Bundesgesetzblatt
BMA	Bundesminister(-ium) für Arbeit und Sozialordnung
BMF	Bundesminister(-ium) der Finanzen
BMJ	Bundesminister(-ium) der Justiz
BRD	Bundesrepublik Deutschland
BR-Drucks.	Bundesratsdrucksache
BStBl.	Bundessteuerblatt
BT-Drucks.	Bundestagsdrucksache
BuW	Betrieb und Wirtschaft (Zeitschrift)
BverfG	Bundesverfassungsgericht
BverfGE	Entscheidungssammlung des Bundesverfassungsgerichts
bzw.	beziehungsweise
DB	Der Betrieb (Zeitschrift)
ders.	derselbe
DGB	Deutscher Gewerkschaftsbund
d.h.	das heißt
dies.	dieselbe(n)
DStR	Deutsches Steuerrecht
DWiR/DZWiR	Deutsche Zeitschrift für Wirtschaftsrecht (Zeitschrift)
EG	Europäische Gemeinschaften
EGBGB	Einführungsgesetz zum Bürgerlichen Gesetzbuch
Einl.	Einleitung
ErbbRVO	Verordnung über das Erbbaurecht
etc.	etcetera
EuGH	Gerichtshof der Europäischen Gemeinschaften
EuGHE	Entscheidungen des Gerichtshofes der Europäischen Gemeinschaften
EuZW	Europäische Zeitschrift für Wirtschaftsrecht
EWG	Europäische Wirtschaftsgemeinschaft
EWiR	Entscheidungen zum Wirtschaftsrecht – Kurzkommentare (Zeitschrift)
f(f).	folgend(e)
Fn.	Fußnote
fr. (Rspr.)	frühere (Rechtsprechung)
FS	Festschrift

gem.	gemäß
GenG	Genossenschaftsgesetz
GG	Grundgesetz
ggf.	gegebenenfalls
GmbH	Gesellschaft mit beschränkter Haftung
GmbHR	GmbH-Rundschau (Zeitschrift)
grds.	grundsätzlich
HGB	Handelsgesetzbuch
h.L.	herrschende Lehre
Hrsg.	Herausgeber
Hs.	Halbsatz
i.d.R.	in der Regel
i.E.	im Ergebnis
insb.	insbesonders
InsO	Insolvenzordnung
i.S.(d.)	im Sinne (des)
i.S.(v.)	im Sinne (von)
i.V.m.	in Verbindung mit
jew.	jeweils
Kap.	Kapitel
KapErhG	Gesetz über die Kapitalerhöhung aus Gesellschaftsmitteln und über die Verschmelzung von Gesellschaften mit beschränkter Haftung (Kapitalerhöhungsgesetz)
krit.	kritisch
KSchG	Kündigungsschutzgesetz
LAG	Landesarbeitsgericht
Lit.	Literatur
LwAnpG	Gesetz über die strukturelle Anpassung der Landwirtschaft an die soziale und ökologische Marktwirtschaft der DDR
MDR	Monatsschrift für Deutsches Recht (Zeitschrift)
m.w.N.	mit weiteren Nachweisen
NJW	Neue Juristische Wochenschrift (Zeitschrift)
Nr.	Nummer
NZA	Neue Zeitschrift für Arbeitsrecht (Zeitschrift)

o.g.	oben genannt
OLG	Oberlandesgericht
RabelsZ	Rabels Zeitschrift für ausländisches und internationales Privatrecht
RdA	Recht der Arbeit (Zeitschrift)
RefE	Referentenentwurf
RegE	Regierungsentwurf
Rs.	Rechtssache
Rz.	Randziffer
S.	Satz
SAE	Sammlung arbeitsrechtlicher Entscheidungen (Zeitschrift)
sog.	sogenannt(e)
SpTrUG	Gesetz über die Spaltung der von der Treuhandanstalt verwalteten Unternehmen
str.	streitig
st. (Rspr.)	ständige Rechtsprechung
TVG	Tarifvertragsgesetz
u.a.	unter anderem
UmwBerG	Gesetz zur Bereinigung des Umwandlungsrechts
UmwG	Umwandlungsgesetz
unstr.	unstreitig
UrhG	Urhebergesetz
u. U.	unter Umständen
v.	von
VAG	Versicherungaufsichtsgesetz
Var.	Variante
vgl.	vergleiche
VIZ	Zeitschrift für Vermögens- und Investitionsrecht
WEG	Wohnungseigentumsgesetz
WiB	Woche im Bundestag (Zeitschrift)
WM	Wertpapiermitteilungen (Zeitschrift)
Wprax	Zeitschrift für Wirtschaftsrecht und Praxis
ZAP	Zeitschrift für die Anwaltspraxis
z.B.	zum Beispiel
ZfA	Zeitschrift für Arbeitsrecht

ZGR	Zeitschrift für Unternehmens- und Gesellschaftsrecht
ZHR	Zeitschrift für das gesamte Handelsrecht und Wirtschaftsrecht
ZIP	Zeitschrift für Wirtschaftsrecht
Ziff.	Ziffer
zit.	Zitiert
ZTR	Zeitschrift für Tarifrecht
z.T.	zum Teil
zutr.	Zutreffend

A. Einleitung

Zum 1. Januar 1995 ist das als Artikelgesetz ausgestaltete Gesetz zur Bereinigung des Umwandlungsrechts in Kraft getreten, welches in Art. 1 das Umwandlungsgesetz einführte.[1]

Das Gesetz, das nunmehr seit mehr als sechs Jahren in Kraft ist, hat die gesellschaftsrechtlichen Gestaltungsmöglichkeiten bei der Umstrukturierung von Unternehmen[2] erheblich vergrößert, allerdings auch eine Vielzahl von Fragen aufgeworfen, so dass der praktische Nutzen sich erst noch herausstellen wird und viele offene Punkte der gerichtlichen Überprüfung anheimfallen.

Während in früherer Zeit organisatorische Umstrukturierungen in funktionierenden Unternehmen und Betrieben[3] eher selten waren und zumeist erst in Sanierungsfällen Reorganisationen stattfanden, so hat sich diese Entwicklung in den letzten Jahren, nicht zuletzt unter dem Einfluss moderner Managementkonzepte und der globaleren wirtschaftlichen Strukturen - insbesondere durch die wachsende Bedeutung des europäischen Binnenmarktes - nahezu umgekehrt.[4]

Dem deutschen Handelsrecht fehlte jedoch bislang eine praktikable und Rechtssicherheit bietende klare dogmatische gesetzliche Grundlage, mit der sowohl die zivilrechtlichen als auch die steuerrechtlichen Probleme von Umwandlungen - insbesondere bei Teilung von Personen- und Kapitalgesellschaften - befriedigend gelöst werden konnten, weshalb auch in der Literatur verstärkt auf eine gesetzgeberische Initiative gedrängt wurde.[5]

Der hieraus resultierende Handlungsbedarf führte bereits 1988 zu einem Diskussionsentwurf des BMJ[6], der - nach weiteren intensiven Beratungen und Stellungnahmen - 1992 zu einem Referentenentwurf[7] fortentwickelt wurde und den 1994 eingebrachten Gesetzentwurf[8] der Bundesregierung vorbereitete.

Ziel des Gesetzes sollte nach der Begründung des Regierungsentwurfes zunächst die Rechtsbereinigung der - bislang in 5 verschiedenen Gesetzen[9] geregelten - Umstrukturierung von Unternehmen, aber auch und vor allem die

---

1 BGBl. I 1994, 3210.

2 Der Begriff des Unternehmens ist in diesem Zusammenhang zunächst wirtschaftsrechtlich zu verstehen, d.h. als Zusammenfassung von Sachen, Gegenständen, Kapital, Personen und Know-how zum Erzielen wirtschaftlicher Werte (so Lutter/Lutter, Einl., Rz. 1); vgl. zum Begriff des Unternehmens im einzelnen unten Kap. B. IV. 1. a.

3 Zur Abgrenzung der Begriffe Unternehmen und Betrieb vgl. unten Kap. B. IV. 2.

4 Vgl. Düwell, ArbuR 1994, 357 ff.

5 Vgl. insoweit Mayer, GmbHR 1992, 129 ff.; Schulze-Osterloh, ZHR 149 (1985), 614 (616) jew. m.w.N.

6 BA vom 15.11.1988, Beil. Nr. 214a.

7 BA vom 20.6.1992, Beil. Nr. 112a.

8 BR-Drucks. 75/94 = BT-Drucks. 12/6699 (nachfolgend wird nur die jeweilige Textstelle der BT-Drucks. angegeben).

9 UmwG 1969; AktG; KapErhG; GenG; VAG.

Steigerung der umwandlungsrechtlichen Organisationsfreiheit durch Schaffung neuer Umwandlungsformen sein. [10]

Das Umwandlungsgesetz soll damit den oben dargestellten verstärkten Flexibilisierungszwängen der Unternehmensorganisation im globalen Wirtschaftsleben durch angemessene rechtliche Rahmenbedingungen Rechnung tragen. [11]

Daneben dient das Umwandlungsgesetz der Umsetzung verschiedener EG-Richtlinien. [12]

I. Problemstellung

Unabhängig von der Frage, ob die - oben angeschnittene - beabsichtigte Zielsetzung tatsächlich erreicht wurde, [13] wirft das Gesetz gerade unter arbeitsrechtlichen Gesichtspunkten eine Reihe von umstrittenen und teils ungeklärten Rechtsfragen auf, die einer näheren Untersuchung bedürfen.

Hierbei ist zunächst zu berücksichtigen, dass die nach dem Umwandlungsgesetz zulässigen Umwandlungsarten auf Rechtsträger als im Rechtsverkehr auftretende juristische Einheiten als solche bezogen sind, unabhängig davon, ob diese Träger eines Unternehmens im betriebswirtschaftlichen und rechtlichen Sinne sind. Gleichwohl stellt das Umwandlungsrecht in erster Linie ein Organisationsrecht für Unternehmensträger dar, die als Wirtschaftsgebilde vor allem dadurch gekennzeichnet sind, dass sie eine mehr oder weniger große Zahl von Arbeitnehmern in einem oder mehreren Betrieben beschäftigen. [14]
Bereits hieraus ist ersichtlich, dass die unternehmerische Entscheidung für oder gegen die Umwandlung je nach Art unterschiedliche Auswirkungen arbeitsrechtlicher Natur zu berücksichtigen hat.

Von besonderer Bedeutung ist in diesem Zusammenhang das durch das Umwandlungsgesetz erstmals gesetzlich normierte Spaltungsrecht.

Insbesondere fehlte nach der bisherigen Rechtslage die Möglichkeit der Spaltung von Unternehmen durch Spaltung und Übertragung des Unternehmensvermögens jeweils als Gesamtheit völlig. Eine derartige Form der Umwandlung war - für einen begrenzten Anwendungsbereich - lediglich durch die im Zuge der

---

[10] BT-Drucks. 12/6699, 71f.

[11] Vgl. Boecken, ZIP 1994, 1087 (1088); ders., Unternehmensumwandlungen, Rz.4.

[12] Vgl. Begr. RegE, BT-Drucks. 12/6699, 71 (75) hinsichtlich der Umsetzung der Spaltungsrichtlinie 82/891 vom 17.12.1982, ABl. EG Nr. L 378/47 vom 31.12.1982, sowie Anm. zur Überschrift des Art.1 UmwBerG, BGBl. I 1994, 3210 bezüglich der Umsetzung der Kapitalrichtlinie 77/91 vom 13.12.1976, ABl. EG Nr. L 26, 1 vom 31.1.1977 und der Fusionsrichtlinie 78/855 vom 9.10.1978, ABl. EG Nr. L 295, 36 vom 20.10. 1978.

[13] Abl. Kallmeyer, ZIP 1994, 1746 ff.; krit. Düwell, ArbuR 1994, 357 ff.

[14] Zu den Motiven einer Unternehmensspaltung vgl. Kap. B. I; vgl. zur Bedeutung des Arbeitsrechts und den damit verbundenen rechtlichen Problemen in Unternehmensverbänden auch Martens, FS BAG, S. 367; ders., ZGR 1984, 417; Windbichler, RdA 1999, 146.

Wiedervereinigung geschaffenen Spezialgesetze über „die strukturelle Anpassung der Landwirtschaft an die soziale und ökologische Marktwirtschaft der DDR“[15] und „die Spaltung der von der Treuhandanstalt verwalteten Unternehmen“[16] möglich.[17] Daneben existierten für die Spaltung lediglich gesellschaftsrechtliche „Hilfskonstruktionen".[18]

Die Spaltung von Unternehmen als eigenständige, gesetzlich festgeschriebene Möglichkeit für Unternehmensumwandlungen wurde somit erstmals durch das Umwandlungsgesetz geschaffen, das als neues Rechtsinstitut zur Dekonzentration von Unternehmen bzw. Unternehmensverbänden die Spaltung vorsieht, durch die in erleichterter Form Unternehmensvermögen real geteilt und in seiner Gesamtheit auf schon bestehende oder neue Unternehmen übertragen werden kann.[19] Da das Gesetz damit erstmals die Rechtsgrundlagen der Spaltung normiert, wirft dieser Teil des Gesetzeswerks in der praktischen Umsetzung die meisten Zweifelsfragen auf.[20]

Hierbei stehen neben der Problematik der Vertragskonzeption und der Auslegung einzelner Vorschriften des Spaltungsrechts in gesellschaftsrechtlicher Hinsicht sowie haftungs- und steuerrechtlichen Überlegungen aufgrund der rechtspolitischen Zielsetzung und Aufgabenstellung des Gesetzes als unternehmensorganisationsrechtliches Werk in besonderem Maße arbeitsrechtliche Probleme im Vordergrund.

Dies gilt nicht zuletzt deshalb, weil Umstrukturierungen auf Betriebs- wie auch auf Unternehmensebene in aller Regel erhebliche Auswirkungen auf die einzelnen Arbeitsverhältnisse haben. Bei der rechtlichen Gestaltung von Unternehmen standen hingegen bislang vorwiegend haftungs- und steuerrechtliche Überlegungen im Vordergrund, wohingegen arbeitsrechtliche Fragen selten unmittelbarer Anlas für eine bestimmte Gestaltungsvariante darstellten. Die arbeitsrechtliche Bedeutung der Neuregelungen wurde zu Anfang der gesetzgeberischen Initiative fast gänzlich übersehen.

So enthielt der Referentenentwurf bezüglich der Spaltung nur eine arbeitsrechtlich relevante Sonderregelung, nämlich ein Übergangsmandat des Betriebsrates in Fällen der Betriebsspaltung (jetzt § 321 UmwG).[21]

Es wurde in diesem Zusammenhang vor allem verkannt, dass gerade in Zeiten wachsenden Kostendrucks im Bereich der variablen Kosten die Arbeitskosten (Lohn- und Lohnnebenkosten) besonders kritisch betrachtet werden.

---

15 LwAnpG, BGBl
16 SpTrUG
17 Vgl. insoweit auch Begr. RegE, BT-Drucks. 12/6699, 71 (78).
18 Hierzu ausführlich unten Kap. B. III. 1.
19 Vgl. Düwell, ArbuR 1994, 357 ff.
20 Vgl. Mayer, DB 1995, 861 (861 ff.); Schwedhelm/Streck/Mack, GmbHR 1995, 7.
21 Vgl. Neye, ZIP 1994, 165 (168 f.).

Aus diesem Grunde ist als Ursache für Unternehmensumwandlungen in jüngerer Vergangenheit verstärkt auch der Versuch der arbeitsrechtlichen Kostenentlastung zu sehen: Die Umstrukturierung von Unternehmen wird erwogen, um die Stammbelegschaft zu reduzieren, die Arbeitsbedingungen zu ändern oder aber auch verstärkte Flexibilisierung und Kostenentlastung durch innerbetrieblichen Einsatz von Fremdfirmen zu ermöglichen. Daneben tritt in verstärktem Maße die arbeitgeberseitige Zielsetzung, Regelungen des Betriebsverfassungsgesetzes zu umgehen.[22]

Erst aufgrund verschiedener Vorschläge des BMA, intensiver Ausschussberatungen im Bundestag und nach Anrufung des Vermittlungsausschusses wurden die jetzt vorhandenen arbeitsrechtlichen Flankierungen in das Gesetz selbst aufgenommen.[23]

Hierdurch enthält das Umwandlungsgesetz verschiedene arbeitsrechtliche Regelungen, die die Interessen der Arbeitnehmer hinsichtlich der Umwandlungsfolgen berücksichtigen sollen;[24] gleichwohl verbleiben Unklarheiten und Unzulänglichkeiten, die in nicht geringem Maße zu Rechtsunsicherheit bezüglich der arbeitsrechtlichen Folgen eines derartigen Spaltungsvorgangs nach dem Umwandlungsgesetz führen.[25]

Diese Folgen werden zunächst durch die Größe des Unternehmens bedingt, da sich durch die Verkleinerung bei einem drohenden Personalabbau Auswirkungen auf die soziale Auswahl ergeben können, die dann zwischen einer sehr viel geringeren Zahl an vergleichbaren Arbeitnehmern zu erfolgen hat oder der Kündigungsschutz generell entfällt.[26]

Das neue Unternehmen ist darüber hinaus außerdem möglicherweise sehr viel weniger solvent als das alte; das Arbeitsplatzrisiko steigt, ein etwaiger Sozialplan würde angesichts beschränkter Mittel sehr bescheiden ausfallen oder überhaupt nicht mehr erreichbar sein.

Wird auch ein Betrieb aufgespalten, kommen Verhandlungen über Interessenausgleich und Sozialplan in Frage; außerdem ist eine Entscheidung darüber zu treffen, ob bzw. wie die einzelnen Arbeitsverhältnisse zuzuordnen sind.

---

[22] Vgl. nur Konzen, ArbuR 1985, 341 (343) m.w.N.

[23] Vgl. Wlotzke, DB 1995, 40 (41) m.w.N., wobei die wesentlichen arbeitsrechtlichen Flankierungen weitgehend mit dem RegE übereinstimmen.

[24] Siehe im einzelnen Neye, ZIP 1994, 165 (168).

[25] Ders., a.a.O.

[26] Die Bedeutung des KSchG in diesem Bereich wird allerdings häufig überschätzt: Das Umwandlungsgesetz wird - zumindest im Bereich der Spaltung - bei Kleinstunternehmen wohl keine besondere Rolle spielen, da in diesen Fällen das praktische Spaltungsbedürfnis zumeist sehr gering ist.

II. Gegenstand und Gang der Untersuchung

Die nachfolgende Arbeit will zunächst versuchen, diese arbeitsrechtlichen Probleme bei Spaltungen nach dem Umwandlungsgesetz darzustellen.

Ursprüngliches Ziel der Arbeit war dabei die Darstellung und Untersuchung der spaltungsrechtlichen Auswirkungen sowohl in individualrechtlicher als auch kollektivrechtlicher Hinsicht. Im Verlaufe der Arbeit hat sich jedoch gezeigt, dass der weitaus überwiegende Teil der im Zusammenhang mit dem Umwandlungsgesetz verbundenen „Probleme" und Fragen im Bereich des Individualarbeitsrecht auftreten und insbesondere auf diesem Gebiet weiterhin ein erheblicher Klärungsbedarf besteht. Dieser Klärungsbedarf resultiert nicht zuletzt daraus, als im Zuge des Umwandlungsgesetzes eine neue Kontroverse um den § 613a BGB begonnen hat, die zum einen dessen Anwendungsbereich, darüber hinaus jedoch auch die Rechtsfolgen betrifft.

Die vorstehende Arbeit will daher die Wechselwirkung zwischen den bisherigen arbeitsrechtlichen Vorschriften und denen des Umwandlungsgesetzes auf individualrechtlichem Gebiet untersuchen, und zugleich klären, ob die Regelungen des Umwandlungsgesetzes zu Recht zu einem neuen Normverständnis der bereits existierenden arbeitsrechtlichen Vorschriften, namentlich des § 613a BGB, geführt haben.

Im Vordergrund steht hierbei neben den verschiedenen individualarbeitsrechtlichen Fragen zunächst die Problematik des Begriffs und der Dogmatik der Spaltung selbst. Sie stellt ihrerseits eine rechtlich völlig neue und damit nicht unproblematische Rechtskonstruktion dar, die wesentlichen Einfluss auf die arbeitsrechtlichen Auswirkungen hat und möglicherweise zu Verwerfungen oder zur Aushöhlung arbeitsrechtlicher Schutzbestimmungen führt.[27]

Dies gilt zunächst für etwaige unmittelbare Folgen für die einzelnen Arbeitsverhältnisse der betroffenen Arbeitnehmer.

Schwerpunktmäßig soll in diesem Zusammenhang untersucht werden, ob das Umwandlungsgesetz auch gestalterisch auf die einzelnen Arbeitsverhältnisse einwirken kann, d.h. vor allem, ob eine „spaltungsrechtliche" Übertragung der Arbeitsverhältnisse in Betracht kommt. Ferner stellt sich die Frage, ob die Regelungen des Umwandlungsgesetzes auch Ausstrahlungswirkungen in andere arbeitsrechtliche Bereiche haben können. Im Vordergrund stehen hierbei der Anwendungsbereich und die Rechtsfolgen des § 613a BGB, namentlich die Zuordnungsproblematik und das Widerspruchsrecht der Arbeitnehmer.

Darüber hinaus können Spaltungen auch zu mittelbaren Auswirkungen, d.h. für die Zeit nach der Umwandlung führen, wobei in diesem Zusammenhang die Frage relevant erscheint, inwieweit diese Folgen durch die flankierenden Regelungen des Umwandlungsgesetzes aufgefangen oder sozial abgefedert werden können.

---

[27] Vgl. Willemsen, RdA 1993, 133 (134).

B. Die Spaltung nach dem Umwandlungsgesetz

Zur Erfassung der rechtlichen Neuerungen durch das Umwandlungsgesetz bei Spaltungen ist vorab eine Klärung des Begriffs der Unternehmensspaltung sowie eine Darstellung der dogmatischen Unterschiede zwischen der Spaltung nach dem Umwandlungsgesetz und der bereits bisher möglichen „gesellschaftsrechtlichen" Spaltung erforderlich. Daneben ist selbstverständlich zu berücksichtigen, welche Ursachen für eine Spaltung in Betracht kommen; es stellt sich also die Frage nach den Motiven für eine Spaltung.

I. Motive der Spaltung

Liest man die Wirtschaftspresse der jüngeren Zeit, so mag sich der Gedanke aufdrängen, dass die Spaltung bei Unternehmen keinerlei Rolle mehr spielt, da allenthalben nur Fusionen und Zusammenschlüsse von Großunternehmen auch und gerade in der Bundesrepublik Deutschland im Mittelpunkt des Interesses stehen.[28] Die Fusion von Unternehmen ist also üblich, so dass sich die Frage nach der Bedeutung von Spaltungen stellt.

Auch die Spaltung hat gerade in Deutschland eine enorme wirtschaftliche Bedeutung, und zwar nicht allein bei den klassischen mittelständischen Unternehmen, sondern gerade und vor allem bei den Großunternehmen.

Betrachtet man nämlich die Fusionen genauer, so handelt es sich - mit Ausnahme der Großfusionen im Banken- und Versicherungsbereich - zumeist lediglich um die Vereinigung von Holdingmüttern, die unter ihrem Dach eine Vielzahl rechtlich selbständiger Unternehmen beherbergen. Die Fusionswelle der jüngeren Vergangenheit bedeutet also keineswegs ein mangelndes Bedürfnis nach Regelungen im Spaltungsbereich.

An Motiven für eine Spaltung sind vor allem folgende hervorzuheben:[29]

Das Spaltungsbedürfnis kann zum einen aus dem Wunsch resultieren, verschiedene Unternehmenssparten auf einzelne Gesellschafter oder auch Gesellschafterstämme „real" aufzuteilen, insbesondere auch, um dadurch Nachfolgeregelungen zu treffen oder zur Vermeidung von Uneinigkeit der Gesellschafter und einer hieraus resultierenden wirtschaftlichen Destabilisierung des Unternehmens.[30]

---

[28] Vgl. aus jüngerer Zeit nur die Zusammenschlüsse Krupp-Hoesch, Daimler-Chrysler, Hoechst-Rhone-Poulenc und zuletzt Veba-Viag.

[29] Vgl. allgemein zu den möglichen Motiven einer Spaltung, die der Gesetzgeber in seine Überlegungen miteinbezogen hat, Begr. RegE, BT-Drucks. 12/6699, 71 (74).

[30] Vgl. diesbezüglich nur die Deminex GmbH (jetzt VEBA Oil und Gas GmbH), wo es originäres Ziel der Spaltung war, das Unternehmen auf die drei Gesellschafterstämme Veba, RWE-DEA und Wintershall aufzuteilen; ähnliche Überlegungen bestanden bei der ARAL AG.

Ein weiteres Hauptgewicht der Spaltungsvorgänge - insbesondere von Ausgliederungen - liegt in der Umstrukturierung von Unternehmensverbänden: Unter dem Blickwinkel der „Leistung“ (Stichwort profit-center) können beispielsweise Betriebe und Betriebsteile für ein aktiveres Handeln auf dem Markt, u.U. auch zur Risikobegrenzung verselbständigt, mit ähnlichen Einheiten oder anderen konzernangehörigen Unternehmen zu Spartengesellschaften oder auch für Spezialaufgaben zusammengefasst werden.[31] Neben den hierdurch freigesetzten Synergieeffekten kann die Spaltung auch unter ökonomischen Gesichtspunkten Sinn ergeben, etwa durch Einsparung kostenträchtiger Verwaltungsapparate und Hierarchieebenen.

In arbeitsrechtlicher Hinsicht besonders interessant ist daneben die Möglichkeit der klassischen Betriebsaufspaltung als Abspaltung. Dabei kann das Anlagevermögen bei dem bisherigen Unternehmen verbleiben (Besitzgesellschaft), während das Umlaufvermögen und die kurz- bzw. mittelfristigen Verbindlichkeiten sowie die an den Betrieb geknüpften Rechtsbeziehungen auf eine neu zu gründende Betriebsgesellschaft übertragen werden.[32]

Hinzutreten kann die Überlegung, arbeitsrechtliche Schutz- bzw. Mitbestimmungsbestimmungen zu unterlaufen und auch Tarifzwängen zu entgehen, wobei - dies wird sich ebenfalls zeigen - derartige Versuche zum Scheitern verurteilt sind.[33]

II. Terminologie der Spaltung

Betrachtet man die Regelungen des Umwandlungsgesetzes, so birgt schon der Begriff der Spaltung gewisse Schwierigkeiten, da eine Legaldefinition dieses Begriffes fehlt; es wird lediglich von der „Spaltung von Rechtsträgern" ausgegangen.

1. Bisherige Terminologie

Die Spaltung war eine im deutschen Gesellschaftsrecht lange Zeit unbekannte Rechtsfigur. Entsprechend fehlten die gesetzlichen Anknüpfungspunkte für eine einheitliche Terminologie.[34]

Erstmals im Anschluss an den von der Kommission der Europäischen Gemeinschaften vorgelegten Entwurf einer Fusionsrichtlinie fand das Institut der

---

[31] Vgl. nur die seinerzeitigen Überlegungen zur Umstrukturierung der Philipp Holzmann AG im Rahmen des Sanierungskonzeptes.

[32] Zum Begriff der Betriebsaufspaltung ausführlich Kap. B. IV. 3. a.

[33] Vgl. hierzu unten Kap. C und D.

[34] Vgl. Duvinage, Spaltung, S. 21 f.; Schulze-Osterloh, ZHR 149 (1985), 614 ff.

Spaltung in verschiedenen Stellungnahmen zur Fusionsrichtlinie überhaupt Berücksichtigung, wobei eine Erläuterung des Spaltungsbegriffes zunächst fehlte.[35]

Es folgten eine Reihe von Äußerungen zur Spaltung in der Literatur, die zu einer Inflation der Begriffe geführt haben.[36] Entsprechend vielfältig und teilweise verwirrend war die Terminologie zur Spaltung, als der Deutsche Bundestag im Rahmen der Verabschiedung der GmbH-Novelle vom 4.7.1980[37] eine umfassende Neuregelung des Umwandlungsrechts verlangte.[38]

a. Die verschiedenen Auffassungen in der Literatur

So unterscheidet Kropff[39] im Zusammenhang mit der Spaltung drei typische Fälle für Strukturveränderungen, die nicht eine Gesellschaft in ihrer Gesamtheit, sondern lediglich in einem Teilbereich erfassen. Als „Ausgründung" bezeichnet er die Umwandlung eines Unternehmensteils einer Kapitalgesellschaft in ein rechtlich selbständiges Unternehmen. Soweit zwei oder mehrere Unternehmen jeweils einen Unternehmensbereich in ein gemeinsames, neues Unternehmen einbringen, spricht er von der „Bildung eines Gemeinschaftsunternehmens". „Teilfusion" nennt er den Fall der Einbringung eines Unternehmensbereiches durch eine Gesellschaft in eine andere bestehende Gesellschaft gegen Gewährung von Anteilsrechten.

Teichmann[40] versteht unter der Spaltung die vollständige Verselbständigung von Unternehmensteilen dergestalt, dass die Anteilsinhaber der Ursprungsgesellschaft unmittelbar Anteilsrechte an der abgespaltenen Gesellschaft erhalten.

Einen vergleichbaren Ansatz wählen Duden und Schilling.[41] Sie nennen bei ihrem Versuch einer umfassenden Begriffsbestimmung zunächst die „horizontale Spaltung " und die „vertikale Spaltung" für den Fall, dass die Altgesellschaft mit der Übertragung der Anteile an den Untergesellschaften auf die Aktionäre untergeht. Dem stellen sie die „Abspaltung", bei der die ursprüngliche Gesellschaft erhalten bleibt, gegenüber, wobei sie nochmals zwischen „Voll- und Teilabspaltung" unterscheiden. Die Teilabspaltung gliedern sie schließlich auf in die „Ausgliederung", bei der eine Übertragung der Unternehmensteile auf neugegründete Gesellschaften erfolgt, und die „Fusionsabspaltung", bei der Unternehmensteile auf bereits bestehende Gesellschaften übertragen werden.

---

35 Vgl. Bericht zum Entwurf einer Fusionsrichtlinie vom 27.1.1972, BT-Drucks. 6/3071, 2; Meyer-Ladewig, BB 1970, 1517 (1520); Sonnenberger, AG 1971, 76 (81).

36 Vgl. Fritz, Spaltung, S. 17.

37 BGBl. I 1980, 836.

38 BT-Drucks. 8/3908, 77; vgl. dazu auch Lutter/Lutter, Einl., Rz. 8f.; Sagasser/Bula, A Rz.1ff..

39 Vgl. Kropff, FS für Geßler, S. 111 ff.

40 Vgl. Teichmann, AG 1980, 85 ff.

41 Vgl. Duden/Schilling, AG 1974, 202 ff.

Eine umfassende Bestimmung des Spaltungsbegriffes versucht Duvinage.[42] Ausgehend vom Gegensatz zwischen Spaltung und Verschmelzung von Personen- und Kapitalgesellschaften arbeitet er heraus, dass es sich bei der zu spaltenden Einheit um eine Gesellschaft handeln müsse. Dabei umfasse der Begriff der Spaltung sowohl die Übertragung von Unternehmensbereichen auf neugegründete als auch die Übertragung auf bereits bestehende Unternehmen. Weiterhin sollen die vollständige Aufteilung und die Abtrennung von Unternehmensbereichen der betroffenen Gesellschaft unter den Spaltungsbegriff fallen. Für die Spaltung wesentlich sei schließlich, dassnicht die Altgesellschaft selbst, sondern ihre Gesellschafter als Ausgleich für die Übertragung von Unternehmensteilen Anteilsrechte an den Nachfolgeunternehmen erhalten.

Aus dieser Entwicklung des Spaltungsbegriffes leitet Duvinage vier Formen der Spaltung ab.[43] Als „Gründungsspaltung" bezeichnet er die Spaltung in der Art und Weise, dass die spaltende Gesellschaft ihr gesamtes, in Teile zerlegtes Vermögen auf neugegründete Unternehmen überträgt und dass sie dann erlischt. Bei der „Fusionsspaltung" werden die einzelnen Unternehmensbereiche der zu spaltenden Gesellschaft an bestehende Unternehmen übertragen. Wird lediglich ein Teilbereich der Altgesellschaft abgetrennt und auf ein neugegründetes oder bereits bestehendes Unternehmen übertragen, spricht er entsprechend von der „Gründungs- und Fusionsabspaltung".

Eine vergleichbare Differenzierung beim Spaltungsbegriff verwendet Fritz.[44] Er bezeichnet die Übertragung des gesamten Gesellschaftsvermögens auf neugegründete oder bereits bestehende Nachfolgegesellschaften und die Auflösung des alten Unternehmensträgers als „Aufspaltung", die Übertragung lediglich eines Teilbereiches auf neugegründete oder bereits bestehende Gesellschaften mit der Folge, dass die Altgesellschaft in ihrem Bestand unberührt bleibt, als „Abspaltung". Zusätzlich differenziert er im Hinblick auf das Verhältnis der Anteile der Altgesellschafter an den Folgegesellschaften zwischen der verhältniswahrenden und der verhältnisändernden Auf- und Abspaltung.

b. Die Terminologie der Spaltungsrichtlinie

Die Spaltungsrichtlinie vom 17.12.1982[45] unterscheidet zwei Formen der Spaltung, denen gemeinsam ist, dass die gespaltene Gesellschaft erlischt.
Während bei der „Spaltung durch Übernahme" das Vermögen auf bereits bestehende Nachfolgegesellschaften übertragen wird (Art. 2 Abs. 1), erfolgt bei der zweiten Spaltungsform eine Vermögensübertragung auf mehrere neugegründete

---

42 Vgl. Duvinage, Spaltung, S. 24 ff.
43 Duvinage, Spaltung, S. 32 ff.
44 Vgl. Fritz, Spaltung, S. 30 f.
45 Richtlinie 82/891 vom 17.12.1982 betreffend die Spaltung von Aktiengesellschaften, Abl. EG Nr. L 378, 47 ff. vom 31.12.1982.

Gesellschaften (Art.18). Der Spaltung werden Vorgänge im Sinne der Art. 2 und 18 gleichgestellt, bei denen die gespaltene Gesellschaft bestehen bleibt.

c. Zusammenfassung

Die vorstehenden Ausführungen zur Spaltung zeigen, dass das Begriffsverständnis zur Spaltung vor Inkrafttreten des UmwBerG am 1.1.1995 nicht einheitlich war. Weder Terminologie noch Bedeutungsinhalt der Spaltung waren abschließend geregelt.[46]

Während Kropff und Teichmann ihre Ausführungen lediglich auf die Übertragung von Teilbereichen der abspaltenden Gesellschaft beziehen, findet der Begriff der Spaltung in der Spaltungsrichtlinie nur dann Anwendung, wenn die gespaltene Gesellschaft erlischt. Besteht die Ursprungsgesellschaft fort, handelt es sich hingegen um spaltungsähnliche Vorgänge. Im Gegensatz dazu bezeichnen Duden und Schilling ebenso wie Duvinage und Fritz beide Vorgänge einheitlich als Spaltung.

d. Exkurs: Der Begriff der „Realteilung"

Für die dargestellten Spaltungsvorgänge findet man, unabhängig von der Rechtsform der Ursprungsgesellschaft, neben dem Begriff der Spaltung vielfach den Begriff der Realteilung.[47]

Die Realteilung bezeichnet eine Form der Auseinandersetzung von Unternehmen, bei der im Zusammenhang mit der Auflösung einer Gesellschaft die Gesellschafter die unmittelbare Sachherrschaft über die Vermögensgegenstände der Ursprungsgesellschaft erlangen. Die Wirtschaftsgüter gelangen in das Eigentum der Anteilseigner.[48] Für Personengesellschaften erfolgt diese andere Art der Auseinandersetzung auf der Grundlage des § 145 HGB. Der unmittelbare Übergang von Sachwerten aus dem Vermögen der Gesellschaft ist jedoch auch für Kapitalgesellschaften anerkannt.[49]

Wie die Ausführungen zum bisherigen Begriff der Spaltung gezeigt haben, wird bei der Spaltung von der Zuordnung der aus der Ursprungsgesellschaft abfließenden Sachwerte zu Nachfolgegesellschaften ausgegangen. Es erfolgt hingegen keine unmittelbare Überführung von Unternehmensteilen in das Eigentum der Gesellschafter.

Eine synonyme Verwendung der beiden Begriffe ist folglich abzulehnen; auch ist die Realteilung - betrachtet man sie isoliert - keine Unterform der Spaltung.[50]

---

[46] So auch Teichmann, ZGR 1993, 396 (397).

[47] Vgl. Fritz, Spaltung, S. 27.

[48] Vgl. Kallmeyer/Kallmeyer, § 123, Rz. 25; Fritz, Spaltung, S. 27 ff.

[49] Vgl. Fritz, Spaltung, S. 28.

[50] So auch Fritz, Spaltung, S. 27; eine andere Bestimmung des Begriffs der Realteilung wählt Masing, Altersversorgung, S. 1 unter Verweis auf Spiessen/Gruber, VIZ 1994, 210 f.

2. Terminologie nach dem Umwandlungsgesetz

Das Umwandlungsgesetz enthält - wie bereits dargestellt - keine eigene Definition der Spaltung, sondern nur solche der einzelnen Spaltungsarten: Aufspaltung, Abspaltung und Ausgliederung.

Dabei erfasst das Gesetz unter dem Begriff der Spaltung diejenigen dekonzentrierenden Maßnahmen, bei denen die Trennung von Vermögensteilen „jeweils als Gesamtheit" durch Zuordnung zu verschiedenen Rechtsträgern erfolgt.[51] Die Spaltung nach dem Umwandlungsgesetz wird daher in der Literatur vielfach auch als Spiegelbild oder Gegenstück zur Verschmelzung, der Vereinigung von Vermögensteilen, verstanden.[52]

Teichmann[53] sieht in der Spaltung hingegen einen zur Verschmelzung parallelen Vorgang. Es komme nicht zu einer Verschmelzung der Vermögen von Rechtsträgern insgesamt, aber zu einer Verschmelzung von Vermögensteilen des übertragenden Rechtsträgers im Wege der Aufnahme dieser Teile durch bereits vorhandene oder neue Rechtsträger.[54]

a. Der Begriff des Rechtsträgers

Gemeinsames Merkmal aller drei Spaltungsarten ist die Übertragung von Vermögensteilen eines Rechtsträgers auf einen oder mehrere bestehende oder neugegründete Rechtsträger.

Rechtsträger ist dem Wortlaut nach zunächst grundsätzlich jede Rechtseinheit, die rechtlich verselbständigt Träger von Rechten und Pflichten sein kann. Der Begriff geht damit über den der juristischen Person hinaus: Gleichzeitig wird klargestellt, dass Gegenstand eines Spaltungsvorganges jeweils das Vermögen ist.[55] Es kommt mithin im Rahmen einer Spaltung nach dem Umwandlungsgesetz grundsätzlich nicht darauf an, ob ein Rechtsträger ein Unternehmen im betriebswirtschaftlichen oder rechtlichen Sinne betreibt.[56] Lediglich dort, wo das Umwandlungsgesetz den Unternehmensbegriff ausdrücklich erwähnt, ist das Vorhandensein eines Unternehmens zusätzliche materielle Voraussetzung des Umwandlungsvorganges.[57]

Der Gesetzgeber hat mit dem Begriff des Rechtsträgers den Anwendungsbereich der Spaltung zunächst weit ausgedehnt, diese Formulierung anschließend jedoch erheblich eingeschränkt. Die im Zusammenhang mit der Spaltung tat-

---

[51] Vgl. Lutter/Teichmann § 123 Rz.6 ff.

[52] Vgl. Kallmeyer, ZIP 1994, 1746 (1748); Geck, DStR 1995, 416 ff.

[53] Lutter/Teichmann, § 123, Rz. 18.

[54] Vgl. Lutter/Teichmann, a.a.O.

[55] Vgl. Karsten Schmidt, ZGR 1990, 580 (592 ff.); Lutter/Lutter, § 3, Rz.3; Sagasser/Bula, Umwandlungen, B Rz.12.

[56] Zum Begriff des Unternehmens vgl. oben Fn. 2 sowie unten Kap. B. IV. 1. a.

[57] Lutter/Lutter, § 3, Rz.3 unter Verweis auf §§ 168 ff. UmwG.

sächlich erfassten Rechtsträger sind in § 124 UmwG unter Hinweis auf § 3 Abs. 1 UmwG abschließend geregelt.[58]

b. Der Spaltungsbegriff

Die durch den Gesetzgeber gewählte Terminologie der Spaltung entspricht im Ansatz den neueren Ausführungen zur gesellschaftsrechtlichen Spaltung vor Verabschiedung des Umwandlungsgesetzes.[59]

Die „Aufspaltung“ bezeichnet die Übertragung des Gesamtvermögens eines Rechtsträgers in Teilen auf mehrere neugegründete oder vorhandene Rechtsträger.

Die „Abspaltung“ bezeichnet den Fall, dass der sich spaltende Rechtsträger nur einen Teil seines Vermögens auf mehrere neugegründete oder vorhandene Rechtsträger überträgt. Die Übertragung geschieht dabei in beiden Fällen gegen Gewährung von Anteilen der übernehmenden Rechtsträger an die Anteilseigner des übertragenden Rechtsträgers.

Zusätzlich umfasst die Spaltung nach dem Umwandlungsgesetz die „Ausgliederung“, die strukturell der Abspaltung entspricht. Die Anteile an dem neugegründeten oder vorhandenen, übernehmenden Rechtsträger stehen jedoch nicht den Anteilseignern des übertragenden, sondern dem übertragenden Rechtsträger selbst zu. Der übernehmende Rechtsträger wird mithin Tochtergesellschaft des übertragenden Rechtsträgers. Damit weicht der Gesetzgeber von der durch Duvinage[60] herausgearbeiteten Voraussetzung einer Übertragung der Anteilsrechte an die Anteilseigner des übertragenden Rechtsträgers ab.

Für die Spaltung nach dem Umwandlungsgesetz ist es - im Gegensatz zur Auffassung von Fritz -[61] auch unerheblich, ob es sich im Hinblick auf das Verhältnis der Anteilsrechte um einen verhältniswahrenden oder verhältnisändernden Vorgang handelt.[62]

III. Dogmatik der Spaltung

Nachdem eine Begriffsbestimmung erfolgt ist, gilt es nun die Dogmatik der Spaltung im einzelnen zu beleuchten und damit den Kern des Spaltungsrechts und die als „sensationell‘[63] empfundene Neuerung und auf den ersten Blick praktische Erleichterung, die mit der Novellierung verbunden ist, zu verdeutlichen.

---

[58] Zu den im einzelnen kombinierbaren Rechtsträgern ausführlich Sagasser/Bula, Umwandlungen, B Rz.18; Lutter/Lutter, § 3, Rz. 4 ff.; Dehmer, § 124, Rz. 2 ff.

[59] Vgl. Fritz, Spaltung, S. 30; Duvinage, Spaltung, S. 30.

[60] Vgl. Duvinage, Spaltung, S. 27 f.

[61] Vgl. Fritz, Spaltung, S. 30 f.

[62] Vgl. Kallmeyer/Kallmeyer, § 123, Rz. 4.

[63] Vgl. Karsten Schmidt, AcP 191 (1991), 495 (510).

1. Die Rechtslage vor Inkrafttreten des Umwandlungsgesetzes

Da es - wie bereits dargestellt - vor Inkrafttreten des Umwandlungsgesetzes keine allgemeine gesetzliche Regelung für Spaltungen gab, wurden von der Praxis auf Grundlage des geltenden Rechts Wege der Unternehmensdekonzentration gefunden, die mittels Einzelrechtsübertragungen auf mehrere Rechtsträger zum Spaltungserfolg führten.[64]

Gestützt wurden diese Umweglösungen durch die finanzgerichtliche Rechtsprechung[65] und eine steuerliche Billigkeitsregelung.[66]

Eine grundsätzliche Regelung im Sinne einer partiellen Gesamtrechtsnachfolge wie sie durch das Umwandlungsgesetz eingeführt wurde, bestand hingegen nicht.

a. Die Spaltung von Personengesellschaften

Die Spaltung von Personengesellschaften erfolgte in der Vergangenheit im Wege der Realteilung und anschließenden Einbringung der den Gesellschaftern zustehenden Ansprüche auf Übertragung des Gesellschaftsvermögens auf Nachfolgegesellschaften im Wege der Einzelübertragung.[67]

Die Realteilung von Personengesellschaften ist eine andere Form der Auseinandersetzung nach Auflösung der Gesellschaft i.S.v. § 145 Abs. 1 HGB.
Dabei erfolgt abweichend von der Auflösung des Betriebs der Personengesellschaft eine Verselbständigung zusammengehörender und wirtschaftlich verbundener Teile des bisherigen Gesamtunternehmens dahingehend, dass unter Auflösung des gesamthänderischen Eigentums am ganzen Unternehmen ohne Wechsel in der Person die volle Herrschaftsgewalt über verselbständigte Teile des bisherigen Unternehmens erlangt wird. Durch Auflösung des Gesamthandvermögens wird das Alleinguthaben an den einzelnen Gegenständen begründet, und die Wirtschaftsgüter des Betriebsvermögens der Gesellschaft werden auf die einzelnen Gesellschafter übertragen.[68]

Entsprechend stellt die Realteilung - wegen des Erfordernisses der Übertragung des Gesellschaftsvermögens auf Folgegesellschaften - für sich betrachtet keine Spaltung dar.[69]

Eine Spaltung liegt erst dann vor, wenn die Gesellschafter die ihnen aus der Abwicklung der Ursprungsgesellschaft zustehenden Ansprüche auf Übertragung

---

64 Vgl. Geck, DStR 1995, 416 (417); Kallmeyer, ZIP 1994, 1746 (1749); Mayer, GmbHR 1992, 129 (130); Sagasser/Bula, Umwandlungen, M Rz.7ff..

65 Vgl. BFH vom 15.7.1976, IR 17/74, BStBl. II, 748.

66 Vgl. Schreiben des BMF vom 9.1.1992, IVB 7-S 1978-37/91, GmbHR 1992, 123 (123 f.).

67 Vgl. Fritz, Spaltung, S. 7.

68 Vgl. Sagasser/Bula, Umwandlungen, M 8.

69 Vgl. schon oben Kap. B. II. 1. d.

des Gesellschaftsvermögens in neugegründete oder bereits bestehende Gesellschaften gegen Gewährung von Gesellschaftsanteilen einbringen.[70]

Diese Einbringung des den Folgegesellschaften zukommenden Gesellschaftsvermögens, genauer der Vermögensgegenstände, erfolgt im Wege der Einzelübertragung nach den allgemeinen Regelungen der §§ 929 ff., 873, 925 sowie 398 ff. BGB.[71]

Die Übertragung ist dabei auf neugegründete, aber auch auf bereits vor der Realteilung bestehende Gesellschaften im Wege der Einzelrechtsnachfolge denkbar.

Entscheidend für das Vorliegen einer gesellschaftsrechtlichen Spaltung ist lediglich die Zuordnung der Vermögensteile zu einem neuen Unternehmensträger.[72]

b. Die Spaltung von Kapitalgesellschaften

Auch die Spaltung von Kapitalgesellschaften erfolgte vor Inkrafttreten des Umwandlungsgesetzes im Wege der umständlichen und teilweise kostspieligen Einzelübertragung und Einzelrechtsnachfolge.[73]

Anders als bei der Spaltung von Personengesellschaften werden die Anteile dabei nicht an die Gesellschafter der Ausgangsgesellschaft ausgekehrt, sondern müssen den Umweg über die Ausgangsgesellschaft nehmen.[74]

Für den Fall der Aufspaltung muss dabei zunächst das gesamte Vermögen der Kapitalgesellschaft in mehrere neu gegründete oder bereits bestehende Gesellschaften gegen Gewährung von Gesellschaftsanteilen eingebracht werden.

Dabei werden die Vermögensgegenstände im Wege der Einzelrechtsnachfolge auf den aufnehmenden Rechtsträger übertragen, was sich in aller Regel durch Übertragung im Wege der Stammkapitalerhöhung durch Sacheinlage bei Aufnahme durch einen neuen Rechtsträger oder durch Sachgründung bei Neugründung vollzieht. Anschließend ist unabhängig von der Rechtsform die ursprüngliche Kapitalgesellschaft zu liquidieren.

Bei der Abspaltung eines Unternehmensteils stehen als wichtigste Varianten bei der Auskehrung der einbringungsgeborenen Anteile für die GmbH der Tausch der Anteile an der übernehmenden Gesellschaft gegen eigene Anteile der übertragenden Gesellschaft und der Weg über die entgeltliche Einziehung der

70 Vgl. Duvinage, Spaltung, S. 45 ff.

71 Duvinage, Spaltung, S. 49 f.

72 Im Hinblick auf die Problematik von Übertragungsverboten sowie der Gläubigerhaftung bei Überleitung von Verbindlichkeiten sei auf die Ausführungen zur Spaltung von Kapitalgesellschaften verwiesen; vgl. Duvinage, Spaltung, S. 49 ff.

73 Vgl. Hennrichs, AG 1993, 508 (508).

74 Vgl. Mayer, GmbHR 1992, 129 (130); Fritz, Spaltung, S. 8.

Altanteile zur Verfügung. Für die AG besteht die Möglichkeit der Kapitalherabsetzung durch Einziehung von Aktien.[75]

c. Schwierigkeiten bei der Spaltung

Die Problematik der Spaltung im Wege der Singularsukzession besteht also zunächst in der Zweistufigkeit des Spaltungsvorgangs.

Daneben ergeben sich erhebliche Schwierigkeiten, wenn den Einzelübertragungen im Rahmen des Vollzugs der Spaltung Übertragungsverbote für einzelne Vermögensgegenstände entgegenstehen.[76]

Als Beispiele seien für gesetzliche Übertragungsverbote das Vorkaufsrecht[77], der Nießbrauch[78] und das Urheberrecht[79], für vertragliche Übertragungsverbote das Abtretungsverbot für Forderungen im Sinne des § 399 2. Alt. BGB genannt.

Auch die aus dem Bestimmtheitsgrundsatz resultierende Notwendigkeit der gegenständlichen Erfassung, Abgrenzung und Spezifizierung der zu übertragenden Sachen, Rechte und Pflichten stellt sich als problematisch dar.[80]

Werden auch passive Vermögensgegenstände wie Verbindlichkeiten übertragen, müssen die Gläubiger die Schuldübernahme nach
§ 415 BGB genehmigen.[81] Wird die Zustimmung verweigert, muss sich die Praxis mit Freistellungsansprüchen des übertragenden Rechtsträgers gegen den übernehmenden behelfen.[82]

Soweit Rechtsgeschäfte formbedürftig sind, entstehen oft nicht unerhebliche Notariats- und Gerichtskosten.[83]

---

75 Vgl. ausführlich Fritz, Spaltung, S. 35 ff.; Kallmeyer, ZIP 1994, 1746 (1749); Mayer, GmbHR, 1992, 129 (133); Sagasser/Bula, Umwandlungen, M Rz.8.

76 Vgl. Teichmann, ZGR 1993, 396 (406); Hennrichs, AG 1993, 508 (510); Duvinage, Spaltung, S. 53.

77 §§ 514, 1098 Abs. 1 Satz 1 BGB.

78 § 1059 Satz 1 BGB.

79 § 29 Satz 2 UrhG.

80 Vgl. Mayer, GmbHR 1992, 129 (132).

81 So zumindest nach der im Rahmen des § 415 BGB zugrundegelegten Verfügungstheorie. Die Gegenauffassung, die in der Mitteilung über die Schuldübernahme nach § 415 I Satz2 BGB eine Offerte sieht, die der Schuldner durch die Erteilung der Genehmigung annehmen kann (Angebotstheorie), ist vom Wortlaut und von der Systematik des § 415 BGB her abzulehnen, vgl. insoweit statt aller Palandt/Heinrichs, § 415, Rz.1 m.w.N.

82 Vgl. Geck, DStR 1995, 416 (417).

83 Geck, a.a.O.; selbstverständlich ist auch der Spaltungsvertrag und die anschließende Registereintragung mit Kosten verbunden, die jedoch nur ein einziges Mal entstehen; zur Durchführung der Spaltung vgl. unten Kap. B. III. 2. d.

d. Zusammenfassung

Es bleibt festzuhalten, dass vor Inkrafttreten des Umwandlungsgesetzes eine Spaltung nur in der Form der Singularsukzession erfolgen konnte. Aufgrund der dargestellten Zweistufigkeit des Spaltungsvorgangs sowie der sonstigen aufgezeigten Hindernisse in Verbindung mit der Einzelrechtsübertragung und dem Gläubigerschutz war die gesellschaftsrechtliche Spaltung im Wege der Singularsukzession jedoch mit erheblichen Problemen verbunden.

2. Die Rechtslage nach Inkrafttreten des Umwandlungsgesetzes

Die Spaltung ist im Dritten Buch in den §§ 123-173 des Umwandlungsgesetzes geregelt. Zentrale Funktion der Bestimmungen zur Spaltung ist es, die bislang im deutschen Recht nicht zulässige Übertragung von Vermögensteilen einschließlich der Verbindlichkeiten jeweils als Gesamtheit von einem Rechtsträger auf einen oder mehrere andere Rechtsträger zu ermöglichen.

a. Die Rechtsnatur der Spaltung

Bei der Spaltung werden Vermögensteile durch registerrichterlichen Gestaltungsakt aufgrund einer privatautonomen Entscheidung der beteiligten Rechtsträger übertragen. Die Übertragung geschieht allein aufgrund des Rechtsaktes der Spaltung - ohne Einzelübertragung - nach den allgemeinen zivilrechtlichen Vorschriften.[84]

Der Übergang des Vermögens wird auf der Grundlage einer im Rahmen des Spaltungsvertrages nach § 126 Abs. 1 Nr. 9 UmwG bzw. im Spaltungsplan gem. § 136 UmwG getroffenen Vermögenszuordnung gem. § 131 Abs.1 Nr.1 Satz 1 UmwG mit der Eintragung der Spaltung in das Handelsregister vollzogen, weshalb diese Vorschriften als „Herzstück“ des Spaltungsrechts bezeichnet werden.[85]

aa. Der Spaltungsvertrag als Grundlage der Spaltung

Nach § 126 Abs. 1 Nr. 9 UmwG muss der Spaltungs- und Übernahmevertrag die genaue Bezeichnung der Gegenstände des Aktiv- und Passivvermögens, die an jeden Rechtsträger übertragen werden, sowie der übergehenden Betriebe und Betriebsteile unter Zuordnung zu den übernehmenden Rechtsträgern enthalten.

Die Vorschrift stellt damit zum einen klar, dass die Zuordnung allein von den an der Spaltung beteiligten Rechtsträgern vorgenommen wird. Darüber hinaus wird eine Unterscheidung zwischen einer Übertragung von Gegenständen des Aktiv- und Passivvermögens und der Zuordnung von Betrieben bzw. Betriebsteilen vorgenommen.

---

84 Vgl. Kölner Umwandlungsrechtstage/Teichmann, S. 140; Kallmeyer, ZIP 1994, 1746 (1748); Kallmeyer/Kallmeyer, § 123, Rz. 2.

85 Vgl. insoweit nur Lutter/Teichmann, § 131, Rz.2.

(1) Zuordnung von Betrieben und Betriebsteilen

§ 126 Abs. 1 Nr. 9 UmwG ermöglicht zunächst die Zuordnung von Betrieben bzw. Betriebsteilen. Die Möglichkeit der Zuordnung ist in zweifacher Hinsicht von Bedeutung:

In steuerrechtlicher Hinsicht erfordert eine „steuerneutrale" Übertragung des Vermögens den Übergang von Betriebsteilen. In arbeitsrechtlicher Hinsicht folgt aus der Übertragung eines Betriebes bzw. Betriebsteils gem. § 613a BGB auch der Übergang des zu dem Betrieb bzw. Betriebsteil zählenden Arbeitsverhältnisses. Da nach § 324 UmwG § 613a Abs.1 und 4 BGB auch in Umwandlungsfällen „unberührt" bleiben soll, ist die Zuordnung von Betrieben und Betriebsteilen also auch aus arbeitsrechtlicher Sicht bedeutsam.[86]

(2) Übertragung von Gegenständen des Aktiv- bzw. Passivvermögens

Entgegen der Fassung des Referentenentwurfes, der ausschließlich auf Betriebe als mögliche Spaltungsgegenstände abstellte,[87] ermöglicht § 126 Abs. 1 Nr. 9 UmwG darüber hinaus die Aufteilung sämtlicher Gegenstände des Aktiv- und Passivvermögens, womit klargestellt wird, dass eine Vermögensübertragung auch unabhängig von der Übertragung eines Betriebs- bzw. Betriebsteils erfolgen und damit grundsätzlich jedes einzelne Recht isoliert übertragen werden kann.

Bereits aus der Begründung des Regierungsentwurfes[88] ergibt sich, dass der Begriff des Gegenstandes zivilrechtlich zu verstehen ist, so dass sowohl körperliche Gegenstände als auch Rechte und Verbindlichkeiten einer Vermögenszuordnung zugänglich sind.

Der Begriff Gegenstand bezeichnet demnach die kleinste Einheit, die der Aufteilung des Vermögens zugrunde gelegt werden kann.[89]

Aus dem Wortlaut des § 126 Abs. 1 Nr. 9 UmwG „Aufteilung der Gegenstände des Aktiv- bzw. Passivvermögens" ergibt sich darüber hinaus sogar grundsätzlich die Möglichkeit einer unterschiedlichen Zuordnung, d. h. einer Trennung von Leistung und Gegenleistung - etwa bei Vertragsverhältnissen.

---

86 Damit ist zunächst allerdings noch keine Aussage über die Zuordnungsfreiheit bei Arbeitsverhältnissen und die Bedeutung des Betriebsbegriffes im Rahmen des § 126 UmwG verbunden; vgl. zu letzterem Kap. B. IV. 1. b.; zu ersterem Kap. C. I.

87 Vgl. § 123 Abs.5 RefE, Beil. Nr.112a zum BA vom 20.6.1992.

88 BT-Drucks. 12/6699, 118.

89 Kallmeyer/Kallmeyer, § 126, Rz. 22.

Die Trennung wird also durch das Gesetz selbst ermöglicht, indem auf die Zuordnung des einzelnen Gegenstandes abgestellt wird, unabhängig davon, ob dieser dem Aktiv- oder Passivvermögen zuzuordnen ist.[90]

bb. Die Rechtsfolgen der Zuordnung

Auf der Grundlage der im Spaltungs- und Übernahmevertrag nach § 126 Abs. 1 Nr. 9 UmwG bzw. im Spaltungsplan nach § 136 UmwG vorgenommenen Zuordnung erfolgt gem. § 131 Abs. 1 Nr. 1 UmwG mit registergerichtlicher Eintragung der Spaltung der Übergang der Vermögensteile sowie der Verbindlichkeiten.

Da sich der Vermögensübergang stets nur auf die im Spaltungs- und Übernahmevertrag festgelegten Teile des Vermögens des sich spaltenden Rechtsträgers bezieht, wird dieser Rechtsübergang in der Literatur nicht als Gesamtrechtsnachfolge, sondern als sog. „partielle Gesamtrechtsnachfolge"[91] oder auch „Sonderrechtsnachfolge"[92] bezeichnet.

(1) Gesamtrechtsnachfolge

Mit dem Begriff Gesamtrechtsnachfolge im Rahmen der Spaltung wird ein Übertragungsvorgang bezeichnet, der zu einem Transfer der erfassten Rechtspositionen uno actu auf einen anderen Rechtsträger führt. Dieser Vorgang ist strikt von der erbrechtlichen Gesamtrechtsnachfolge und der Gesamtrechtsnachfolge im Zusammenhang mit der Verschmelzung[93] zu trennen. Diese sind dadurch gekennzeichnet, dass infolge des Untergangs eines Rechtsträgers eine Rechtsnachfolge in ein gesamtes Vermögen stattfindet.[94]

Im Zusammenhang mit der Gesamtrechtsnachfolge bei Spaltungen sind hingegen nicht die an den Rechtsuntergang eines Rechtsträgers anknüpfenden Wirkungen von Bedeutung. Die Gesamtrechtsnachfolge stellt in diesem Kontext vielmehr ein Mittel zur Übertragung von Rechtspositionen, Vermögen und Verbindlichkeiten auf einen oder mehrere andere Rechtsträger dar.[95]

---

[90] Allg. Auff., vgl. nur Lutter/Priester, § 126, Rz.36; nicht zulässig soll jedoch nach verschiedenen Literaturauffassungen unter Berufung auf die „ausdr. Begr." zum RegE die Teilung einer Verbindlichkeit durch Übertragung auf mehrere Rechtsträger sein, da dies den Grundsätzen des allg. Zivilrechts widerspreche; vgl. insoweit Begr. RegE, BT-Drucks. 12/6699, 71 (118); so Ganske, WM 1993, 1117 (1121); krit. hierzu jedoch Lutter/Teichmann, § 132, Rz.37 mit zutr. Argumentation; zu den weitergehenden Grenzen des Gesetzes vgl. unten Kap. B. III. 2. a. cc. (3).

[91] So Lutter/Teichmann, § 131, Rz.2.

[92] In diesem Sinne etwa Ganske, WM 1993, 1117 (1121) unter Berufung auf die Begr. zum RegE, BT-Drucks. 12/6699, 71 (72); ebenso Heidenhain, NJW 1995, 2873 (2873).

[93] § 20 UmwG.

[94] Vgl. Lutter/Teichmann, § 123, Rz. 8; Masing, Altersversorgung, S. 42; Schmidt, AcP 191 (1991), 495 (501).

[95] Kölner Umwandlungsrechtstage/Teichmann, S. 97.

Ziel der Gesamtrechtsnachfolge ist dabei nicht die Zuordnung von Rechtsgütern und Verbindlichkeiten zu einem feststellbaren Rechtsträger, sondern die Umgehung der aufgezeigten Probleme der Einzelrechtsnachfolge[96] durch Übertragung des Vermögens jeweils als Gesamtheit.[97]

(2) „Partielle" Gesamtrechtsnachfolge

Da sich bei der Gesamtrechtsnachfolge im Zusammenhang mit der Spaltung der Vermögensübergang immer nur auf Teile des Vermögens des sich spaltenden Rechtsträgers bezieht und die Folge bei Abspaltung und Ausgliederung gerade nicht der Untergang des übertragenden Rechtsträgers ist,[98] geht das Gesetz mithin einen erheblichen Schritt weiter. Die Zulassung der verschiedenen Variationen der Gesamtrechtsnachfolge stellt eine im deutschen Recht bislang nicht gekannte Rechtsentwicklung dar.[99]

Die Gesamtrechtsnachfolge ist damit für eine Vielzahl von Fällen zum parteiautonomen, also durch Rechtsgeschäft gestalteten Mittel einer Übertragung von Vermögensgegenständen geworden, das für die betroffenen Rechtsträger gleichwertig, d.h. austauschbar neben die Einzelübertragung tritt.[100]

Dabei liegt die entscheidende Neuerung einer Spaltung im Wege der partiellen Gesamtrechtsnachfolge nicht in der technischen Vereinfachung des Spaltungsvorgangs: Die Problematik der Abgrenzung der ab- bzw. aufzuspaltenden Vermögensteile besteht weiterhin. Im Gegenteil verlangt das Umwandlungsgesetz im Rahmen des Spaltungs- und Übernahmevertrags nach § 126 Abs. 1 Nr. 9 UmwG eine Bezeichnung sämtlicher übergehender Rechtspositionen, Vermögensteile und Verbindlichkeiten unter Zuordnung auf den jeweils übernehmenden Rechtsträger in einem Umfang, der den der Spaltung im Wege der Einzelrechtsnachfolge erreicht.[101]

Die wesentliche Änderung bei der Gesamtrechtsnachfolge ist vielmehr darin zu sehen, dass die Entscheidung, welche Gegenstände auf welchen Rechtsträger übertragen werden können, durch das Gesetz in die freie Entscheidung und Verantwortung der beteiligten Rechtsträger gestellt werden.[102] Bei der Spaltung zur Aufnahme entscheiden aufnehmender und übertragender Rechtsträger im Rahmen des Spaltungs- und Übernahmevertrags, welche Gegenstände übertragen werden sollen. Bei der Spaltung zur Neugründung entscheidet allein der

96 Siehe oben Kap. B. III. 1. c.

97 Vgl. Lutter/Teichmann, § 123, Rz. 8.

98 Anders jedoch die Aufspaltung, bei der der bisherige Rechtsträger erlischt, vgl. insoweit auch Dehmer, § 123, Rz.6.

99 Vgl. hierzu statt aller nur Lutter/Teichmann, § 123, Rz. 9.

100 Lutter/Teichmann, § 123, Rz. 9.

101 Vgl. Hennrichs, AG 1993, 508 (509); Mertens, AG 1994, 66 (68).

102 Vgl. Kölner Umwandlungsrechtstage/Teichmann, S. 119; Lüttge, NJW 1995, 417 (424); Lutter/Priester, § 126, Rz. 45f.; Mertens, AG 1994, 66 (72).

spaltende Rechtsträger. Eine Mitwirkung der Gläubiger bzw. Schuldner ist - mit Ausnahme der in § 132 UmwG geregelten Tatbestände - nicht vorgesehen.

Damit ist eine der wesentlichen Hürden für Unternehmensspaltungen[103] im bisherigen Recht beseitigt.[104]

cc. Grenzen der Gestaltungsfreiheit

Grundsätzlich gilt, dass das Umwandlungsgesetz vermögens- und nicht unternehmensorientiert angelegt ist. Entsprechend ist in § 126 Abs. 1 Nr. 9 UmwG nicht nur der Transfer von Betrieben und Betriebsteilen, sondern auch von Vermögensteilen nach dem Umwandlungsgesetz gestattet. Damit ergibt sich die Gefahr, dass für Gegenstände, bei deren Übertragung im Wege der Singularsukzession die Zustimmung Dritter erforderlich ist, bei der Spaltung eine derartige Übertragung im Wege der partiellen Gesamtrechtsnachfolge ohne die erforderliche Zustimmung vorgenommen werden kann.[105]

Das Umwandlungsgesetz setzt daher dem Grundsatz der Übertragungsfreiheit in zwei Vorschriften, nämlich § 131 Abs. 1 Nr. 1 S. 2 UmwG und § 132 UmwG, Grenzen.

Nach § 131 Abs. 1 Nr. 1 S. 2 UmwG verbleiben Gegenstände, die nicht durch Rechtsgeschäft übertragen werden können, in den Fällen der Abspaltung oder Ausgliederung im Eigentum oder der Inhaberschaft des übertragenden Rechtsträgers.

Nach § 132 S. 1 UmwG bleiben „allgemeine Vorschriften", die die Übertragbarkeit eines bestimmten Gegenstandes ausschließen oder an bestimmte Voraussetzungen knüpfen oder nach denen die Übertragung eines bestimmten Gegenstandes einer staatlichen Genehmigung bedarf, „unberührt", wobei nach § 132 S. 2 UmwG § 399 BGB der Aufspaltung nicht entgegenstehen soll.

Der Anwendungsbereich der Norm ist ebenso wie das Begriffsverständnis eine der umstrittensten Fragen des Umwandlungsgesetzes. Hierbei bereitet neben der Unterscheidung zwischen Übertragung und Übertragbarkeit der Begriff des Gegenstandes die meisten Schwierigkeiten.

(1) Die Aussage des Gesetzgebers

Nach der Aussage des Regierungsentwurfs soll § 131 Abs. 1 S. 2 ebenso wie § 132 UmwG klarstellen, dass die „allgemeinen Vorschriften des Zivilrechts"

---

103 Zum Begriff der Unternehmensspaltung vgl. unten Kap. B IV. 3. Dogmatisch korrekt müßte in diesem Zusammenhang allerdings der Begriff der „Unternehmensträgerspaltung" verwendet werden, da nicht ein Unternehmen, sondern der Rechtsträger des Unternehmens Spaltungssubjekt ist; im Rahmen dieser Arbeit soll jedoch an der gebräuchlichen Terminologie festgehalten werden.

104 Vgl. Lutter/Priester, § 126, Rz. 45; Mertens, AG 1994, 66 (69 ff.); zu den Grenzen der Entscheidungsfreiheit vgl. auch Kap. B. III. 2. A. cc. und dd.

105 Vgl. Lutter/Teichmann, § 132, Rz. 3.

den Übergang eines bestimmten Gegenstandes bei Abspaltung und Ausgliederung verhindern können.[106]

Hierbei verweist die Begründung des Regierungsentwurfs zu § 132 UmwG weitgehend auf die Begründung zu § 126 UmwG, worin als Gegenstand die „einzelne Sache" oder ein „einzelnes Recht" zu verstehen ist, „entsprechendes" jedoch auch für Verbindlichkeiten gelten soll.[107] Der Schutzzweck des § 132 UmwG besteht nach der Begründung des Regierungsentwurfs darin, die allgemeinen Grundsätze des Zivilrechts auch in Spaltungsfällen im Hinblick auf die Zugehörigkeit von Haupt- und Nebenrechten und die Möglichkeiten der isolierten Übertragung einzelner Rechte beizubehalten.[108] Dabei unterscheidet der Gesetzgeber zwischen der Übertragbarkeit eines Gegenstandes (§ 132 S. 1 1.Alt. UmwG) einerseits und der Übertragung, d.h. dem Übertragungsvorgang, eines Gegenstandes (§ 132 S. 1 2.Alt. UmwG) andererseits.[109]

(2) Die Auffassungen der Literatur

Unter Berufung auf die gesetzgeberische Aussage wird dem § 131 Abs. 1 Nr. 1 S. 2 UmwG von der Literatur keine eigenständige Bedeutung zugemessen: Die Regelung sei überflüssig, die Grenzen der Übertragbarkeit würden allein durch § 132 UmwG festgelegt.[110]

Ein gespaltenes Meinungsbild liegt demgegenüber zu § 132 UmwG vor: Während ein Teil der Literatur auf der Grundlage des Wortlautes die in § 132 UmwG vorgenommene Einschränkung eng auslegt, und unter den Begriff des Gegenstands nur Rechte und Sachen, nicht jedoch Rechts- und Pflichtgesamtheiten[111] oder isolierte Verbindlichkeiten[112] subsumiert, geht die überwiegende Meinung von einer weiten Auslegung aus und erfasst über § 132 UmwG alle übertragbaren Rechtspositionen.[113]

Beide Auffassungen sind problembehaftet: Während eine weite Auslegung des § 132 UmwG dahin führen würde, dass die Vorteile der partiellen Gesamtrechtsnachfolge im wesentlichen aufgehoben sind, führt die ausschließlich begriffsorientierte enge Auslegung zu Wertungswidersprüchen.

---

[106] Begr RegE, BT-Drucks. 12/6699, 71 (120).
[107] Begr RegE, BT-Drucks. 12/6699, 71 (118).
[108] Begr RegE, BT-Drucks. 12/6699, 71 (118,121).
[109] Begr RegE, BT-Drucks. 12/6699, 71 (121).
[110] So z.B. Lutter/Teichmann, § 131, Rz. 3.
[111] Hennrichs ZIP 1995, 794 (798), der Vertragsverhältnisse als Rechte- und Pflichtenge*samtheit,* und damit als nicht vom Wortlaut des § 132 UmwG erfasst, ansieht.
[112] Heidenhain, ZIP 1995, 801 (804).
[113] So etwa Lutter/Teichmann, § 132, Rz. 4; Kallmeyer/Kallmeyer, § 132, Rz. 2, jew. m.w.N.

In der Literatur wird daher versucht, die hieraus resultierenden Probleme durch einzelfallbezogene und schutzzweckorientierte Abgrenzungen zu vermeiden.[114]

Teilweise wird sogar vorgeschlagen, die Vorschrift des § 132 UmwG dahingehend zu reduzieren, dass sie nur eingreife, wenn die Gefahr einer Umgehung der Übertragbarkeitshindernisse des allgemeinen Rechts durch Spaltung drohe. Dies werde in der Regel nur dann der Fall sein, wenn im Wege der Spaltung im wesentlichen nur ein einzelner Gegenstand übertragen oder eine einzelne Verbindlichkeit übergeleitet werden solle.[115] Diese Auffassung will also - je nach Übertragungstatbestand - eine einzelfallabhängige teleologische Reduktion vornehmen.

(3) Stellungnahme

Der Gesetzgeber stand bei der Neuregelung des Umwandlungsgesetzes vor dem Problem, dass das deutsche Zivilrecht auf dem Grundsatz der Einzelrechtssukzession aufgebaut ist; das Rechtsinstitut der partiellen Gesamtrechtsnachfolge ist dem deutschen Recht unbekannt. Der Gesetzgeber musste also im Rahmen des § 132 UmwG einerseits die durch §§ 414 ff. BGB gesetzten Übertragungshindernisse überwinden, andererseits den Gläubiger- und Schuldnerschutz gleichermaßen sicherstellen oder anders ausgedrückt: Der Zweck der „partiellen" Gesamtrechtsnachfolge darf nicht verloren gehen, allerdings müssen die allgemeinen zivilrechtlichen Schutzrechte gewahrt bleiben.

Die Auslegung des § 132 UmwG kann daher nicht gegen den Wortlaut des Gesetzes erfolgen, darf andererseits jedoch auch nicht den gesetzgeberischen Zweck vernachlässigen. Gleichwohl ist eine jeweils einzelfallbezogene Auslegung problembehaftet und hindert die erforderliche Rechtssicherheit, so dass generelle Abgrenzungskriterien erforderlich sind.

(a) Die „Verbindlichkeit" als „Gegenstand" des § 132 S. 1 UmwG

Der Gesetzgeber hat in § 132 UmwG lediglich den Begriff des Gegenstandes erwähnt, wohingegen im Rahmen des § 126 Abs. 1 Nr. 9 UmwG von Gegenständen des Aktiv- und Passivvermögens die Rede ist. Insbesondere aufgrund dieser „begrifflichen Unterscheidung" wird teilweise davon ausgegangen, dass

---

[114] Vgl. nur Lutter/Teichmann, § 132, Rz. 4.

[115] Vgl. Hennrichs, ZIP 1995, S. 794 (798) unter Verweis auf die Begründung des Regierungsentwurfs zu § 132 UmwG; gleicher Ansicht auch Mayer, GmbHR 1996, 403 (413), ähnlich Heidenhain, ZIP 1995, 801 (805); hinsichtlich der Kategorisierung einzelner Rechtsverhältnisse vgl. ausführlich Lutter/Teichmann, § 132, Rz. 22 ff.; zur Bedeutung des § 132 UmwG im Rahmen der Übertragung von Arbeitsverhältnissen siehe unten Kap. C III.

„Gegenstände" im Sinne des § 132 UmwG nur Rechte, keineswegs jedoch Verbindlichkeiten sein können.[116]

Folgt man jedoch dieser Auffassung, so nimmt man eine - unzulässige - Einschränkung des vom Gesetzgeber gewählten Gegenstandsbegriffs vor: Der Gesetzgeber versteht als Gegenstand die einzelne Sache und das einzelne Recht ebenso wie die einzelne Verbindlichkeit.[117] Dies kommt bereits dadurch zum Ausdruck, dass der Gesetzgeber in den Fällen, in denen er als Gegenstand ausschließlich auf das Aktivvermögen, also auf Rechte und Sachen zurückgreifen wollte, dies ausdrücklich kundgetan hat.[118] Die Vertreter dieser Auffassung vermögen auch den darin enthaltenen Wertungswiderspruch - unbeschränkte Zulässigkeit der Übertragung von Verbindlichkeiten ohne die Beschränkungen der §§ 414 ff. BGB einerseits, Zulassungsvorbehalt bei der Übertragung von Forderungen durch §§ 398 ff. BGB andererseits - nicht aufzulösen.

Es ist auch nicht einzusehen, warum dem - zumeist schutzbedürftigeren - Gläubiger das Zustimmungserfordernis versagt werden soll, wohingegen dem Schuldner der Zustimmungsvorbehalt erhalten bleibt. Auch eine Verbindlichkeit muss daher generell unter den Gegenstandsbegriff des § 132 UmwG fallen.

Gleichwohl sind damit Verbindlichkeiten keineswegs - wie z.B. von Teichmann[119] behauptet - generell vom Anwendungsbereich des § 132 UmwG umfasst, wodurch der Zweck des Umwandlungsgesetzes gefährdet wird.

Das mangelnde Erfordernis einer Gläubigerzustimmung folgt jedoch nicht bereits aus dem System des Gläubigerschutzes des Umwandlungsgesetzes (§ 133 Abs. 1 und 3 UmwG) im Sinne einer - zeitlich begrenzten - „Schuldmitübernahme". Vielmehr ergibt sich der Ausschluss von Verbindlichkeiten aus der gesetzlich vorgenommenen Anknüpfung: Der Gesetzgeber nimmt gerade keine Unterscheidung zwischen Verbindlichkeit und Forderung vor, sondern unterscheidet zwischen der Übertragbarkeit und der Übertragung von Gegenständen.

§ 132 S.1 1. Var. UmwG umfasst danach Verbindlichkeiten wie Forderungen gleichermaßen, jedoch ausschließlich in den Fällen, in denen die Nichtübertragbarkeit auf einer gesetzlichen Norm (z.B. § 1059 BGB) beruht.[120]

---

116 So Heidenhain, ZIP 1995, 804; Schöne, ZAP 1995, 157(167); einschränkend jedoch ders., Spaltung, S. 42f.; Mayer, GmbHR 1996, 403(407).

117 Lutter/Teichmann, § 132, Rz.4; Kallmeyer/Kallmeyer, § 132, Rz.2; ders. GmbHR 1996, 242 (244).

118 Vgl. insoweit nur die Begr. RegE BT-Drucks. 12/6699, 71(121) zu § 131 Abs.3 UmwG, in der explizit klargestellt wird, dass es sich bei dem Begriff des Gegenstandes im Sinne des § 131 Abs.3 UmwG nur um Aktiva handeln soll. Diese Einschränkung beruht darauf, dass § 131 Abs.3 auf den Vorgaben der Spaltungsrichtlinie beruht, wohingegen § 132 UmwG auf der Zuordnung in § 126 Abs.1 Nr.9 aufbaut.

119 Lutter/Teichmann, a.a.O.

120 Vgl. auch die Gesetzesbegründung zu § 132 UmwG BT-Drucks. 12/6699, 121.

Hierzu zählen damit insbesondere die absoluten und relativen Veräußerungsverbote.[121] Ebenso zählen hierzu die Fälle des § 399 BGB, d.h. die Fälle des Abtretungsverbotes bei Inhaltsänderung der Forderung (§ 399 1. Alt. BGB) oder aufgrund parteiautonomer Vereinbarung (z.B. § 399 2. Alt.). [122]

Demgegenüber knüpft § 132 S.1 2. Var. UmwG an die Möglichkeit der Übertragbarkeit (nicht Übertragung) von Gegenständen unter bestimmten Voraussetzungen an. Hierzu zählen die akzessorischen Sicherungsrechte ebenso wie Hilfsansprüche und unselbständige Folgeansprüche.[123] Das Nießbrauchsrecht der juristischen Person (§ 1059 a BGB) ist danach „unter bestimmten Voraussetzungen“ ebenso übertragbar wie das schuldrechtliche Vorkaufsrecht (§ 514 S.2 BGB).

Die Gegenauffassung, die als unter das Tatbestandsmerkmal ausschließlich die gesetzlichen Mitwirkungsrechte öffentlicher oder privater Dritter subsumiert,[124] verkennt das Tatbestandsmerkmal der Übertragbarkeit: Von § 132 S.1 1.Alt. UmwG werden absolute und relative gesetzliche Veräußerungsverbote ebenso umfasst wie gesetzliche Verfügungsbeschränkungen. Soweit diese „unter bestimmten Voraussetzungen“ aufgehoben werden - sei es durch Zustimmung Dritter oder aufgrund gesetzlicher Zweifelsfallregelungen (§ 514 S.2 BGB) - entfällt die Verfügungsbeschränkung.

Hiervon schließlich abzugrenzen ist die Übertragung unter dem Vorbehalt einer staatlichen Genehmigung (§ 132 S.1 3. Var. UmwG). Es handelt sich also um Gegenstände, bei denen die Übertragbarkeit nicht ausgeschlossen, aber mit bestimmten Voraussetzungen verbunden ist. Lediglich das Wirksamwerden der Übertragung steht unter dem Vorbehalt einer staatlichen Genehmigung. Die dritte Variante geht also davon aus, dass nicht die Übertragbarkeit als solche inhaltlich ausgeschlossen ist, sondern die (Wirksamkeit der) Übertragung von der Einwilligung eines Dritten abhängt.[125] Hierbei ist zu unterscheiden zwischen dem Erfordernis einer staatlichen Genehmigung und der Einwilligung eines privaten Dritten. Nur die mangelnde staatliche Genehmigung/Einwilligung führt zur Unwirksamkeit der Übertragung, dagegen hindert die fehlende private Genehmigung die Wirksamkeit der umwandlungsrechtlichen Übertragung nicht. Beispiele hierfür sind §§ 1365 BGB, 5 Abs.1 ErbbRVO und 12 Abs.1 WEG (soweit das Zustimmungserfordernis vereinbart war), insbesondere jedoch auch § 415 BGB. Da die Fälle des privatrechtlichen Genehmigungsvorbehalts nach dem ausdrücklichen Willen des Gesetzgebers, wie er sich auch im Wortlaut des

---

[121] A.A. hinsichtlich der relativen Veräußerungsverbote Lutter/Teichmann, § 132, Rz. 6.
[122] Zur Problematik des § 613 in diesem Zusammenhang vgl. unten Kap. C I 2.
[123] A.A. Lutter/Teichmann a.a.O.
[124] So wohl Lutter/Teichmann a.a.O.
[125] Ebenso Lutter/Teichmann, § 132, Rz. 9.

Gesetzes niederschlägt, nicht ausgeschlossen werden sollten, steht § 415 BGB der Übertragung von Verbindlichkeiten nicht entgegen.[126]

Mit der oben dargestellten Einteilung lassen sich sämtliche Spaltungsfälle befriedigend lösen. Die angeblich entstehenden Wertungswidersprüche bestehen bei näherer Betrachtung keineswegs: Der Gesetzgeber musste - angesichts der im Umwandlungsgesetz verankerten Sonderschutzvorschriften - lediglich die zwingenden zivilrechtlichen Vorschriften und den Grundsatz der Parteiautonomie beachten.

(b) Die Übertragung von Vertragsverhältnissen

Es fragt sich weiterhin, ob die oben genannten Einschränkungen auch für die Übertragung von Vertragsverhältnissen bzw. Rechts- und Pflichtgesamtheiten gelten oder ob derartige Rechtsverhältnisse nicht unter den Anwendungsbereich des § 132 UmwG fallen, wie von Teilen der Literatur angenommen.[127]

Diese Auffassung leitet sich vor allem aus einem anderen Verständnis der Vorschrift des § 132 UmwG her, wonach auch die §§ 414, 415 UmwG dem § 132 2. Var. UmwG unterfallen. Sofern man jedoch auch Vertragsverhältnisse damit dem Genehmigungsvorbehalt der Gläubiger unterfallen ließe, wäre der gesetzgeberische Zweck der erleichterten Vermögensübertragung verfehlt. Aus diesem Grunde seien Vertragsverhältnisse nicht dem Regelungsbereich des § 132 UmwG unterworfen.[128]

Bestätigt wird diese Auffassung vordergründig durch den Wortlaut des Gesetzes, in dem gerade nicht auf Verträge oder Vertragsverhältnisse, sondern ausschließlich auf den Begriff des Gegenstandes abgestellt wird, obwohl der Gesetzgeber in der Begründung zum Regierungsentwurf selbst davon ausgeht, dass auch Dauerschuldverhältnisse in ihrer Gesamtheit übertragen werden können.[129] Andererseits ist auch ein Vertrag nichts anderes als eine Mehrheit von Gegenständen, nämlich die Zusammenfassung von Leistung und Gegenleistung bzw. Forderung und Verbindlichkeit.

Auch wird durch eine weite Auslegung der Zweck des Umwandlungsgesetzes keineswegs verfehlt, da die §§ 414ff. BGB – wie dargestellt – gerade nicht dem Regelungsinhalt des § 132 UmwG unterfallen.

Vielmehr würde bei einem derartig engen Verständnis des § 132 UmwG zugleich eine Trennung des Synallagmas gegenseitiger Verträge ermöglicht, wo-

---

126 I.E. ebenso jedoch mit abw. Begr. Kallmeyer/Kallmeyer, § 132, Rz.10; a.A., jedoch ohne überzeugende Begründung, Lutter/Teichmann, § 132, Rz.9 f., der § 415 BGB ebenso wie die §§ 5 Abs.1 ErbbRVO und 12 Abs.1 WEG unter die 2. Variante subsumiert, sich anschließend jedoch selbst dadurch widerlegt, dass er die Verfügung eines Nichtberechtigten als Fall der 3. Variante ansieht.

127 Hennrichs ZIP 1995, 794(798).

128 Hennrichs, a.a.O.

129 Vgl. die Begr. zu § 132 RegE, BT-Drucks. 12/6699, 121.

bei fraglich ist, ob eine solche Trennung mit den Zielvorstellungen des Umwandlungsgesetzes in Übereinstimmung steht und vom Willen des Gesetzgebers überhaupt noch gedeckt ist.

Umstritten ist bereits, ob es einen allgemeinen zivilrechtlichen Grundsatz gibt, der die Trennung von Leistungsanspruch und Leistungsverbindlichkeit ausschließt.[130]

Die Trennung des Synallagmas ist zwar kein allgemeiner Grundsatz des Zivilrechts, wird jedoch vom Gesetzgeber verschiedentlich unter Vorbehalte gestellt, wie etwa in § 399 BGB hinsichtlich der Abtretbarkeit von Forderungen und in §§414 ff. BGB für die Schuldübernahme.

Gleichermaßen ist im allgemeinen Zivilrecht der Grundsatz der akzessorischen Sicherungsrechte zu beachten, wie er z.B. in § 401 BGB zum Ausdruck kommt, insbesondere da die Gläubigerschutzvorschriften des Umwandlungsgesetzes namentlich in Fällen langfristiger wechselseitiger Verpflichtungen z.B. bei Dauerschuldverhältnissen keinen ausreichenden Schutz gewähren.[131]

Schließlich widerspricht eine derartige Trennung der synallagmatischen Verpflichtungen auch dem Prinzip der Gesamtrechtsnachfolge, auf dem das Umwandlungsgesetz jedoch gerade aufbaut.

Es besteht ferner im Rahmen des Umwandlungsgesetzes keinerlei praktisches Bedürfnis für eine Trennung der synallagmatischen Verpflichtung aus gegenseitigen Verträgen, sei es tatsächlicher oder rechtlicher Art.

§132 S.1 UmwG stellt damit die Übertragung einzelner – isolierter - Rechte oder Verbindlichkeiten ebenso unter den Vorbehalt der allgemeinen Gesetze wie die Übertragung von Vertragsverhältnissen.

Die Vorbehalte des § 132 UmwG erfassen daher generell auch die Übertragung gegenseitiger Verträge. Allerdings ist bei den einzelnen zivilrechtlichen Grundsätzen wiederum auf den jeweiligen Schutzzweck zurückzugreifen: So dürfte das individualvertragliche Abtretungsverbot des § 399 2. Alt. BGB bei einem beiderseits nicht erfüllten Vertrag der umwandlungsrechtlichen Übertragung nicht entgegenstehen, da der Schutzzweck des § 399 2. Alt. BGB dann nicht betroffen ist, wenn die synallagmatischen Leistungen nur gemeinsam auf einen Rechtsträger übertragen werden können (Übergangsverbund von Leistung und Gegenleistung).[132] Demgegenüber steht § 399 2. Alt. BGB der isolierten Abtretung einzelner Rechte entgegen.

---

130 So wohl Hahn GmbHR 1991,246; a.A. Masing, Altersversorgung, S. 126.

131 Entgegen der Auffassung von Masing, Altersversorgung, S. 126 gibt es damit sehr wohl allgemeine zivilrechtliche Grundsätze, die die Trennung des Synallagmas ausschließen.

132 Dies wird regelmäßig bei Dauerschuldverhältnissen und beiderseits nicht erfüllten Verträgen der Fall sein. Lediglich in den Fällen, in denen die eine Vertragspartei ihre Leistung vollständig und einredefrei erbracht hat, wird man den Anspruch auf die Gegenleistung isoliert übertragen dürfen.

Die 1. Alt. des § 399 BGB schließt darüber hinaus auch die Übertragung von Rechts- und Pflichtgesamtheiten aus, sofern hiermit eine Inhaltsänderung verbunden ist (wie etwa bei höchstpersönlichen Leistungen, einer bestimmten Zweckbindung oder sonstigen persönlichen Rechten).

Allein mit einer solchen Auslegung wird dem gesetzgeberischen Willen und dem hieraus resultierenden umwandlungsrechtlichen Übertragungsprinzip Rechnung getragen: Eines besonderen Schutzes bedürfen vom Umwandlungsvorgang betroffene Dritte sowohl bei der Übertragung von einzelnen Rechten wie auch von Vertragsgesamtheiten.

Mit dieser Auslegung wird man auch der Kritik von Teilen der Literatur, hierdurch werde „der Spaltungsvorgang den Schwierigkeiten der Universalsukzession unterworfen, so dass der Bedeutungsinhalt der Spaltung verloren gehe“[133] gerecht: Auch bei der gesetzlichen Sonderrechtsnachfolge ist keine Trennung von wechselseitigen Verpflichtungen oder Haftungsverbänden möglich. Aus welchem Grunde sollte eine Trennung dann in den Fällen der „partiellen“ Sonderrechtsnachfolge einschränkungslos erlaubt sein ? Darüber hinaus berufen sich die Befürworter der vorbehaltlosen Trennungsmöglichkeit von Leistungsverpflichtungen auch auf das „wirtschaftliche“ oder „rechtliche“ Erfordernis derartiger Möglichkeiten[134], vermögen jedoch nicht zu begründen, worin ein derartiges Erfordernis bestehen soll.

In Wahrheit besteht weder ein rechtliches noch ein tatsächliches Bedürfnis für eine derartige Trennung, so dass sämtliche dieser Fälle ausnahmslos dem § 132 UmwG unterfallen.[135]

(c) Die „Teilung“ von Verbindlichkeiten und Forderungen

Ausgehend von den bereits oben dargestellten Argumenten ist damit auch eine „Teilung“ einzelner Verbindlichkeiten und Forderungen nach dem Umwandlungsgesetz nur unter den einschränkenden Voraussetzungen des § 132 UmwG möglich.

So ist eine Teilung von Forderungen möglich, wenn die Forderung ihrem Inhalt nach teilbar ist und § 399 BGB nicht entgegensteht.[136]

Gleiches gilt hinsichtlich der Verbindlichkeiten, auch wenn der Gesetzgeber diese nicht explizit erwähnt.[137] Die Gegenauffassung,[138] die eine Teilung von

---

[133] So Lutter/Teichmann, a.a.O.

[134] Vgl. Hennrichs, a.a.O.

[135] I.E. auch Rieble ZIP 1997, 301(310).

[136] Kallmeyer/Kallmeyer, § 126, Rz. 24; Rieble ZIP 1997, 301(310); dies ist im übrigen bereits ein allgemein zivilrechtlicher Grundsatz, vgl. hierzu nur MünchKomm/Roth, § 398, Rz. 59.

[137] Heidenhain, NJW 1995, 2873 (2877); unklar i.E. jedoch die Teilung von Verbindlichkeiten ebenfalls befürwortend Kallmeyer/Kallmeyer, § 126, Rz. 25.

[138] Masing, Altersversorgung, S. 126; Rieble ZIP 1997, 301(310).

Verbindlichkeiten im Rahmen des § 126 UmwG generell als unzulässig ansieht, verkennt, dass der allgemeine Zivilrechtsgrundsatz des § 414 BGB durch § 132 UmwG – wenn auch nur mittelbar – ersetzt wird. Gegenstand im Sinne des Umwandlungsgesetzes ist nicht allein die gesamte zu übertragende Verbindlichkeit.[139] Dies ergibt sich auch keineswegs aus der Begründung des Gesetzes.[140] Vielmehr stehen die Verbindlichkeiten den Forderungen insoweit gleich.

(4) Zusammenfassung

Der Grundsatz der freien Entscheidung und Verantwortung der beteiligten Rechtsträger gilt im Umwandlungsgesetz auch für die Übertragung von Rechtsverhältnissen, selbst wenn diese im Wege der Singularsukzession nicht ohne Mitwirkung des Vertragspartners übertragen werden könnten.[141] Die Vorschrift des § 132 UmwG steht dem schon deshalb nicht entgegen, weil sie sich auf die „Übertragbarkeit" eines bestimmten Gegenstandes bezieht.[142]

dd. Gläubigerschutz

Die Spaltung verringert die dem einzelnen Gläubiger des übertragenden Rechtsträgers vormals eröffnete Haftungsmasse und schwächt im Regelfall die Ertragskraft und somit die Fähigkeit des übertragenden Rechtsträgers, seine Verbindlichkeiten vollständig und rechtzeitig zu begleichen.

Hinzu kommt im Zusammenhang mit der Spaltung nach dem Umwandlungsgesetz eine weitere, für die Gläubiger der sich spaltenden Gesellschaft nachteilige Folge, die sich aus der partiellen Gesamtrechtsnachfolge ergibt: Die umfassende Spaltungsfreiheit des übertragenden Rechtsträgers, der - wie oben gezeigt - im Gegensatz zum Grundprinzip der §§ 414, 415 BGB ohne Zustimmungsvorbehalt oder Widerspruchsrecht der Gläubiger frei entscheiden kann, welche Gegenstände des Aktiv- und Passivvermögens er dem oder den übernehmenden Rechtsträgern zuweist.[143]

(1) Allgemeiner Gläubigerschutz

Entsprechend ist der Gläubigerschutz bei der Umwandlung in Form der Spaltung sehr weitreichend. Mit dem Ziel, die Ansprüche der Gläubiger eines an der Umwandlung beteiligten Rechtsträgers an der haftenden Vermögensmasse zu erhalten, sieht § 133 Abs. 1 Satz 1 UmwG zunächst die gesamtschuldnerische Haf-

---

[139] So jedoch Masing, Altersversorgung, S. 126.

[140] Masing, Altersversorgung, a.a.O.; Kallmeyer/Kallmeyer § 126 Rz.25.

[141] Vgl. Boecken, ZIP 1994, 1087 (1092 f.); Hennrichs, ZIP 1995, 794 (798); Mertens, AG 1994, 66 (72).

[142] So auch Mertens, AG 1994, 66 (72 f.); Hennrichs, ZIP 1995, 794 (797 f.); zur Auslegung der Vorschrift des § 132 UmwG vergleiche auch die Ausführungen in Kapitel B. II. 2. a. bb.

[143] Vgl. Kölner Umwandlungsrechtstage/Hommelhoff, S. 118 ff.; Lutter/Hommelhoff, § 133, Rz. 15; Mertens, AG 1994, 66 (69).

tung aller beteiligten Rechtsträger für Verbindlichkeiten des übertragenden Rechtsträgers, die vor dem Wirksamwerden der Spaltung unabhängig vom Zeitpunkt ihrer Fälligkeit begründet worden sind, vor.[144] Als zusätzliches Schutzinstrument zur Gesamtschuld tritt ein Anspruch auf Sicherheitsleistung für Gläubiger noch nicht fälliger Forderungen hinzu, soweit diese glaubhaft machen können, dass die Spaltung die Erfüllung der Forderung gefährdet (§ 133 Abs. 1 Satz 2 UmwG).[145]

Eine Enthaftung tritt in Anlehnung an das Nachhaftungsgesetz nach fünf Jahren ein, soweit nicht der Anspruch des Gläubigers innerhalb einer kürzeren Frist verjährt.[146]

(2) Gläubigerschutz der Arbeitnehmer

Einen besonderen Schutz hat der Gesetzgeber in § 134 UmwG für Arbeitnehmer in ihrer Eigenschaft als Gläubiger des übertragenden Rechtsträgers vorgesehen, soweit das umwandlungsrechtliche Instrumentarium genutzt wird, um eine sog. Betriebsaufspaltung herbeizuführen.[147] Auf die Haftungsregelungen wird im einzelnen noch einzugehen sein.[148]

ee. Zusammenfassung

Im Ergebnis hat also der Begriff der Gesamtrechtsnachfolge durch das Umwandlungsgesetz einen Bedeutungswandel erfahren: Er kennzeichnet nicht mehr allein den Vorgang, dass das gesamte Vermögen den Rechtsträger als Folge von dessen Untergang wechselt, sondern er bezeichnet eine rechtsgeschäftlich initiierte Übertragungsart für regelmäßig mehrere, allein durch den Parteiwillen zusammengefasste Vermögensgegenstände.[149]

Dogmatisch liegt jedoch keine Gesamt-, sondern vielmehr eine Sonderrechtsnachfolge vor.

Da die Vermögens(teil)übertragung gleichwohl uno actu und als Gesamtheit auf die übernehmende Gesellschaft erfolgt, Einzelübertragungsakte also nicht erforderlich sind, spricht man auch von einer „partiellen Gesamtrechtsnachfolge".[150]

---

[144] Vgl. zu den Auswirkungen in arbeitsrechtlicher Sicht unten Kap. C. I. 3. sowie C. IV.
[145] Vgl. Geck, DStR 1995, 416 (423); Kölner Umwandlungsrechtstage/Hommelhoff, S. 118.
[146] Vgl. im einzelnen Kainz, DStR 1994, 620.
[147] Zum Begriff der Betriebsaufspaltung vergleiche ausführlich Kapitel B. IV. 3. a.
[148] Siehe hierzu Kap. C IV.
[149] Lutter/Teichmann, § 123, Rz. 10.
[150] Vgl. Kallmeyer, ZIP 1994, 1746 (1748); Hennrichs, ZIP 1995, 794 (798).

b. Die Spaltungsarten

Das Umwandlungsgesetz unterscheidet in § 123 UmwG zwischen drei Formen der Spaltung: Aufspaltung, Abspaltung und Ausgliederung.

aa. Aufspaltung

Bei der Aufspaltung nach § 123 Abs. 1 UmwG teilt der übertragende Rechtsträger unter Auflösung ohne Abwicklung sein gesamtes Vermögen auf mindestens zwei bestehende (Spaltung durch Aufnahme) oder neugegründete Rechtsträger (Spaltung zur Neugründung) gegen Gewährung von Anteilen oder Mitgliedschaften der übernehmenden Rechtsträger an die Anteilsinhaber der übertragenden Rechtsträger auf.

Diese Anteile werden durch Kapitalerhöhung (Kapitalgesellschaften) oder die Erhöhung des Eigenkapitals (Personengesellschaften) geschaffen.

Der übertragende Rechtsträger erlischt mit der Eintragung (§ 131 Abs. 1 Nr. 2 i.V.m. § 130 UmwG); gleichzeitig übernehmen die aufnehmenden Rechtsträger den jeweiligen Vermögensteil.

bb. Abspaltung

Bei der Abspaltung nach § 123 Abs. 2 UmwG bleibt die zu spaltende Gesellschaft - im Gegensatz zur Aufspaltung - bestehen. Sie überträgt jedoch einen Teil ihres Vermögens auf eine oder mehrere andere Gesellschaften. Die Übertragung von Vermögensteilen erfolgt wie bei der Aufspaltung gegen Gewährung von Anteilen der übernehmenden Rechtsträger an seine Anteilsinhaber.

cc. Ausgliederung

Die sogenannte Ausgliederung nach § 123 Abs. 3 UmwG entspricht strukturell der Abspaltung. Entsprechend werden im Rahmen der Ausgliederung nicht alle Vermögensteile übertragen. Im Gegensatz zur Ab- und Aufspaltung stehen bei der Ausgliederung die Anteile an dem übernehmenden Rechtsträger jedoch dem übertragenden Rechtsträger und nicht dessen Anteilseignern zu. Der übernehmende Rechtsträger wird mithin eine Tochtergesellschaft des übertragenden Rechtsträgers, während die Anteilsinhaber des ausgliedernden Rechtsträgers durch den Vorgang in ihrer rechtlichen Stellung unberührt bleiben.

dd. Kombination von Spaltungsarten

Schließlich sieht § 123 Abs. 4 UmwG noch die Möglichkeit vor, die Spaltung durch gleichzeitige Übertragung auf bestehende und neugegründete Rechtsträger erfolgen zu lassen.

Hierdurch wird klargestellt, dass die in den vorangegangenen Absätzen dargestellten Möglichkeiten der Spaltung nicht alternativ, sondern kumulativ gelten, also eine Kombination der verschiedenen Spaltungsarten denkbar ist.[151]

Allerdings wird dadurch nicht die - noch im Referentenentwurf vorgesehene - Möglichkeit eröffnet, die Spaltung unter gleichzeitiger Beteiligung mehrerer übertragender Rechtsträger oder unter Beteiligung eines Rechtsträgers als übertragendem und übernehmendem Rechtsträger durchzuführen.[152]

c. Verhältnis zur Spaltung im Wege der Einzelrechtsnachfolge

Aus den obigen Ausführungen ergibt sich jedoch e contrario, dass Maßnahmen, die wirtschaftlich den spaltungsrechtlich geregelten Vorgängen gleichkommen, sich jedoch nicht der Gesamtrechtsnachfolge bedienen, sondern den Rechtsträgerwechsel mittels Einzelübertragung bewerkstelligen, nicht vom Gesetz erfasst und durch das Gesetz auch nicht unzulässig werden.[153]

Somit gibt es auch nach Inkrafttreten des Umwandlungsgesetzes die alternativen Gestaltungen nach allgemeinem Gesellschaftsrecht, die dasselbe wirtschaftliche Ergebnis erzielen wie die Spaltung nach dem Umwandlungsgesetz.[154] So stehen insbesondere die auch bislang zulässigen Übertragungsakte im Wege der Singularsukzession weiterhin als Instrumente zur Verfügung.

Die Vorteile, die das Umwandlungsgesetz und die mit ihm verbundenen steuerlichen Regelungen mit sich bringen, können jedoch nur dann genutzt werden, wenn die Spaltung nach den Vorschriften des Umwandlungsgesetzes durchgeführt wird. So haftet der Spaltung im Wege der Einzelrechtsübertragung insbesondere der Nachteil der Steuerschädlichkeit an.

Daneben ist die Spaltung nach dem alten Recht jedoch auch aufgrund der Mehrstufigkeit des Spaltungsvorgangs sowie der sonstigen aufgezeigten Probleme wenig praktikabel.[155]

151 Vgl. auch Lutter/Teichmann, § 123, Rz. 26.

152 So zutreffend Lutter/Teichmann, § 123, Rz. 28, da eine gleichzeitige Eintragung wegen der handelsregisterrechtlichen Sperrwirkung ausscheidet; anders allerdings noch Kölner Umwandlungsrechtstage/Teichmann, 95 unter Verweis auf den RefE, in dem von insgesamt 34 möglichen Spaltungsvarianten ausgegangen wurde; vgl. zu den unterschiedlichen Ausgestaltungen bezogen auf die Rechtsform der jeweiligen Rechtsträger auch die Darstellung bei Schwedhelm, Unternehmensumwandlung.

153 Vgl. Begr. RegE, BT-Drucks. 12/6699, 71 (80); ebenso Zöllner ZGR 1993, 334 (337).

154 Vgl. Kallmeyer, ZIP 1994, 1746 (1749).

155 Vgl. die Ausführungen in Kapitel B. III. 1. c.; so auch Teichmann, ZGR 1993, 396 (401).

d. Die Durchführung der Spaltung

Rechtsgrundlage der Spaltung ist - wie dargestellt - der Spaltungsvertrag gemäß § 126 UmwG.[156] Sofern es sich um eine Spaltung zur Neugründung handelt, muss anstelle des Spaltungsvertrags ein Spaltungsplan gemäß § 136 UmwG erstellt werden, da der Spaltungsvertrag nur zwischen zwei schon bestehenden Rechtsträgern geschlossen werden kann und bei Neugründung ein zweiseitiges Rechtsgeschäft nicht möglich ist. In diesem Fall wird im Spaltungsplan der Beschluss gefasst, den neuen Rechtsträger zu errichten und auf ihn die im Spaltungsplan aufgeführten Vermögensgegenstände zu übertragen.[157]

Der Abschluss des Spaltungsvertrags bzw. die Aufstellung des Spaltungsplans hat durch die jeweiligen Vertretungsorgane zu erfolgen. Vertrag bzw. Plan werden jedoch erst wirksam, wenn die Anteilseigner ihnen durch Beschluss im Rahmen der Gesellschafterversammlung zustimmen (§ 125 UmwG i. V. m. § 13 Abs. 1 UmwG).[158] Unmittelbare Rechtswirkungen werden durch den Zustimmungsbeschluss der Gesellschafter jedoch noch nicht ausgelöst. Entscheidend ist vielmehr der Registereintrag als Teil des Verfügungsgeschäfts.

Die an der Spaltung beteiligten Rechtsträger sind verpflichtet, einen Spaltungsbericht zu erstellen (§ 127 UmwG), soweit nicht alle Anteilsinhaber aller beteiligten Rechtsträger auf seine Erstattung verzichten oder sich alle Anteile des übertragenden Rechtsträgers in der Hand des übernehmenden Rechtsträgers befinden (§ 125 UmwG i. V. m. § 8 Abs. 3 UmwG). Schließlich unterliegt die Spaltung der Prüfung durch gesondert zu bestellende Spaltungsprüfer (§ 125 UmwG i. V. m. §§ 9 - 12 UmwG). Eine Spaltungsprüfung ist unter den Voraussetzungen, unter denen auch auf den Spaltungsbericht verzichtet werden kann, entbehrlich.[159]

aa. Angaben gemäß § 126 Abs.1 Nr.11 UmwG

Aus arbeitsrechtlicher Sicht von besonderer Bedeutung ist das Erfordernis des § 126 Abs. 1 Nr. 11 UmwG, wonach der Spaltungsvertrag Angaben über die Arbeitnehmer und ihre Vertretungen sowie die insoweit vorgesehenen Maßnahmen enthalten muss.

(1) Erforderliche Angaben

Der Umfang der im Rahmen des § 126 Abs. 1 Nr. 11 UmwG zu erteilenden Informationen ist umstritten und reicht von dem Erfordernis einer Rechenschaftspflicht über alle betrieblichen, personellen und organisatorischen Konsequenzen

---

[156] Vgl. oben Kap. B III. 2. a. aa.; zum gesetzlichen Mindestinhalt des Spaltungsvertrags gemäß § 126 Abs. 1 UmwG vergleiche ausführlich Lutter/Priester, § 126, Rz. 14 ff.

[157] Vgl. Kölner Umwandlungsrechtstage/Priester, S. 99 f.

[158] Zum Zustimmungsbeschluß vergleiche ausführlich Geck, DStR 1995, 416 (421 f.).

[159] Zum Spaltungsbericht und zur Spaltungsprüfung ausführlich Geck, a.a.O.

einschließlich insoweit vorgesehener Abfindungszahlungen bis hin zu bloßen Globalangaben über einen möglichen Personalabbau.[160]

Der Inhalt der i.S.d. § 126 Abs. 1 Nr. 11 UmwG erforderlichen Angaben lässt sich jedoch konkretisieren, wenn man die im Gesetz vorgesehenen Adressaten des Spaltungsvertrages und den hieraus resultierenden Schutzzweck des § 126 Abs. 1 Nr. 11 UmwG betrachtet:

Außer gegenüber den Gesellschaftern der Rechtsträger als „Vertragspartei" der Umwandlung besteht gem. § 126 Abs. 3 UmwG eine Unterrichtungspflicht über den Inhalt des Spaltungs- und Übernahmevertrages bzw. Spaltungsplans lediglich gegenüber dem jeweils zuständigen Betriebsrat dadurch, dass diesem der Spaltungs- und Übernahmevertrag spätestens einen Monat vor der Beschlussfassung über die Spaltung durch die beteiligten Rechtsträger zuzuleiten ist. Eine entsprechende gesetzliche Zuleitungspflicht bzw. Unterrichtungspflicht gegenüber den Arbeitnehmern fehlt hingegen. Demzufolge besteht kein individualrechtlicher Anspruch der Arbeitnehmer auf Zuleitung bzw. Einsichtnahme in den Spaltungsvertrag bzw. -plan. Damit scheidet eine individualarbeitsrechtliche Schutzrichtung des § 126 Abs. 3 UmwG und damit mittelbar auch des § 126 Abs. 1 Nr. 11 UmwG aus.[161]

Der Schutzzweck des § 126 Abs. 1 Nr. 11 UmwG liegt ebenfalls nicht in der Unterrichtung der Gesellschafter, da die in § 126 Abs. 1 Nr. 11 UmwG enthaltenen Informationen für die Gesellschafter allenfalls aus haftungsrechtlichen Überlegungen bzw. aufgrund ihrer finanziellen Auswirkungen von Bedeutung sein können, die jedoch bereits Inhalt des Spaltungsberichts sind.[162]

Das Umwandlungsgesetz selbst verknüpft - mit Ausnahme der handelsregisterrechtlichen Sperrwirkung gem. § 17 UmwG - keinerlei Rechtsfolgen mit der Zu- bzw. Nichtzuleitung des Spaltungsvertrages an den Betriebsrat, etwa im Sinne von Mitwirkungs- bzw. Mitbestimmungsrechten bei der Erstellung oder einer Sanktionierung bei Verstoß gegen die Zuleitungspflicht.

Die Zuleitungspflicht nach § 126 Abs. 3 UmwG stellt sich danach lediglich als gesetzliche Konkretisierung der in § 80 Abs. 2 BetrVG geregelten allgemeinen Unterrichtungspflicht und des hiermit korrespondierenden allgemeinen betriebsverfassungsrechtlichen Informationsanspruchs des Betriebsrates im Sinne

---

160 Im Sinne der erstgenannten Auffassung etwa Däubler, RdA 1995, 136 (138); vgl. hierzu ausf. Kallmeyer/Willemsen, § 5, Rz.51 ff. sowie Boecken, Rz. 315 ff. jew. m.w.N.

161 I.E. wohl ebenso Kallmeyer/Willemsen, § 5, Rz. 47ff.; a.A. Mengel, Umwandlungen, S. 337; Boecken, Unternehmensumwandlungen, Rz 317, der daneben von einer Schutzwirkung für die Arbeitnehmer und die Anteilseigner ausgeht; nach der Begründung des RegE zu § 5 Abs. 1 Nr. 9 (BT-Drucks. 12/6699) soll durch die arbeitsrechtlichen Angaben jedoch nur eine möglichst frühzeitige Information über die Verschmelzung (bzw. die Spaltung, die Begründung zu § 126 UmwG verweist insoweit auf § 5 UmwG) erreicht werden, um bereits im Vorfeld die sozialverträgliche Durchführung der Umwandlung zu erleichtern.

162 So auch Lutter/Priester, § 126, Rz. 60.

eines Mindestanspruchs des Betriebsrates dar.[163] Eine weitergehende Funktion hat § 126 Abs. 3 UmwG nicht.

Keinesfalls ersetzt die in § 126 Abs. 3 geregelte Zuleitungspflicht die Informations- bzw. Mitbestimmungsrechte nach §§ 106 bzw. 111 BetrVG.[164] Dies ergibt sich zum einen bereits daraus, dass der Gesetzgeber die vorgenannten Vorschriften selbst im Zuge der Einführung des Umwandlungsgesetzes ergänzt hat.[165]

Da darüber hinaus in § 111 BetrVG neben der Unterrichtungspflicht auch eine Beratungspflicht vorgesehen ist, muss die Einbeziehung des Betriebsrates zu einem Zeitpunkt erfolgen, zu dem noch keine abschließende Entscheidung über den Inhalt der Betriebsänderung getroffen wurde, also regelmäßig vor dem in § 126 Abs. 3 UmwG genannten Unterrichtungszeitpunkt.[166]

Aus den vorgenannten Gründen entfällt die Verpflichtung zur Aufnahme von Angaben im Rahmen des § 126 Abs. 1 Nr. 11 UmwG in den Fällen, in denen kein Betriebsrat existiert, da in diesen Fällen auch keine Informationspflicht bestehen kann.[167]

Ausgehend von dieser Prämisse müssen im Rahmen des § 126 Abs. 1 Nr. 11 UmwG lediglich die unmittelbaren Folgen der Spaltung für die individualrechtliche und kollektivrechtliche Ebene dargestellt werden.[168] Anhaltspunkte für den erforderlichen Inhalt hinsichtlich der eintretenden Folgen bieten dabei die Vor-

---

163 Unklar insoweit Lutter/Lutter, § 5, Rz. 39ff.; a.A. Mengel, Umwandlungen, S. 336, die die umwandlungsrechtlichen Informationspflichten als Konkurrenzvorschriften zu den allg. betriebsverfassungsrechtlichen Unterrichtungspflichten ansieht; im Sinne eines Nebeneinander von § 80 BetrVG und § 126 UmwG wohl auch Boecken, Unternehmensumwandlungen, Rz.342 und 344ff., der darauf hinweist, dass dem Betriebsrat nach § 80 Abs. 2 BetrVG auf Verlangen jederzeit die zur Durchführung seiner Aufgaben erforderlichen Unterlagen zur Verfügung zu stellen sind; dies stellt jedoch keinen Widerspruch zu der hier vertretenen Auffassung dar, da der Betriebsrat selbstverständlich im Rahmen des § 80 Abs. 2 BetrVG jederzeit weitergehende Unterlagen und Informationen verlangen kann. Faßt man jedoch § 126 Abs. 3 UmwG als gegenüber § 80 BetrVG eigenständige Vorschrift auf, so stellt sich die Frage, wie der Betriebsrat seinen - unstreitig klagbaren - Zuleitungs- bzw. Auskunftsanspruch nach § 126 Abs. 3 UmwG durchsetzen will: Weder das Urteils- noch das Beschlußverfahren wären eröffnet, so dass der Rechtsweg zu den Arbeitsgerichten versperrt wäre.

164 Allg. Auff., vgl. Boecken, Unternehmensumwandlungen, Rz.348 ff.; Däubler, RdA 1995, 136 (139); Lutter/Lutter, § 5, Rz. 57; Mengel, Umwandlungen, S. 339 jew. m.w.N.

165 So die Änderung des § 106 Abs. 3 Nr. 8 BetrVG und die Neufassung des § 111 S. 2 Nr. 3 BetrVG, wonach als Betriebsänderung nunmehr sowohl der Zusammenschluss als auch die Spaltung von Betrieben als Betriebsänderung gelten (insoweit hat die Änderung jedoch lediglich klarstellende Wirkung, da auch nach bisher überwiegender Auffassung die Spaltung von Betrieben als Betriebsänderung angesehen wurde).

166 So auch Boecken, Unternehmensumwandlungen, Rz.353.

167 Ebenso Lutter/Priester, § 126, Rz. 13; unklar Kallmeyer/Willemsen, § 5, Rz. 48; zum Erfordernis des Negativattestes in diesem Fall unten (2).

168 Wie hier Lutter/Lutter, § 5, Rz.53ff.; Willemsen, NZA 1996, 791 (796).

schriften des Umwandlungsgesetzes, die direkte (§§ 321, 322, 323, 325 UmwG) oder indirekte (§ 324 UmwG) arbeitsrechtliche Folgen aufzeigen und in denen die im Regelungsbereich der betriebsverfassungsrechtlichen Informationsrechte liegenden Tatbestände abschließend geregelt sind.[169] Die gegenteilige Auffassung[170] verkennt zum einen den Zweck der im Umwandlungsgesetz getroffenen arbeitsrechtlichen Flankierungen: Diese sollen die Beteiligungs- und Mitbestimmungsrechte des Betriebsrates nicht erweitern, sondern lediglich wahren.[171] Das Umwandlungsgesetz ist - und dies sollte bei allen arbeitsrechtlichen Vorbehalten - nicht übersehen werden, ein Gestaltungsrecht für unternehmerische Umstrukturierungen und keineswegs ein Mittel zur Durchsetzung weiterer betriebsverfassungsrechtlicher Mitbestimmungstatbestände. Daneben ergibt sich aus der Begründung des Regierungsentwurfs, dass die Vorschrift lediglich dazu beitragen soll, eine sozialverträgliche Durchführung der Umwandlung zu erleichtern. Der Betriebsrat soll also in die Lage versetzt werden, eine eigenständige Prüfung der teils komplexen arbeitsrechtlichen Fragen vorzunehmen.[172]

(2) Rechtsfolgen eines Verstoßes

Umstritten ist darüber hinaus, welche Rechtswirkungen bei einer Verletzung der Vorschrift eintreten.

Nach zutreffender Ansicht stellen mangelnde Angaben im Rahmen des § 126 Abs. 1 Nr. 11 UmwG weder einen Grund für die Anfechtung des Spaltungs- und Übernahmevertrages dar, noch wird der - bereits erteilte - Zustimmungsbeschluss fehlerhaft, da, wie aufgezeigt, Schutzadressat der Vorschrift nicht die Gesellschafter oder die einzelnen Arbeitnehmer sind, sondern allein der - jeweils zuständige Betriebsrat ist.[173]

---

169 Kallmeyer/Willemsen, § 5, Rz. 53.

170 So wohl Däubler, RdA 1995, 136(138).

171 Vgl. nur Kallmeyer/Willemsen a.a.O., Rz.53; Drygala ZIP 1996, 1365(1368f.).

172 Kallmeyer/Willemsen, a.a.O.

173 Für ein Anfechtungsrecht jedoch Drygala, ZIP 1996, 1365 (1367) m.w.N; wie hier Widmann/Mayer/Heckschen, Einf. Verschmelzung, Rz. 17; Kallmeyer/Willemsen, § 5, Rz.57; Willemsen RdA 1998, 23(34).

Den Arbeitnehmern kommt insoweit weder ein Beteiligungsrecht noch ein unmittelbares Informationsrecht zu, so dass ihnen bei Verstoß gegen die Verpflichtungen aus § 126 Abs. 1 Nr. 11 UmwG etwa in Form unrichtiger oder unvollständiger Angaben keine individualrechtlichen Ansprüche zustehen.[174]

Allerdings hat das Registergericht die Angaben des Spaltungsberichts zu prüfen und kann mangelnde Angaben ggf. beanstanden, wodurch die Eintragung verzögert bzw. verhindert wird. Dies gilt unstreitig in den Fällen, in denen die Angaben offensichtlich unrichtig sind.[175] Kritisiert wird das Beanstandungsrecht jedoch in den Fällen, in denen keine oder nach Auffassung des Gerichts nur unzureichende Angaben im Spaltungsbericht bzw. -plan enthalten sind.[176]

Ein materielles Prüfungsrecht des Registergerichts ist angesichts der sehr komplexen Rechtsmaterie - insbesondere im Zusammenhang mit den arbeitsrechtlichen Auswirkungen - abzulehnen. Ein derartiges Prüfungsrecht würde vielmehr dazu führen, dass Umwandlungsvorgänge verzögert würden, was vom Schutzzweck des § 126 Abs. 1 Nr. 11 UmwG und den Folgen eines Verstoßes nicht gedeckt ist.[177] Allerdings muss der Spaltungsvertrag – bei Existenz eines Betriebsrates - Angaben zu § 126 Abs. 1 Nr. 11 UmwG enthalten und sei es nur in Form eines Negativattestes, da nur hierdurch festgestellt werden kann, dass die arbeitsrechtlichen Folgen zumindest (gedanklich) berücksichtigt wurden.

---

174 Insoweit a.A. Kölner Umwandlungsrechtstage/Grunewald/Winter, die - auf der Grundlage eines individualschützenden Charakters des § 5 Abs. 1 Nr. 9 UmwG, also der im Verschmelzungsfall dem 126 Abs. 1 Nr. 11 UmwG identischen Vorschrift - Schadensersatzansprüche unter dem Gesichtspunkt eines Verstoßes gegen einen Vertrag zu Gunsten Dritter bzw. § 823 Abs. 2 BGB für denkbar halten. Der Arbeitnehmer ist nicht Vertragspartei, so dass es bereits an der Voraussetzung eines echten Vertrages zu Gunsten Dritter fehlt. Der Verschmelzungs- bzw. Spaltungsvertrag als solcher regelt jedoch auch keine Obhuts- bzw. Sorgfaltspflichten gegenüber den Arbeitnehmern, diese ergeben sich vielmehr unmittelbar aus dem Gesetz, so dass auch die Voraussetzungen für den von der Rechtsprechung entwickelten „Vertrag mit Schutzwirkung zu Gunsten Dritter" nicht vorliegen (vgl. zu den allg. Voraussetzungen insoweit nur Palandt/Heinrichs, § 328, Rz. 2 ff. bzw.16 ff.); gegen ein Anfechtungsrecht des Betriebsrates auch OLG Naumburg, BB 1997, 466.

175 Vgl. Lutter/Priester, § 126, Rz. 62 f.

176 So etwa Lutter/Priester, § 126, Rz. 62; für ein umfassendes Beanstandungsrecht hingegen OLG Düsseldorf, NZA 1998, 766.

177 Dies hat auch der Gesetzgeber selbst dadurch zum Ausdruck gebracht, dass er einen Verstoß gegen § 126 Abs. 1 Nr. 11 UmwG nicht gesondert sanktioniert hat; allerdings ist in Spaltungsfällen regelmäßig von arbeitsrechtlichen Folgen auszugehen. Ebenso Kallmeyer/Willemsen, § 5, Rz. 58; Engelmayer, DB 1996, 2542(2544).

bb. Unterrichtung des Betriebsrats

Nach § 126 Abs. 3 UmwG ist der Spaltungsvertrag oder sein Entwurf spätestens einen Monat vor der Beschlussfassung durch die Gesellschafter im Rahmen der Gesellschafterversammlung dem zuständigen Betriebsrat der beteiligten Rechtsträger zuzuleiten.[178]

Ohne den Nachweis der rechtzeitigen Zuleitung tritt gem. § 17 UmwG eine registerrechtliche Sperrwirkung ein.

Da § 126 Abs. 3 UmwG - wie dargestellt - den allgemeinen Informationsanspruchs des Betriebsrates lediglich konkretisiert, kann der Betriebsrat auf die Einhaltung der Frist oder aber auf die Zuleitung des Spaltungs- und Übernahmevertrages überhaupt verzichten. Insoweit gelten die allgemeinen Grundsätze zu § 80 BetrVG.[179] Der Verzicht auf die Fristeinhaltung oder die Zuleitung insgesamt ist dem Registergericht ebenfalls nachzuweisen.

3. Zusammenfassung

Die Spaltung nach dem Umwandlungsgesetz hat eine Doppelnatur: Sie ist einmal eine Strukturänderung für den übertragenden Rechtsträger, darüber hinaus jedoch stellt die Spaltung einen Akt der Vermögensübertragung dar.[180]

Wesentliches Novum des Umwandlungsgesetzes ist die Möglichkeit der Übertragung von Vermögensgesamtheiten im Wege der Sonderrechtsnachfolge ausschließlich nach dem Willen der an der Spaltung selbst beteiligten Rechtsträger.

IV. Betriebliche Auswirkungen der Spaltung

Während die Spaltung nach dem Umwandlungsgesetz - wie oben bereits dargestellt -[181] unmittelbar nur auf die Spaltung von Rechtsträgern abstellt, ist aus arbeitsrechtlicher Sicht noch zu unterscheiden, auf welcher Ebene des bzw. der Spaltungssubjekte die spaltungsrechtlichen Veränderungen erfolgen bzw. Auswirkungen eintreten.

Eine Rechtsträgerspaltung kann wegen der Zuordnung von Vermögensteilen gleichzeitig mit Veränderungen auf Betriebsebene, und dabei insbesondere einem aus arbeitsrechtlicher Sicht bedeutsamen Betriebs- bzw. Teilbetriebsübergang, einer Betriebsspaltung oder einer Betriebsänderung verbunden sein. Dies

---

178 Als zuständig kommt daher alternativ der Betriebsrat oder der Gesamtbetriebsrat in Betracht, sofern der Rechtsträger mehrere Betriebe führt. Im letzteren Fall ist eine Unterrichtung der Einzelbetriebsräte vom Gesetz nicht vorgesehen, da das Gesetz ausschließlich auf die Vertretung des Rechtsträgers abstellt; aus diesem Grund kommt auch der Konzernbetriebsrat niemals als Adressat in Betracht.

179 Vgl. hierzu statt aller GK-BetrVG/Kraft, § 80, Rz. 48 ff.

180 Vgl. Teichmann, ZGR 1993, 396 (398).

181 Vgl. oben Kap. B II 2.

stellt das Umwandlungsgesetz selbst in § 321 klar, indem es neben dem Begriff der „Rechtsträgerspaltung“ den Begriff der „Betriebsspaltung“ gebraucht.

Üblicherweise ist bei Spaltungen nach dem Umwandlungsgesetz ein Unternehmensträger im handelsrechtlichen Sinne das Spaltungssubjekt, also der Rechtsträger, dessen Vermögen gespalten werden soll. Dies liegt vor allem daran, dass das Umwandlungsgesetz in erster Linie einen wirtschaftlichen Zweck verfolgt, also speziell auf die Umstrukturierung wirtschaftlicher Einheiten zugeschnitten ist und im Unternehmensbereich das Spaltungsbedürfnis und die Spaltungsmotivation am größten sein dürfte.[182] Die arbeitsrechtlichen Problemstellungen sind jedoch unterschiedlich zu beantworten, je nachdem, ob es im Rahmen einer solchen Unternehmensspaltung nach dem Umwandlungsgesetz auch zu einer Veränderung auf Betriebsebene kommt, da bestimmte arbeitsrechtliche Normen ausschließlich auf die Betriebsebene abstellen. Dies gilt sowohl in kollektivrechtlicher Hinsicht (Fortgeltung von Betriebsvereinbarungen, Mandat des Betriebsrates) als auch in individualrechtlicher Hinsicht (Geltung des § 613a BGB bzw. der Kündigungsschutzbestimmungen).

Im Rahmen einer Klärung dieser unterschiedlichen Auswirkungen der Spaltung bietet sich aus arbeitsrechtlicher Sicht somit zunächst die begriffliche Trennung zwischen Betrieb und Unternehmen an. Ferner ist zu untersuchen, in welchem Verhältnis eine „Unternehmens-“ zu einer „Betriebsspaltung“ steht.

1. Grundbegriffe

Der Begriff des Betriebs ist zunächst abzugrenzen von dem des Unternehmens, mit dem nur das jeweilige Rechtssubjekt - wirtschaftlich - gekennzeichnet wird.[183] Ferner ist hinsichtlich der Rechtsfolgen von Bedeutung, ob ein einheitlicher arbeitsrechtlicher Betriebs- bzw. Betriebsteilbegriff zugrundegelegt werden kann oder aber ob für jeden Regelungsbereich eine gesonderte Begriffsbestimmung gefunden werden muss.

---

182 Vgl. hierzu schon Kap. A. I. und B. I.

183 Untersucht wird nachfolgend allein der jeweils zugrundezulegende und hier allein relevante arbeitsrechtliche Begriff.

a. Der Unternehmensbegriff

Ein Unternehmen ist nach allg. Auffassung eine organisatorische Einheit, die (hinter dem Arbeitszweck liegende) wirtschaftliche oder ideelle Zwecke fortgesetzt verfolgt.[184]

Im Rahmen der praktischen Abgrenzung wird der Begriff der organisatorischen Einheit dabei durch den Begriff der rechtlichen Einheit ersetzt, was dazu führt, dass der Unternehmensbereich mit dem Geschäfts- bzw. Wirkungsbereich des Unternehmensträgers gleichzusetzen ist.[185]

Legt man - richtigerweise - diese Prämisse zugrunde, so folgt hieraus zwangsläufig, dass jeder Unternehmensträger auch nur ein Unternehmen betreiben kann. Hieraus ergibt sich eine Identität von Arbeitgeber und Unternehmensträger.

Daneben kommt dem Begriff des Unternehmens aber auch eine eigenständige betriebsverfassungsrechtliche Bedeutung zu, so beispielsweise im Hinblick auf die Errichtung eines Gesamtbetriebsrats (§ 47 Abs. 1 BetrVG) oder die Bildung eines Wirtschaftsausschusses (§ 106 Abs. 1 BetrVG).[186]

b. Betrieb und Betriebsteil

Der Betrieb ist die Basis für die arbeitsrechtlichen Beziehungen zwischen Arbeitgeber und Arbeitnehmer.

Im Arbeitsrecht hat der Betrieb im wesentlichen für den Bereich der Mitbestimmung und Mitwirkung der Arbeitnehmerschaft in betriebsverfassungsrechtlicher Hinsicht Bedeutung, wie beispielsweise bei der Mitbestimmungin sozialen und personellen Angelegenheiten einschließlich personeller Einzelmaßnahmen etwa bei Einstellungen und Versetzungen.

---

184 BAG, DB 1987, 845 und 1643; BAG AP Nr. 1 zu § 88 BetrVG; BAG AP Nr. 14 zu § 81 BetrVG; BAG AP Nr. 4 zu § 47 BetrVG 1972; ebenso ErfK/Preis, § 611, Rz. 241; Fitting, § 1, Rz. 142; GK-BetrVG/Kraft, § 4, Rz.7;. vgl. auch Lutter/Joost, § 321, Rz. 11; krit. Joost, Betrieb und Unternehmen, S. 208 ff., der einen allg. Unternehmensbegriff ablehnt, und die Begriffsfindung auf der Grundlage einer teleologischen Auslegung der jeweiligen Norm erreichen will. So sieht Joost z.B. betriebsverfassungsrechtlich als Unternehmen im Sinne einer Repräsentationsstufe für die Bildung von Gesamtbetriebsrat und Wirtschaftsausschuß „den gesamten wirtschaftlichen Tätigkeitsbereich des Arbeitgebers" an.

185 Vgl. hierzu ausf. GK-BetrVG/Kreutz, § 47, Rz. 11 ff., der zutreffend auf die betriebsverfassungsrechtliche Trennung von Unternehmen und Unternehmer verweist, woraus folge, dass das Unternehmen nur Rechtsgegenstand, der Unternehmensträger jedoch das Rechtssubjekt sei; da die Zuständigkeitsregelung des BetrVG zwischen Unternehmen und Betrieb keinen dritten Repräsentationsbereich kenne und der Begriff des Unternehmens aus systematischen Gründen nicht den Konzernbereich betreffen könne, sei als „Unternehmen" jeweils nur ein Unternehmensträger vorstellbar; ebenso Joost, Betrieb und Unternehmen, S. 208 ff.

186 Dazu ausführlich GK-BetrVG/Kraft, § 4, Rz. 4.

Daneben kommt dem Betriebsbegriff jedoch auch im Rahmen des § 613a BGB, d.h. bei Betriebsübergängen und schließlich im Bereich der Kündigungsschutzbestimmungen eine besondere Bedeutung zu.

Vom Begriff des Betriebs abzugrenzen ist der Begriff des Betriebsteils oder Teilbetriebes, an den in bestimmten arbeitsrechtlichen Vorschriften gesondert angeknüpft wird.[187]

Es existiert weder eine gesetzliche Definition des Betriebs noch des Betriebsteils, so dass sich im Laufe der Zeit unterschiedliche Definitionsansätze herausgebildet haben.[188]

Ferner könnte aus dem Zweck des Umwandlungsgesetzes das Erfordernis einer eigenen umwandlungsrechtlichen Betriebs- bzw. Teilbetriebsdefinition resultieren.

aa. Betrieb

Der Betriebsbegriff war in der Vergangenheit insbesondere im Hinblick auf § 613a BGB Gegenstand heftiger Kontroversen in Literatur und Rechtsprechung.[189]

Nach dem „allgemeinen Betriebsbegriff" ist unter einem Betrieb eine organisatorische Einheit zu verstehen, innerhalb derer ein Arbeitgeber allein oder in Gemeinschaft mit seinen Arbeitnehmern mit Hilfe von sächlichen und immateriellen Betriebsmitteln bestimmte arbeitstechnische Zwecke fortgesetzt verfolgt, die sich nicht in der Befriedigung von Eigenbedarf erschöpfen.[190] Zum Betrieb

---

[187] So § 613a BGB oder § 4 BetrVG.

[188] Lediglich in der Richtlinie 98/50 vom 29.6.1998, NZA 1998, 1211 zur Änderung der Richtlinie 77/187 ist eine Definition enthalten. Nachdem in Art.1 lit. a nunmehr auf den Übergang von Unternehmen, Betrieben oder Unternehmens- bzw. Betriebsteilen abgestellt wird, enthält Art. 1 Abs. 1 lit. b eine Vorbehaltsregelung, wonach (...) als Übergang (...) der „Übergang einer ihre Identität bewahrenden wirtschaftlichen Einheit im Sinne einer organisierten Zusammenfassung von Ressourcen zur Verfolgung einer wirtschaftlichen Haupt- und Nebentätigkeit" gilt. Hiermit wird eine Bestimmung des Betriebs- bzw. Teilbetriebsbegriffes getroffen. Vgl. zu den Auswirkungen auch unten Kap. B. IV. 1. b. aa. (2) (c).

[189] Vgl. hierzu APS/Steffan § 613a BGB, Rz. 13; ErfK/Preis, § 613a BGB, Rz. 5ff.; Fitting a.a.O.; GK-BetrVG/Kraft, § 4, Rz.3 ff.; Stege/Weinspach, § 1, Rz. 4f.; GK-KR/Pfeiffer, § 613a, Rz. 16 ff.; Kasseler Handbuch/Hattesen, 1.7, Rz. 21 ff.; Küttner/Kreitner, „Betrieb", Rz. 3 ff.; MünchArbR/Wank, 2. Aufl., § 124, Rz.33; MünchKomm/Schaub, § 613a, Rz. 22a; Soergel/Raab, § 613a, Rz. 19; Staudinger/Richardi, § 613a, Rz. 37ff.; BGB-RGRK/Ascheid, § 613a, Rz. 3f jew. m.w.N.; vgl. insbesondere auch die zusammenfassende Darstellung bei Joost, Betrieb und Unternehmen, a.a.O.

[190] Vgl. die unter Fn. 189 Genannten; ebenso wie hier GK-BetrVG/Kraft, § 4, Rz. 3 m.w.N.; Küttner/Kreitner, „Betrieb", Rz. 3 unter Verweis auf BAG, DB 91, 500 und BAG, DB 92, 231; teilweise wird auf das Kriterium der „Nichterschöpfung der Tätigkeit in Eigenbedarf" verzichtet, so z.B. GK-KR/Pfeiffer, § 613a, Rz. 16; ebenso ErfK/Preis, § 613a, Rz. 5.

zählen danach auch die Arbeitnehmer, soweit sich ohne sie die arbeitstechnischen Zwecke nicht verfolgen lassen.[191]

(1) Der „betriebsverfassungsrechtliche" Betriebsbegriff

Ausgehend vom bereits oben erwähnten allgemeinen Betriebsbegriff[192] haben sich im Laufe der Zeit verschiedene Anhaltspunkte zur näheren Eingrenzung herausgebildet, die von Rechtsprechung[193] und Rechtslehre[194] allgemein akzeptiert wurden.

Das Merkmal der organisatorischen Einheit kann nach allg. Ansicht anhand verschiedener Kriterien ermittelt werden: Einheitlicher Inhaber, einheitlicher arbeitstechnischer Zweck, einheitliche technische Leitung, räumliche Einheit, einheitliche Belegschaft, Dauerhaftigkeit der Organisation, Einheitlichkeit der Entscheidung in mitbestimmungspflichtigen Angelegenheiten.[195] Ferner muss die Organisation auf eine gewisse Dauerhaftigkeit angelegt sein.[196]

Entscheidender Abgrenzungspunkt soll dabei nach der Rechtsprechung in erster Linie die Einheit der Organisation als solche sowie der Kern der Arbeitgeberfunktionen im Bereich der personellen und sozialen Mitbestimmung und weniger die Einheitlichkeit der arbeitstechnischen Zweckbestimmung sein.[197]

Daneben wird durch § 4 BetrVG im Betriebsverfassungsgesetz unter bestimmten Voraussetzungen das Vorliegen eines Betriebs fingiert. Diese Fiktion berührt jedoch nicht den betriebsverfassungsrechtlichen Betriebsbegriff.

(2) Der Betriebsbegriff des § 613a BGB

Vom - oben dargestellten - allgemeinen arbeitsrechtlichen Betriebsbegriff abweichend hat das BAG in der Vergangenheit in ständiger Rechtsprechung einen eigenständigen Betriebsbegriff im Rahmen des § 613 a BGB entwickelt.[198]

---

191 Vgl. hierzu Gentges, RdA 1996, 265 (269); vgl. auch GK-KR/Pfeiffer, § 613a, Rz.16.

192 Grundlegend hierzu Jacobi, FS für Ehrenberg, S. 9 ff.

193 BAG AP Nr.9 zu § 3 BetrVG; vgl. auch BAG AP Nr.3 zu § 4 BetrVG 1972; BAG AP Nr. 5, 6, 9 zu § 1 BetrVG 1972; BAG, NZA 1987, 708.

194 Annuß, NZA 1998, 70 (71); Berscheid, FS für Stahlhacke, S. 15 (18); Richardi, § 1, Rz. 17; Fitting, § 1, Rz. 31; Schiefer, NZA 1998, 1095 (1095); Schmidt, NZA 1998, 169 (169), jew. m.w.N.

195 Vgl. GK-BetrVG/Kraft, § 4, Rz.13, allerdings mit krit.Anm. zum Kriterium der „räumlichen Einheit".

196 GK-BetrVG/Kraft, a.a.O., Rz.19.

197 BAG, DB 1983, 1498; BAG, BB 1992, 1486; LAG Köln, AiB 1992, 734; vgl. zur arbeitstechnischen Zweckbestimmung auch GK-BetrVG/Kraft, § 4, Rz.15, der auf den „arbeitstechnischen Gesamtzweck" der Organisation abstellt.

198 Grundlegend hierzu BAG NZA 1994, 260(263).

(a) Die Entwicklung der Rechtsprechung

Das BAG ließ sich von der Überzeugung leiten, dass vom Betriebsbegriff nach § 613a BGB ausschließlich die sächlichen und immateriellen Betriebsmittel, nicht jedoch die Arbeitnehmer erfasst seien.[199] Da der Übergang der Arbeitsverhältnisse Rechtsfolge des § 613a BGB sei, könnten diese nicht Gegenstand der Tatbestandsvoraussetzungen sein (sog. „Konfusionsargument"). Die Arbeitnehmer selbst gehörten entsprechend nicht zum Betrieb im Sinne des § 613a BGB.[200]

Dementsprechend hat das BAG in der Vergangenheit im Rahmen eines Betriebsübergangs[201] nach § 613a BGB vor allem auf die fortbestehende Organisations- und Leitungsmacht und die für die Wahrung des Betriebscharakters erforderlichen Betriebsmittel abgestellt.[202] Entscheidend war nach der Rechtsprechung des BAG die Möglichkeit der im wesentlichen unveränderten Fortführung des Betriebs, wobei es nicht darauf ankommen sollte, ob Erwerbszweck auch die (im wesentlichen) unveränderte Fortsetzung des Betriebes darstellt.[203] So sollte es für die Frage des Betriebsüberganges nicht darauf ankommen, ob der Erwerber einen Betrieb mit Stillegungsabsicht erwirbt oder zukünftig einen völlig anderen arbeitstechnischen Zweck verfolgen will.[204]

Der EuGH vertritt in seiner für das deutsche Recht maßgeblichen Rechtsprechung zur Betriebsübergangsrichtlinie 77/187 die Ansicht, die Bestimmung des Betriebsbegriffs müsse durch eine Gesamtwürdigung von Faktoren erfolgen, die zu einer „wirtschaftlichen Einheit" führen. Im Rahmen des Betriebsübergangs zählen zu diesen Kriterien vor allem die Art des Betriebes, der Übergang bzw. Nichtübergang materieller und immaterieller Aktiva, die Weiterbeschäftigung von Arbeitnehmern, der Eintritt in die Kundenbeziehungen, die Ähnlichkeit des Betriebszwecks vor und nach dem Betriebsübergang sowie die Dauer einer etwaigen Unterbrechung. Unter Anwendung dieser Kriterien sei im Rahmen einer Gesamtwürdigung zu prüfen, ob eine bestimmte wirtschaftliche Einheit übertragen wurde, die trotz des Inhaberwechsels ihre Identität bewahrt habe.[205]

Zu erheblicher Verunsicherung hat - in Zusammenhang mit einem Teilbetriebsübergang - die EuGH-Entscheidung vom 14.4.1994 „Christel Schmidt" geführt, in der der EuGH darauf abgestellt hat, dass die Übernahme von Betriebs-

---

199 Vgl. nur BAG a.a.O.

200 BAG AP Nr. 142 zu § 613a BGB; BAG AP Nr. 104 zu § 613a BGB m.w.N.; BAG, DB 1995, 432; BAG, NZA 1995, 27; vgl. auch Annuß, NZA 1998, 70 (71) m.w.N.

201 Zum Begriff des Betriebsübergangs vgl. unten Kap. C I 1 a.

202 BAG a.a.O.

203 BAG, NZA 1995, 1155; BAG, NZA 1995, 222; BAG, NZA 1995, 27; BAG, NJW 1976, 535.

204 BAG a.a.O.; vgl. hierzu auch unten Kap. C I 1 b.

205 EuGH, ZIP 1994, 1036 (1037 f.) „Christel Schmidt"; ebenso EuGH, NZA 1997, 433 „Ayse Süzen".

mitteln nur eines von mehreren Kriterien sei, die im Rahmen einer Gesamtwürdigung berücksichtigt werden müssten und dass - im Einzelfall - ein Betriebsübergang bereits in der bloßen Fortführung einer Geschäftstätigkeit gesehen werden könne, ohne dass ein Übergang von Aktiva erforderlich sei.[206]

Diese Entscheidung wurde von einem Großteil der Literatur so verstanden, dass nach der Auffassung des EuGH auch die bloße Funktionsnachfolge als Betriebsübergang angesehen werde, der bisherige Betriebsbegriff damit nicht mehr zur Abgrenzung herangezogen werden könne.[207]

Der EuGH hat seine Rechtsauffassung in einer späteren Entscheidung nochmals klargestellt, in der er hervorhob, dass als wirtschaftliche Einheit nicht allein die bloße Tätigkeit verstanden werden dürfe.[208]

Das BAG hat sich der Rechtsprechung des EuGH erstmals in seinem Urteil vom 22.5.1997[209] angeschlossen und an die Stelle des früheren Betriebsbegriffs mit dem Anknüpfungspunkt des Übergangs der sächlichen und immateriellen Betriebsmittel das Merkmal der auf Dauer angelegten wirtschaftlichen Einheit gesetzt, deren Identität gewahrt bleiben müsse. Ausgehend von dem oben genannten Kriterienkatalog hat das BAG eine wertende Gesamtbetrachtung aller Umstände vorgenommen, wobei es in diesem Zusammenhang des weiteren Personal, Führungskräfte, Arbeitsorganisation, Betriebsmethoden und ggf. zur Verfügung stehende Betriebsmittel genannt hat.[210]

Ausdrücklich hat das BAG die Bedeutung der Übernahme eines nach Zahl und Sachkunde erheblichen Teils der Belegschaft als ein mögliches Kriterium zur Bestimmung eines Betriebsübergangs nach § 613a BGB anerkannt.[211]

---

206 Vgl. Küttner/Kreitner, „Betriebsübergang“, Rz. 9 unter Verweis auf EuGH Rs 287/86, EuGHE 1987, 5465 „Ny Mølle Kro“; EuGH Rs 324/86, EuGHE 1988, 2259 „Daddy´s Dance Hall“; EuGH Rs 101/87, EuGHE 1988, 3057 „Bork International S/A“; EuGH Rs 92/91, EuGHE 1992, 3189 „Redmond Stichting“; EuGH ZIP 1994, 1036 „Christel Schmidt“; zuletzt EuGH „Ayse Süzen“, NZA 1997, 433; vgl. zum Kriterienkatalog des EuGH auch Schiefer, NZA 1998, 1095 (1095 ff.).

207 So etwa Röder/Baeck, NZA 1994, 542 (544); Buchner, DB 1994, 1417 (1420); je nach Interessenlage wurde die Entscheidung des EuGH daher auch stürmisch begrüßt, so Zwanziger, DB 1995, 924 (924), oder aber vehement angegriffen so z.B. Bauer, BB 1994, 1435, Willemsen DB 1995, 924ff. und DB 1995, 1331; allerdings ergibt sich aus der Entscheidung des EuGH keinesfalls, dass eine bloße Funktionsnachfolge sich als Betriebsübergang darstellt; vielmehr hat der EuGH lediglich gefolgert, dass die Funktionsnachfolge dann zum Betriebsübergang werden kann, wenn der Erwerber einen wesentlichen Teil des Personals übernimmt und im übrigen bei Gesamtabwägung aller Umstände hierdurch vom Übergang einer wirtschaftlichen Einheit auszugehen ist; in diesem Sinne auch Moll, AuA 1996, 270(273); vgl. auch Baeck/Lingemann, NJW 1997, 2492.

208 EuGH, NZA 1997, 433 „Ayse Süzen“.

209 BAG, NZA 1997, 1050.

210 BAG, a.a.O.

211 BAG, a.a.O.; vgl. auch Brinkmann, Spaltung, S. 91.

Zum Betrieb im Sinne des § 613a BGB zählen nach der neueren Rechtsprechung des BAG somit - wie beim allgemeinen arbeitsrechtlichen Betriebsbegriff auch - die Arbeitnehmer.[212]

(b) Die Auffassungen der Literatur

Abweichend von der Rechtsprechung des BAG wurde im Schrifttum zur Bestimmung des Betriebsbegriffs bei § 613a BGB vielfach auf den allgemeinen arbeitsrechtlichen Betriebsbegriff abgestellt.[213] Bei der Auslegung des allgemeinen Betriebsbegriffes sei jedoch der besondere Schutzzweck des § 613a BGB zu berücksichtigen.[214] Auch die Literatur stellt in diesem Zusammenhang auf den Begriff der „organisatorischen Einheit" ab, wobei sie im Rahmen eines Betriebsübergangs dem Kriterium der Übertragung sächlicher und immaterieller Betriebsmittel mehr oder weniger starke Bedeutung zuerkennt.[215]

Joost[216] kritisiert beide Ansichten. Der Betriebsübergang nach § 613a BGB hänge weder notwendigerweise vom Übergang der sächlichen und immateriellen Betriebsmittel noch vom Übergang einer organisatorischen Einheit ab, so dass die Begriffsbildungen unzutreffend seien. Entscheidend sei vielmehr der Übergang der Unternehmerfunktion, die durch die Aufrechterhaltung einer bestimmten unternehmerischen Tätigkeit ausgedrückt werde.[217] Ausschließlich der unternehmerische Tätigkeitsbereich stelle also den Anknüpfungspunkt für die in § 613a BGB genannten Rechtsfolgen dar, so dass weder für den Betriebs-

---

[212] Im Hinblick auf die konkrete Zuordnung eines Arbeitnehmers zu einem Betrieb bzw. Betriebsteil im Falle des Betriebsübergangs ist dabei zunächst der Wille der Beteiligten entscheidend (BAG, NZA 1998, 249). Ist die Zuordnung streitig, wird auf den Schwerpunkt der Tätigkeit abgestellt (zuletzt BAG, DB 97, 2282). Kann auch hiernach eine eindeutige Zuordnung nicht vorgenommen werden, hat der Arbeitgeber in Anerkennung seiner Organisationshoheit ein originäres Weisungsrecht (vgl. dazu ausführlich die Ausführungen unter Kap. C II 3; ebenso Annuß, NZA 1998, 70 (77), a. A. Küttner/Kreitner, „Betriebsübergang", Rz. 16 m.w.N.).

[213] Vgl. die Literaturangaben bei Joost, Betrieb und Unternehmen, S. 378 ff.; Staudinger/Richardi, § 613a, Rz. 37; MünchKomm/Schaub, § 613a, Rz. 22; MünchArbR/Wank, 2. Aufl., § 124, Rz.33.

[214] So etwas unklar noch MünchArbR/Wank, 1. Aufl. § 120, Rz.31.

[215] Vgl. nur MünchArbR/Wank, 1. Aufl., § 120, Rz.47, der den Übergang von Betriebsmitteln zur Wahrung des Betriebsbegriffes als unverzichtbar ansieht; a.A. dagegen Zwanziger DB 1994, 2621f.; unklar Joost, FS Wlotzke, S. 683(687); vgl. auch aus jüngerer Zeit Bröske, BB 1997, 1412; Voss, NZA 1995, 205; Willemsen/Annuß, NJW 199,2073(2074).

[216] Ders. a.a.O.; ders., 367 ff.; ebenso Lutter/Joost, § 321, Rz.10 ff.

[217] Joost, Betrieb und Unternehmen, S. 382 ff.

noch für den Betriebsteilbegriff des § 613a BGB ein praktisches Bedürfnis bestehe, da es sich der Sache nach um Unternehmensteile handele.[218]

(c) Stellungnahme

Auch im Rahmen der Begriffsbestimmung nach § 613a BGB kann der herkömmliche Betriebsbegriff zugrundegelegt werden:

Dem EuGH ist zunächst darin zuzustimmen, dass im Rahmen des Betriebsbegriffs i.S.d. Richtlinie 77/187/EWG die Arbeitnehmer ebenfalls dem Tatbestand zuzuordnen sind.

Die gegenteilige Auffassung verkennt, dass das Kriterium dieser Betrachtung nicht die „Übernahme" von Arbeitnehmern im Sinne des § 613a BGB (als Rechtsfolge), sondern vielmehr die bloße Weiterbeschäftigung - sei es aufgrund einer vertraglichen Übernahme oder aufgrund Neueinstellung - ist. Der Schutzzweck des § 613a BGB besteht jedoch auch und gerade in dem Fortbestand der Arbeitsverhältnisse zu den bisherigen Bedingungen (nicht in dem Erhalt der Arbeitsplätze). Darüber hinaus stellen die Arbeitsverhältnisse ein wesentliches Kriterium der betrieblichen Organisation dar.

Allerdings kann - entgegen der Auffassung des EuGH - die alleinige Weiterbeschäftigung von Arbeitnehmern nicht als ausreichendes Kriterium für die Wahrung der wirtschaftlichen Identität angesehen werden. Erforderlich aber auch ausreichend für das Vorliegen einer wirtschaftlichen Einheit ist eine Organisation, die einen arbeitstechnischen Zweck erfüllt. Voraussetzung für die Erfüllung dieses Zwecks sind jedoch immer bestimmte Betriebsmittel, seien es immaterielle (Know-how, Kundenbeziehungen) oder aber materielle Betriebsmittel (Maschinen etc.). Eine wirtschaftliche Identität kann daher nur erhalten werden, wenn auch die zugrundeliegenden Betriebsmittel erhalten werden.

Dies wird im übrigen auch durch die Richtlinie 98/50 bestätigt[219], in der die ihre Identität wahrende wirtschaftliche Einheit „als organisierte Zusammenfassung von Ressourcen zur Verfolgung einer wirtschaftlichen Haupt- oder Nebentätigkeit" angesehen wird. Auch nach der Richtlinie wird damit vor allem auf die sächlichen und immateriellen Betriebsmittel, d.h. auf den Substratgedanken abgestellt und hiermit zugleich verdeutlicht, dass weder die bloße Funktionsnach-

---

[218] Joost, Betrieb und Unternehmen, S. 393; so auch Schwanda, Betriebsübergang, S. 97 ff.; ebenso wohl i.E. auch Mengel, Umwandlungen, S. 103; vgl. hierzu jedoch Annuß, NZA 1998, 70 (72), der zutreffend darauf hinweist, dass der Betriebs- oder Betriebsteilzweck nicht schon an der nach außen gerichteten Tätigkeit des Betriebs seine Grenze findet, sondern erst dort, wo der mit dieser nach außen gerichteten Tätigkeit im weiteren verfolgte Zweck endet. Der Betriebsbegriff kann danach nicht unernehmensbezogen ausgelegt werden. Vgl. zu den Auswirkungen dieses unzutreffenden Betriebsverständnisses im Rahmen der Zuordnung der Arbeitsverhältnisse bei einem Betriebsübergang nach § 613a BGB auch unten Kap. C II 3.

[219] Vgl. oben Fn. 188.

folge noch die Übernahme von Arbeitnehmern allein ausreichend ist, die wirtschaftliche Identität zu wahren.

(3) Der Betriebsbegriff im Kündigungsschutzrecht

Im Kündigungsschutzrecht, das im Rahmen des § 23 KSchG an den Betrieb anknüpft, wird ebenfalls keine eigene Definition verwandt, sondern an den allgemeinen Betriebsbegriff angeknüpft.[220]

(4) Ergebnis

Im Rahmen der vorliegenden Untersuchung kann – vorbehaltlich einer eigenen umwandlungsgesetzlichen Begriffsbestimmung – zunächst der allgemeine Betriebsbegriff zugrundegelegt werden.

bb. Betriebsteil

Auch hinsichtlich des Begriffs Betriebsteil kommt eine Unterscheidung zwischen individualarbeitsrechtlicher und betriebsverfassungsrechtlicher Terminologie in Betracht.

(1) Der Betriebsteil i.S.d. § 613a BGB

Im Rahmen des § 613a BGB ist weniger die Unterscheidung Betrieb - Betriebsteil als vielmehr die Trennung von Betriebsteil zu bloßem Betriebsmittel von Bedeutung.[221]

Ein Betriebsteil im Sinne des § 613a BGB ist demnach eine organisatorisch ausgliederbare Unterabteilung des Betriebes soweit man damit einen eigenen Betriebszweck verfolgen kann. Der von dieser organisatorischen Einheit verfolgte Teilzweck muss selbständig sein und sich vom Zweck des Restbetriebs unterscheiden.[222]

Dabei reicht es nach der neueren Rechtsprechung des BAG aus, wenn mit dem Betriebsteil lediglich eine untergeordnete Hilfsfunktion innerhalb des betrieblichen Gesamtzwecks erfüllt wird.[223] Dem Substratgedanken kommt in diesem Zusammenhang - nicht zuletzt aufgrund der europarechtlichen Vorgaben - die gleiche Bedeutung zu wie beim Betriebsbegriff.[224]

---

220 St. Rspr. und allg. Ansicht vgl. insoweit nur BAG, DB 1991, 500 m.w.N.; Küttner/Kreitner „Betrieb", Rz.5; vgl. auch die Darstellung bei Bepler ArbuR 1997, 54; zu den kündigungsschutzrechtlichen Auswirkungen eines gemeinsamen Betriebes vgl. unten Kap. C III 1.

221 Vgl. hierzu auch MünchArbR/Wank, 2. Aufl., § 124, Rz. 43ff.

222 BAG, NZA 1985, 775.

223 BAG AP Nr. 105 zu § 613a BGB; anders noch BAG, NZA 1985, 775.

224 Vgl. bereits oben Kap. B IV 1 b aa; ebenso Annuß, NZA 1998, 70 (71); vgl. auch MünchArbR/Wank, § 124 Rz. 43 ff.; ErfK/Preis, § 613a BGB, Rz. 41;

(2) Betriebsverfassungsrechtlicher Betriebsteilbegriff

Von der vorgenannten Betriebsteildefinition könnte der Betriebsteilbegriff im Sinne des Betriebsverfassungsgesetzes abzugrenzen sein, da die Unterscheidung zwischen Betrieb und Betriebsteil vor allem hinsichtlich der betriebsverfassungsrechtlichen Mitwirkungsrechte von Bedeutung ist. Das Betriebsverfassungsgesetz gibt ebenfalls keine Begriffsbestimmung, unterscheidet in § 4 BetrVG jedoch die Begriffe Betriebsteil und Nebenbetrieb.

(a) Allg. betriebsverfassungsrechtliche Begriffsbestimmung

Aus betriebsverfassungsrechtlicher Sicht ist der Betriebsteil zunächst ein unselbständiger Teil des Betriebs, der in den Hauptbetrieb eingegliedert ist und dem eine Teilfunktion bei der Erreichung des Betriebszwecks zukommt.[225] Über den Betriebsbegriff des

§ 613a BGB hinaus knüpft der betriebsverfassungsrechtliche Betriebsteilbegriff damit außer an die bloß organisatorische auch an die räumliche Trennung an.

Diese Unterscheidung ist jedoch allein vor dem Hintergrund einer betriebsverfassungsrechtlichen Zuordnungsmöglichkeit von Bedeutung: Ausgehend von der oben dargestellten Definition fingiert § 4 BetrVG in den Fällen, in denen der Betriebsteil die Voraussetzungen des § 1 BetrVG[226] erfüllt und entweder räumlich weit vom Hauptbetrieb entfernt oder durch Aufgabenbereich und Organisation selbständig ist, das Vorliegen eines selbständigen (betriebsratsfähigen) Betriebes auch in den Fällen, in denen der Teilbetriebszweck dem Betriebszweck untergeordnet ist.

Hiervon zu unterscheiden ist der Begriff des Nebenbetriebes. Der Nebenbetrieb ist ebenfalls ein räumlich und/oder organisatorisch eigenständiger Betriebsteil, erfüllt jedoch nicht die Voraussetzungen des § 1 BetrVG und übt lediglich eine Hilfsfunktion für einen Hauptbetrieb aus, dem er dann zugeordnet werden kann.[227]

(b) Der „wesentliche“ Betriebsteil im Sinne des § 111 BetrVG

Nach § 111 BetrVG stellen die Einschränkung, Stillegung oder Verlegung eines wesentlichen Betriebsteils eine Betriebsänderung dar. Nach ständiger Rechtsprechung des BAG ist ein Betriebsteil immer dann als „wesentlich“ anzusehen, wenn die Zahlenwerte des § 17 KSchG erreicht werden.[228]

---

[225] Vgl. statt aller GK-BetrVG/Kraft, § 4, Rz. 9.

[226] Es müssen in dem Betrieb 5 ständig wahlberechtigte Arbeitnehmer beschäftigt sein, von denen 3 wählbar sind.

[227] Vgl. zur Abgrenzung ausf. GK-BetrVG/Kraft, a.a.O. m.w.N.

[228] Statt aller Küttner/Kreitner, „Betriebsteil“, Rz. 6 m.w.N. zur Rspr.

(3) Ergebnis

Der Betriebsteilbegriff des Betriebsverfassungsrechts ist danach ein anderer als der im Rahmen des § 613a BGB zugrundezulegende Begriff.

Von Bedeutung im Rahmen der hier behandelten Probleme ist die Unterscheidung somit im Rahmen unternehmerischer Umstrukturierungen auf Betriebsebene, die naturgemäß auch zu Auswirkungen im Bereich des Betriebsverfassungsgesetzes führen können.[229]

Im übrigen ergibt sich bereits aus den Überlegungen zum Betriebsbegriff,[230] dass auch im Rahmen des Umwandlungsgesetzes kein eigenständiger Betriebsteilbegriff zugrunde gelegt werden muss.

cc. Der „umwandlungsgesetzliche" Betriebs- und Betriebsteilbegriff

Auch das Umwandlungsgesetz selbst verwendet in mehreren Vorschriften die Begriffe Betrieb bzw. Betriebsteil.[231] Da das Umwandlungsrecht ein gesellschaftsrechtliches Umstrukturierungsmittel darstellt, die Zielsetzung der Umwandlung daher vor allem im steuer- und gesellschaftsrechtlichen Bereich liegt, ist es zweifelhaft, ob auch den umwandlungsrechtlichen Normen der allgemeine arbeitsrechtliche Betriebsbegriff bzw. ein allgemeiner Betriebsteilbegriff zugrunde gelegt werden kann.

Vor allem zwei Argumente sprechen dafür: Zum einen hat der Gesetzgeber dort, wo er von dem allgemeinen Betriebsbegriff abgewichen ist, die Abweichung deutlich hervorgehoben wie etwa in § 134 Abs. 1 UmwG, wo explizit von den zur Führung des Betriebes notwendigen Vermögensteilen als Bestandteil des Betriebs ausgegangen wird oder aber in § 322 Abs. 2 UmwG, wo speziell der „Betrieb im Sinne des Kündigungsschutzrechts" erwähnt wird. Darüber hinaus war in der Ursprungsfassung zu § 126 Abs. 9 UmwG redaktionell noch eine Trennung zwischen dem Betrieb und der Zuordnung der Arbeitsverhältnisse vorgesehen, die nicht in die Schlussfassung übernommen wurde, so dass davon auszugehen ist, dass auch der Gesetzgeber die Arbeitsverhältnisse als Bestandteil des Betriebs ansieht.

Auch im Rahmen des Umwandlungsgesetzes ist daher der allgemeine arbeitsrechtliche Betriebsbegriff zugrunde zu legen.[232]

c. Zusammenfassung

Es muss keine Unterscheidung zwischen einem betriebsverfassungsrechtlichen, einem individualarbeitsrechtlichen oder einem umwandlungsgesetzlichen Betriebsbegriff getroffen werden. Zugrunde zu legen ist der allgemeine Betriebs-

---

229 Vgl. hierzu unten Kap. C III.

230 Kap. B. IV. 1. b. aa. (3).

231 So in §§ 5 Abs.Nr.9, 126 Abs.1 Nr.11, 134 Abs.1, 321 Abs.1 und 2, 322 Abs.1 UmwG.

232 Ebenso Lutter/Priester, § 126, Rz. 37.

begriff, dessen Kriterien jedoch - je nach Schutzzweck der Norm - eine unterschiedliche Bedeutung haben.

2. Das Verhältnis von Unternehmen und Betrieb

Nach zutreffender Ansicht unterscheidet sich das Unternehmen somit vom Betrieb einmal durch die Einheit des hinter dem technischen Betriebszweck liegenden wirtschaftlichen Zwecks und durch die Einheit der dieser Zweckerreichung dienenden Organisation.[233] Darüber hinaus setzt der Begriff des Unternehmens - im Unterschied zum Betrieb - einen in der Regel einheitlichen Rechtsträger voraus.[234]

Hieraus folgt weiter, dass der Unternehmensbegriff nicht das Vorhandensein eines Betriebes voraussetzt, da der Unternehmenszweck auch ohne eine Organisation erreicht werden kann, die einen arbeitstechnischen Zweck verfolgt.

Ebenso ist es möglich, dass eine Identität zwischen Unternehmen und Betrieb besteht oder aber ein Unternehmen mehrere Betriebe bildet: Ein Unternehmen hat nur einen Betrieb, wenn die gesamten arbeitstechnischen Zwecke des Unternehmens in einer einheitlichen Organisation unter einheitlicher Leitung verwirklicht werden, wobei vor allem auf den geordneten und gezielten Einsatz der vorhandenen materiellen und immateriellen Betriebsmittel abgestellt wird.[235] Demgegenüber bestehen mehrere Betriebe immer dann, wenn der Einsatz der Betriebsmittel und der Arbeitnehmer innerhalb eines Unternehmens durch getrennte Leitungsapparate erfolgt.[236]

3. Die Unterscheidung zwischen Unternehmens- und Betriebsspaltung

Damit steht gleichermaßen fest, dass eine Spaltung nach dem Umwandlungsgesetz, also eine Unternehmensspaltung im Sinne der §§ 123 ff UmwG, nicht zwangsläufig auch mit einer Betriebsspaltung einhergehen muss, vielmehr kann eine Unternehmensspaltung erfolgen, ohne dass damit eine Veränderung auf Betriebsebene verbunden ist.

So ist es denkbar, dass im Rahmen einer Spaltung nach dem Umwandlungsgesetz der bisherige Betrieb eines aufgespaltenen Unternehmensträgers auch nach der Umstrukturierung unverändert fortgeführt wird. Auf betrieblicher

---

233 BAG AP Nr.8 zu § 72 BetrVG; vgl. Berscheid, FS für Stahlhacke, S. 15 (21).

234 BAG AP Nr. 7 zu § 47 BetrVG; vgl. hierzu auch Fitting, § 1, Rz. 142 unter Verweis auf BAG AP Nr. 10 zu § 1 KSchG 1969; BAG, DB 1986, 1287; zum gemeinsamen Betrieb vgl. unten 4.

235 Vgl. GK-BetrVG/Kraft, § 4, Rz. 9; der Betrieb selbst kann dann wiederum in die einzelnen Betriebsteile untergliedert werden.

236 Ders. a.a.O., Rz. 10 unter Verweis auf BAG AP Nr. 3 zu § 4 BetrVG 1972; Fitting, § 1, Rz. 145; krit. insoweit wiederum Joost, Betrieb und Unternehmen, a.a.O. hinsichtlich des Kriteriums des „Leitungsapparates“.

Ebene ergeben sich daraus keinerlei Veränderungen.[237] Gleichermaßen kann eine Unternehmensspaltung auch zur Trennung von Betrieben bzw. Betriebsteilen führen.

a. Der Begriff der Betriebsspaltung

Ob aus der Spaltung auf der Ebene des Rechtsträgers gleichzeitig eine Spaltung des Betriebs resultiert, ist abhängig von der Zuordnung der Betriebe und Betriebsteile im Spaltungs- und Übernahmevertrag gem. § 126 Abs. 1 Nr. 9 UmwG bzw. Spaltungsplan gem. § 136 UmwG.

Eine Betriebsspaltung liegt danach immer dann vor, wenn die bisherige Betriebseinheit aufgrund der Zuordnung im Spaltungs- und Übernahmevertrag bzw. Spaltungsplan in der Weise verändert wird, dass organisatorische Teilbereiche im Sinne von Betriebsteilen unterschiedlichen Rechtsträgern zugeordnet werden.[238]

Die mit einer Unternehmensspaltung verbundene Betriebsspaltung führt damit regelmäßig zu individual- und ggf. kollektivarbeitsrechtlichen Änderungen.

b. Die Abgrenzung zur Betriebsaufspaltung

Von der dargestellten Betriebsspaltung ist der häufig gebrauchte Begriff der Betriebsaufspaltung zu unterscheiden:

Die Betriebsaufspaltung war - schon vor Inkrafttreten des Umwandlungsgesetzes - eine unter haftungs- und steuerrechtlichen Gesichtspunkten interessante und häufig genutzte gesellschaftsrechtliche Konstruktion:

Bei der Betriebsaufspaltung wird ein einheitliches Unternehmen in eine Besitzgesellschaft (Anlagegesellschaft) und eine Betriebsgesellschaft aufgespalten.[239] Dabei wird das gesamte zur Führung eines Betriebes erforderliche Vermögen in Form der materiellen und immateriellen Betriebsmittel und des Umlaufvermögens in die Betriebsgesellschaft eingebracht. Das Anlagevermögen

---

237 Gleichwohl treten natürlich arbeitsrechtliche Konsequenzen ein; vgl. hierzu Kap. C.

238 Vgl. insoweit enger Lutter/Joost, § 321, Rz. 14, der verlangt, dass mindestens zwei neue betriebsratsfähige Einheiten im Sinne der §§ 1,4 BetrVG entstehen.

239 Vgl. zum Begriff der Betriebsaufspaltung Brandmüller, Betriebsaufspaltung, S. 31; zu den Erscheinungsformen und Rechtsfolgen ders. a.a.O.; Belling/Collas, NJW 1991, 1919; Birk, BB 1976, 1227; Bork BB 1989, 2181; Lange, Betriebsaufspaltung, S. 6ff. jew. m.w.N.

verbleibt hingegen bei der Besitzgesellschaft, die dieses an die Betriebsgesellschaft verpachtet.[240]

Unter steuer- und haftungsrechtlichen Gesichtspunkten wird die Besitzgesellschaft zumeist in Form einer Personengesellschaft konstituiert und für die Betriebsgesellschaft die Rechtsform einer Kapitalgesellschaft gewählt.

Während eine derartige Vermögensaufteilung zwischen Betriebs- und Besitzgesellschaft in der Vergangenheit ebenfalls nur über den umständlichen Weg der Singularsukzession zu erreichen war, kann eine solche Zuordnung nunmehr ebenfalls über die umwandlungsrechtlichen Spaltungsarten, Auf- bzw. Abspaltung bzw. Ausgliederung, erreicht werden. Die Betriebsaufspaltung stellt damit originär eine Variante der umwandlungsrechtlichen Spaltungsarten - einschließlich der Aufspaltung - dar.[241]

Daneben kann mit einer Betriebsaufspaltung auch eine Betriebsspaltung einhergehen, etwa dann, wenn ein bisher einheitlicher Rechtsträger eine Vermögensaufteilung dergestalt vornimmt, dass nach der Umwandlung eine Besitz- und zwei Betriebsgesellschaften existieren.[242]

Mit einer Betriebsaufspaltung können daher unterschiedlichste arbeitsrechtliche Folgen verknüpft sein. So liegt im Falle der Übertragung durch Auf- bzw. Abspaltung sowie Ausgliederung aufgrund des Übergangs der sächlichen und immateriellen Betriebsmittel regelmäßig ein Betriebsübergang im Sinne des § 613a BGB vor.[243]

Von erheblich größerer Bedeutung sind allerdings die mittelbaren Auswirkungen einer solchen Betriebsaufspaltung für die Arbeitnehmer, da die Haftungsmasse des Unternehmens sinkt. Hiermit verbunden ist das höhere Risiko von Li-

---

240 Die Literatur bezeichnet diese Form der Spaltung auch als sog. „echte Betriebsaufspaltung" in Abgrenzung zur sog. „unechten Betriebsaufspaltung", bei der Besitz- und Betriebsgesellschaft von vornherein als zwei rechtlich selbständige Unternehmen errichtet und im Anschluß durch die Überlassung von Anlage- bzw. Umlaufvermögen miteinander verbunden werden oder das Besitzunternehmen erst nach der Gründung des Betriebsunternehmen entsteht. Da es sich bei der „unechten Betriebsaufspaltung" jedoch stets um zwei rechtlich selbständige Unternehmen handelt, eine Unternehmensspaltung nach dem Umwandlungsgesetz mithin nicht in Betracht kommt, befaßt sich die vorliegende Arbeit ausschließlich mit der sog. „echten Betriebsaufspaltung" als der Spaltung eines Unternehmens; zum Begriff der echten und unechten Betriebsaufspaltung vergleiche ausführlich Brandmüller, Betriebsaufspaltung, S. 27 ff.; Henssler, NZA 1994, 294 (295); Konzen, ArbuR 1985, 341 (341).

241 Allg. Ansicht, vgl. nur Lutter/Hommelhoff, § 134, Rz. 20; Neye, ZIP 1994, 917(919); vgl. zum Begriff der Unternehmensspaltung auch schon Gäbelein, BB 1989, 1420. Damit ist im übrigen die von verschiedenen Autoren vertretene These, die Betriebsaufspaltung sei ihrer Rechtsnatur nach von der gesellschaftsrechtlichen Spaltung zu trennen, obsolet; so jedoch noch Fritz, Spaltung, S. 23f.; zur Haftungsproblematik bei der Aufspaltung vgl. im übrigen noch unten Kap. C IV.

242 Vgl. insoweit nur die einleuchtenden Beispiele bei Kallmeyer/Willemsen § 134 Rz.8f.

243 Unstreitig, vgl. nur Lutter/Hommelhoff, § 134, Rz. 14; vgl. auch Henssler, NZA 1994, 295(296).

quiditätsengpässen in Zeiten schlechter Unternehmenslage und damit die Gefahr einer Insolvenz und des Verlustes des Arbeitsplatzes. Gleichzeitig sind auch die unmittelbaren finanziellen Ansprüche der Arbeitnehmer stärker gefährdet.

Um dem hieraus resultierenden Schutzbedürfnis der Arbeitnehmer Rechnung zu tragen, hat der Gesetzgeber für die Fälle der umwandlungsrechtlichen Betriebsaufspaltung in § 134 Abs. 1 UmwG einen besonderen Gläubigerschutz für Arbeitnehmeransprüche nach einer Betriebsaufspaltung geschaffen.[244]

4. Der gemeinsame Betrieb

Nach mittlerweile gefestigter Rechtsprechung können mehrere rechtlich selbständige Unternehmen einen „gemeinsamen Betrieb“ führen.[245]

Eine solche Konstruktion wird namentlich aus steuerlichen oder Wettbewerbs- oder Haftungsgründen gewählt, um eine rechtliche Verselbständigung zu erzielen, aber die arbeitsorganisatorische Einheit beizubehalten, um auch weiterhin die arbeitstechnischen Vorteile nutzen zu können.

Die Rechtskonstruktion des gemeinsamen Betriebes hatte bereits nach bisheriger Rechtslage sowohl betriebsverfassungsrechtliche als auch individualarbeitsrechtliche Auswirkungen.[246]

a. Der „gemeinsame Betrieb“ nach bisheriger Rechtslage

Nach der Rechtsprechung des BAG setzt ein Gemeinschaftsbetrieb mehrerer Unternehmen das Bestehen eines einheitlichen Leitungsapparates voraus, der gewährleistet, dass insbesondere der Kern der Arbeitgeberfunktionen im sozialen und personellen Bereich von derselben institutionellen Leitung ausgeübt wird.[247] Die einheitliche personelle Leitung setzt jedoch eine hierauf gerichtete – auch konkludent geschlossene - rechtsgeschäftliche Vereinbarung voraus, deren Vorliegen bei Bestehen bestimmter tatsächlicher Voraussetzungen vermutet wird.[248]

Betriebsverfassungsrechtlich führt das Bestehen eines gemeinsamen Betriebes zur Betriebsratsfähigkeit eben dieses Betriebes, sofern die sonstigen gesetzlichen Voraussetzungen erfüllt sind.

---

244 Zu den Haftungsvoraussetzungen und Rechtsfolgen der Haftung unten Kap. C IV; zu den bisherigen Haftungsfolgen vgl. Schaub, NZA 1989, 5.

245 So schon BAG AP Nr.5, 6 und 9 zu § 1 BetrVG 1972; MünchArbR/Richardi, § 31, Rz.39.

246 Vgl. nur die Darstellung bei Fitting, § 1, Rz. 75ff. m.w.N.; vgl. jedoch auch die Kritik an einer solchen Rechtsfigur bei Zöllner, FS für Semler, S. 995.

247 Vgl. Küttner/Kreitner, „Betrieb“, Rz. 12 unter Verweis auf BAG, DB 1991, 500; BAG v. 15.1.92 - 7 ABR 36/91 n.v.; BAG, NZA 1995, 906; BAG, DB 1996, 2131; GK BetrVG/Kraft, § 4, Rz. 23 ff.; Lutter/Joost, § 322, Rz. 7 ff.

248 Vgl. Küttner/Kreitner, „Betrieb“, Rz. 12 unter Verweis auf BAG, DB 1987, 2362; BAG, DB 1989, 127; vgl. GK BetrVG/Kraft, § 4, Rz. 23 ff.; a.A. Lutter/Joost, § 322, Rz. 8 f.

Auch kündigungsschutzrechtlich ist das Bestehen eines „gemeinsamen Betriebs“ bei der jeweils einschlägigen Vorschrift relevant.[249]

b. Die Regelung des § 322 UmwG

In § 322 UmwG hat auch der Gesetzgeber erstmals den Begriff des „gemeinsamen Betriebes“ erwähnt und die richterrechtlich entwickelte Rechtskonstruktion damit sowohl im Bereich des Betriebsverfassungs- wie des Kündigungsrechts gesetzlich anerkannt.

Gleichzeitig stellt § 322 Abs. 1 UmwG bestimmte Vermutungsregeln für das Vorliegen eines gemeinsamen Betriebes auf und verknüpft damit bestimmte Rechtsfolgen.

Bei der Beibehaltung der Organisation eines gespaltenen Betriebes wird gem. § 322 Abs. 1 UmwG für den Bereich des Betriebsverfassungsrechts vermutet, dass dieser Betrieb von den an der Spaltung beteiligten Rechtsträgern gemeinsam geführt wird.

Unabhängig von den Erfordernissen der Rechtsprechung an die einheitliche Leitungsmacht, greift also im Falle des § 322 Abs. 1 UmwG zunächst eine – widerlegbare – Vermutung über das Bestehen eines gemeinsamen Betriebes, sofern die bisherige betriebliche Organisation nicht geändert wird.

Unerheblich sind in diesem Zusammenhang „unwesentliche“ Änderungen der betrieblichen Organisation.[250] Die Gegenauffassung, die die „vollkommene Erhaltung der bisherigen Betriebsorganisation“ verlangt,[251] verkennt, dass der Gesetzgeber im Rahmen des § 322 Abs. 1 UmwG an die bisherige Rechtsprechung zum gemeinsamen Betrieb anknüpfen wollte.[252] Entscheidend ist also eine wertende Gesamtbetrachtung, bei der wesentlicher Anknüpfungspunkt die Fortführung der Arbeitgeberfunktionen durch einen hierfür vorgesehenen einheitlichen Leitungsapparat ist.[253]

Neben den hiermit verbundenen Darlegungs- und Beweislasterleichterungen, die nicht näher vertieft werden sollen[254], interessieren besonders die sonstigen Auswirkungen des § 322 UmwG bei Vorliegen eines gemeinsamen Betriebes:
Greift die Vermutungsregel, so sind nach wie vor alle Arbeitnehmer als Arbeitnehmer eines gemeinsam geführten Betriebes zu berücksichtigen.[255] Die betriebsverfassungsrechtliche Bedeutung des § 322 Abs. 1 UmwG besteht also

---

[249] Vgl. GK-KR/Etzel, § 1 KSchG, Rz. 536; Hueck/v. Hoyningen-Huene § 1 Rz. 434f; APS/Moll § 23 KSchG, Rz. 14ff.; ErfK/Ascheid, § 23 KSchG, Rz. 5; Bepler, ArbuR 1997, 54.
[250] Ebenso Kallmeyer/Willemsen, § 322, Rz.11.
[251] Mengel, Umwandlungen, S. 310 f.
[252] Vgl. auch Boecken, Unternehmensumwandlungen, Rz. 389.
[253] Ders. a.a.O.; Bachner, NJW 1995, 2881 (2885) jew. m.w.N.
[254] Vgl. hierzu ausf. Boecken, Unternehmensumwandlungen, Rz.390 ff. m.w.N.
[255] Vgl. Bauer/Lingemann, NZA 1994, 1057 (1060).

darin, dass dieser Betrieb nur einen einheitlichen Betriebsrat für sämtliche beteiligten Unternehmen hat.

Eine Betriebsspaltung liegt nicht vor, wodurch einerseits das Übergangsmandat des § 321 UmwG nicht zum Tragen kommt,[256] darüber hinaus auch eine Betriebsänderung im Sinne des § 111 S. 2 Nr. 3 BetrVG ausgeschlossen ist.

Die Regelung des § 322 Abs. 2 UmwG stellt lediglich eine gesetzgeberische Klarstellung dar, dass die von der Rechtsprechung für den Gemeinschaftsbetrieb entwickelten Rechtsgrundsätze im Bereich des Kündigungsschutzrechts namentlich bei der Prüfung der Frage einer anderweitigen Beschäftigungsmöglichkeit oder der Sozialauswahl ebenfalls heranzuziehen sind.[257]

Umstritten ist dabei, ob die Vermutungsregelung des § 322 Abs. 1 UmwG sich auch auf den Tatbestand des Kündigungsschutzes nach § 322 Abs. 2 UmwG erstreckt. Von Teilen der Literatur wird die Auffassung vertreten, eine Differenzierung zwischen der kündigungsrechtlichen und betriebsverfassungsrechtlichen Rechtsfigur des „gemeinsamen Betriebes“ sei nicht sachgerecht, so dass auch hier § 322 Abs. 1 UmwG - zumindest analog – anzuwenden sei.[258] Diese Auffassung widerspricht indes dem eindeutigen Wortlaut des § 321 Abs. 1 UmwG, wonach die Vermutungsregelung nur im Bereich des Betriebsverfassungsrechts greifen soll, und darüber hinaus dem vom Gesetzgeber mit der Einführung des § 322 Abs. 2 UmwG verfolgten Zweck der bloßen Klarstellung.[259]

Während also im Falle des § 322 Abs.1 UmwG bei einem Fortbestand der Organisation des gespaltenen Betriebes ein gemeinsamer Betrieb vermutet wird, muss im Falle des § 322 Abs.2 UmwG ein gemeinsamer Betrieb, insbesondere eine Vereinbarung über die gemeinsame Leitung, tatsächlich vorliegen.

V.Zusammenfassung zu Kapitel B

Spaltungen haben erhebliche Konsequenzen für die beteiligten Rechtsträger, und zwar nicht allein in gesellschafts- und steuerrechtlicher, sondern auch und vor allem in arbeitsrechtlicher Hinsicht.

Dabei sind im Gegensatz zu den arbeitsrechtlichen Folgen insbesondere die gesellschafts- und steuerrechtlichen Konsequenzen vielfach angestrebt und teilweise erst Motiv der Umwandlung.[260] Eine Spaltung kann sich auf das einzelne Arbeitsverhältnis als Schuldverhältnis ebenso auswirken wie auf die bestehenden Betriebsvereinbarungen oder kollektivrechtlichen Vereinbarungen.

---

[256] Vgl. insoweit auch schon oben Kap. B IV 3.

[257] Begr. RegE BT-Drucks.12/6699, 174; vgl. Kallmeyer/Willemsen, § 322, Rz.19 ff.

[258] Lutter/Joost, § 322, Rz. 22; Düwell, NZA 1996, 393 (397); i.E. wohl auch Däubler/Trümner, § 1, Rz. 891 f.

[259] So zutreffend Kallmeyer/Willemsen, § 322, Rz. 24; Boecken, Unternehmensumwandlungen, Rz. 290; Mengel, Umwandlungen, S. 314 f.; Wlotzke, DB 1995, 40 (44).

[260] Vgl. hierzu schon oben Kap. B. I.

Unter der Unternehmensspaltung i.S.d. Umwandlungsgesetzes ist ausschließlich die Spaltung von Rechtsträgern zu verstehen - unabhängig, ob hiervon Betriebe oder Betriebsteile betroffen sind. Von einer Unternehmensspaltung ist die Betriebsspaltung somit strikt zu trennen. Die Betriebsspaltung kann Folge einer Unternehmensspaltung sein; denkbar ist jedoch auch, dass sich ein Betrieb spaltet, ohne dass dies mit einer Unternehmensspaltung verbunden ist.[261] Hiervon zu unterscheiden ist wiederum die Betriebsaufspaltung, deren Ziel vorrangig in einer Trennung der Haftungsmassen besteht.

261 Dieser Fall interessiert im Rahmen der hier behandelten Probleme nicht.

C. Auswirkungen der Spaltung auf die Arbeitsverhältnisse

Von wesentlicher Bedeutung sind die Auswirkungen einer Spaltung auf die einzelnen Arbeitsverhältnisse und hierbei neben dem etwaigen Übergang der Arbeitsverhältnisse insbesondere auch die Fragen des Inhalts-, Haftungs- und Bestandsschutzes.

Diese Fragen erscheinen vordergründig überflüssig, da es ja - wie bereits dargestellt[262] - gerade originäre Wirkung des spaltenden Umwandlungsvorganges ist, den neuen Rechtsträger im Wege der (partiellen) Gesamtrechtsnachfolge in sämtliche Rechten und Pflichten des bisherigen Rechtsträgers eintreten zu lassen (§ 131 Abs. 1 UmwG).

Danach wäre davon auszugehen, dass der neue Rechtsträger auch in die bisherigen Arbeitsverhältnisse eintritt, ohne dass dies besondere flankierende gesetzgeberische Maßnahmen erfordert.

Gleichwohl liegt die mit einem derartigen Übergang der Arbeitsverhältnisse verbundene Problematik auf der Hand:

Der Arbeitnehmer sieht sich vielleicht einem Arbeitgeber gegenüber, mit dem er keinen Arbeitsvertrag geschlossen hat (und evtl. gar nicht schließen will). Hinzu tritt eine evtl. Verringerung der Haftungsmasse namentlich in den Fällen der Betriebsaufspaltung.

Auch steht zu besorgen, dass das Unternehmen, in dem der einzelne arbeitet, kleiner ist als das ursprüngliche Unternehmen. Hierdurch ist ein Wegfall bisheriger Rechte denkbar, der bis in den Bereich des Kündigungsschutzes reichen kann. Hinzu treten ggf. andere tarifvertragliche Bindungen des neuen Arbeitgebers, die sich auch individualarbeitsrechtlich auswirken können.[263]

I. Der Übergang von Arbeitsverhältnissen

Die Frage der Auswirkungen von Spaltungen nach dem Umwandlungsgesetz auf die Arbeitsverhältnisse lässt sich nicht beantworten, ohne zuvor das Verhältnis der Vorschriften des Umwandlungsgesetzes zu § 613a BGB zu klären.

Dies gilt um so mehr, als § 613a BGB über seine Rechtsfolgenanordnungen beim Übergang von Arbeitsverhältnissen von fundamentaler Bedeutung ist: Entgegen jeglicher zivilrechtlicher Dogmatik erfolgt ein gesetzlicher Übergang eines Schuldverhältnisses, eine Regelung, die lediglich in § 571 BGB eine vergleichbare Norm findet.[264] Dabei knüpft der Gesetzgeber das Arbeitsverhältnis bei einem „Betriebsübergang durch Rechtsgeschäft" im Rahmen des § 613a BGB an den Betrieb, mit der Folge, dass der neue Betriebsinhaber in die Rechte

---

262 Siehe oben Kap. B III 2.

263 Vgl. Willemsen, NZA 1996, 791 (798).

264 Vgl. MünchArbR/Wank, 1. Aufl., § 120, Rz.1; ErfK/Preis, § 613a BGB, Rz.1 ff.

und Pflichten aus dem bestehenden Arbeitsverhältnis eintritt, obwohl zwischen ihm und dem Arbeitnehmer selbst keine vertraglichen Beziehungen bestehen und oftmals - von beiden Seiten - auch gar nicht begründet werden sollen.[265]

Bezogen auf die bei einem umwandelnden Rechtsträger bestehenden Arbeitsverhältnisse ist somit von besonderem Interesse, ob die umwandlungsrechtliche Universalsukzession die rechtliche Grundlage für die Übertragung auch der Arbeitsverhältnisse darstellt - diese also umwandlungsrechtlich übergehen - oder ob die mit einem Betriebsübergang verbundene Übertragung rechtsgeschäftlich erfolgt, wodurch der Weg für die - unmittelbare - Anwendung des § 613a BGB eröffnet wäre.[266]

Die Vorschrift des § 613a wurde im Zuge der Neuregelung des BetrVG 1972 in das BGB eingefügt und führte erstmals eine gesetzliche Regelung für den Übergang von Arbeitsverhältnissen im Falle von Betriebsübertragungen ein.[267]

Die Norm, die zwischenzeitlich mehrfach geändert wurde,[268] kann - unabhängig von den umwandlungsrechtlichen Streitpunkten - als die wohl am kontroversesten diskutierte, wenn auch häufig in ihrer Bedeutung und ihren Auswirkungen überschätzte, Vorschrift des deutschen Arbeitsrechts angesehen werden.

In der Vergangenheit stand insbesondere der Begriff des „(Teil)-Betriebsübergangs“ im Mittelpunkt der Erörterungen in Literatur[269] und Rechtsprechung[270], nicht zuletzt aufgrund der teils divergierenden und keineswegs klaren Rechtsprechung von BAG und EuGH zu diesem Tatbestandsmerkmal.[271] Während also dieses Tatbestandsmerkmal bereits in der früheren Literatur starke Beachtung gefunden hat, ist das Tatbestandsmerkmal der „Übertragung durch Rechtsgeschäft“ lange Zeit „eher stiefmütterlich‘[272] behandelt worden.

---

265 Vgl. hierzu auch Willemsen, RdA 1993, 133 (134), der als Schutzzweck des § 613a BGB die Sicherstellung des „Gleichlaufs“ zwischen Arbeitsplatz und Arbeitsverhältnis versteht.

266 So auch schon Boecken, Unternehmensumwandlungen, Rz. 53.

267 Vgl. zur Entstehungsgeschichte und Entwicklung des § 613a BGB: Staudinger/Richardi, § 613a BGB, Rz.1 ff.; MünchArbR/Wank, 2. Aufl., § 124, Rz. 2 ff.

268 Einfügung des § 613 a Abs. 1 S. 2-4 und Abs. 4 im Zuge der Umsetzung der EG-Richtlinie 77/187 durch Gesetz v. 13.8.1980 (BGBl I, 1308); Änderung des Abs. 3 durch Art. 2 Umweltbereinigungsgesetz.

269 Vgl. hierzu schon die zusammenfassende Darstellung bei Pietzko, Der Tatbestand des § 613a; Berkowsky, DB 1983, 2683.; Etzel, NJW 1995, 3357; Matthes, FS Gaul, S. 397.; Moll, AnwBl 1991, 282; Schaub, ZIP 1984, 272; Willemsen, RdA 1991, 204.

270 Vgl. die bereits oben in Fn. 200 u. 203 Genannten.

271 Vgl. schon oben Kap. B IV 1.

272 So auch Wank, DB 1997, 1229 (1229).

In der juristischen Literatur[273] und auch der Rechtsprechung[274] wurde das Tatbestandsmerkmal „durch Rechtsgeschäft" in der Vergangenheit weitgehend lediglich als Abgrenzungsmerkmal zur Gesamtrechtsnachfolge verstanden, und nicht näher problematisiert.

Erstmals im Zuge der EG-Richtlinie 77/187 und der damit verbundenen Novellierung des § 613a BGB durch den Gesetzgeber hat ein geringer Teil der Literatur[275] sich näher mit diesem Abgrenzungskriterium auseinandergesetzt, wobei jedoch vor allem die Frage diskutiert wurde, ob es eines „Rechtsgeschäftes" zwischen dem früheren und bisherigen Betriebsinhaber bedürfe oder aber eine rechtsgeschäftliche Beziehung zwischen dem Erwerber und einem Dritten ausreiche.[276] Größere Aufmerksamkeit hat der Begriff der rechtsgeschäftlichen Übertragung in diesem Zusammenhang auch durch die ersten Entscheidungen des EuGH und auch des BAG im Anschluss an die EG-Richtlinie 77/187 erfahren, in denen zunächst der EuGH[277] und im Anschluss auch das BAG[278] das in der Richtlinie enthaltene Tatbestandsmerkmal der „vertraglichen Übertragung" auch im Rahmen des § 613a BGB erheblich ausweiteten.

Im Zuge der Überlegungen zum Umwandlungsgesetz und der beabsichtigten Änderung des § 613a BGB begann dann eine weitere intensive dogmatische Auseinandersetzung auch in der Literatur über das Verständnis des Begriffs „durch Rechtsgeschäft" im Sinne einer Abgrenzung zur Gesamtrechtsnachfolge.[279]

1. Die Geltung des § 613a BGB in Spaltungsfällen

Es fragt sich danach, ob § 613a BGB in Fällen gesellschaftsrechtlicher Sonderrechtsnachfolgen überhaupt anwendbar ist.

Dies ist - wie Däubler[280] zu Recht ausführt und die nachfolgenden Ausführungen zeigen werden - nicht lediglich ein „rechtsdogmatisches Glasperlenspiel". Vielmehr wären bei einem Übergang der Arbeitsverhältnisse nach § 613 a BGB

---

[273] So wohl auch noch MünchArbR/Wank, 1. Aufl., § 120, Rz. 67; Borngräber, Betriebsübergang, S. 42ff.; Fischer, Betriebsübergang, S. 42ff.; Seiter, Betriebsinhaberwechsel, S. 41; sowie die in Fn 269 Genannten.

[274] Vgl. oben Fn. 270.

[275] Vgl. Hanau, FS für Gaul, S. 287 (302).

[276] Vgl. hierzu schon Kap. B. I. 2. a. bb.

[277] EuGH v. 17.12.1987, EuGHE 1987, 5465 „Ny Mølle Kro"; EuGH v. 10.2.1988, EuGHE 1988, 739 „Daddys Dance Hall"; EuGH v. 5.5.1988, EuGHE 1988, 2259 „Berg und Busschers"; EuGH, NZA 1997, 433 „Ayse Süzen"; vgl. hierzu auch Buchner, NZA 1997, 408; ders., GmbHR 1997, 433; Heinze, DB 1997, 677; Preis, ZIP 1995, 891.

[278] BAG, DB 1997, 1920 in Abkehr von der früheren Rechtsprechung.

[279] Grundlegend bereits vorher Pietzko, Der Tatbestand des § 613 a; vgl. auch Karsten Schmidt, AcP 191 (1991); Quander, Betriebsinhaberwechsel; Raiser, AcP 194(1994), 495; Stuber, Gesamtrechtsnachfolgen; Willemsen, RdA 1993, 133 (134).

[280] Däubler, RdA 1995, 136 (139).

- vorbehaltlich etwaiger umwandlungsgesetzlicher Sonderregelungen - auch die hiermit verbundenen Inhalts-, Haftungs- und Bestandsschutzbestimmungen direkt anwendbar, wohingegen bei einem umwandlungsrechtlichen Übergang allenfalls eine entsprechende Anwendung des § 613a BGB in Betracht käme.

Daneben würde aus einer spaltungsrechtlichen Übertragung (§ 131 Abs. 1 Nr. 1 Satz 1 UmwG) folgen, dass auch die Arbeitsverhältnisse der in § 126 Abs. 1 Nr. 9 UmwG niedergelegten rechtsgeschäftlichen Zuordnungs- und Übertragungsfreiheit unterfallen, da auch diese den im Spaltungsvertrag bzw. -plan zu bezeichnenden Vermögensgegenständen zuzuordnen wären.[281] Die hieraus resultierende Dispositionsfreiheit würde dazu führen, dass die Arbeitsverhältnisse auch losgelöst von der Übertragung eines Betriebs oder Betriebsteils entweder nicht oder auf einen anderen als den aufnehmenden Rechtsträger übertragen werden könnten, wohingegen im Rahmen des § 613a BGB mit dem Übergang eines Betriebs oder Betriebsteils kraft gesetzlicher Anordnung zwingend der Übergang der zugehörigen Arbeitsverhältnisse verbunden ist.[282]

Im Rahmen der tatbestandlichen Voraussetzungen des § 613a Abs. 1 S. 1 BGB bereitet dabei besonders die Voraussetzung des „Betriebsübergangs durch Rechtsgeschäft“ Abgrenzungsschwierigkeiten.

a. Der Begriff des „(Teil)-Betriebsübergangs“

Wie bereits oben[283] dargestellt, wurde von der früheren Rechtsprechung des BAG der Betriebsübergang im Rahmen des § 613a BGB lange Zeit an die „Übernahme der sächlichen und immateriellen Betriebsmittel dergestalt, dass dem Erwerber die Fortführung des Betriebs bzw. Betriebsteils möglich ist,“ geknüpft. Zwischenzeitlich stellt auch das BAG aufgrund der - zutreffenden - Vorgaben durch den EuGH wesentlich darauf ab, ob eine wirtschaftliche Einheit vorhanden ist, die trotz des Inhaberwechsels ihre Identität bewahrt hat. Hierbei wird auf der Grundlage der europarechtlichen Vorgaben der Substratgedanke weiterhin im Vordergrund stehen.

In den umwandlungsrechtlichen Spaltungsfällen, in denen Arbeitsverhältnisse betroffen sind, wird das Kriterium eines Betriebsüberganges regelmäßig zu bejahen sein, da in der Regel funktionsfähige Einheiten bzw. eine Zuordnung ermöglichende materielle und immaterielle Betriebsmittel den übernehmenden Rechtsträgern zugeordnet werden.[284]

---

281 Boecken, Unternehmensumwandlungen, Rz. 55.

282 Ders., a.a.O.

283 Kap. B. IV. 1. b.

284 Die in Literatur und Rechtsprechung umstrittene Frage, ob darüber hinaus eine Fortführungsabsicht beim Erwerber erforderlich ist, hat im Rahmen der hier behandelten Probleme keine Bedeutung, so dass hierauf nicht näher eingegangen werden soll. Gleiches gilt für das Problem der Betriebsunterbrechung und des mittelbaren Betriebsübergangs.

b. Das Tatbestandsmerkmal des Betriebsübergangs „durch Rechtsgeschäft"

Ausgangspunkt für die kritischen Überlegungen,[285] ob § 613a BGB bei gesellschaftsrechtlichen Umstrukturierungen im allgemeinen bzw. einer Spaltung nach dem Umwandlungsgesetz im besonderen überhaupt Anwendung finden kann, ist somit nicht das Tatbestandsmerkmal des Betriebsüberganges, sondern der Wortlaut des § 613a BGB, in dem von einer Übertragung „durch Rechtsgeschäft" ausgegangen wird.

Demgegenüber bewirkt der mit einem Betriebsübergang verbundene sogenannte übertragende Umwandlungsvorgang bei der Spaltung seiner gesetzlichen Ausgestaltung nach - wie oben[286] dargestellt - eine lediglich „auf rechtsgeschäftlicher Grundlage" beruhende Vermögensübertragung auf bestehende oder neugegründete Rechtsträger im Wege der (partiellen) Gesamtrechts- bzw. Sonderrechtsnachfolge, die erst durch die Eintragung im Handelsregister wirksam wird.[287]

Geht man mit der oben[288] vertretenen Auffassung davon aus, dass der Übertragungsakt bei einer Spaltung nach dem Umwandlungsgesetz im Wege der (partiellen) Gesamtrechtsnachfolge erfolgt, so könnte wegen des Wortlauts des § 613a BGB der Übertragung „durch Rechtsgeschäft" die Anwendbarkeit der Vorschrift bereits fraglich sein, da die Wirkung der Umwandlung erst durch die Eintragung, also kraft Hoheitsaktes erfolgt.[289]

aa. Die Auffassungen vor Inkrafttreten des Umwandlungsgesetzes

Bereits vor Inkrafttreten des Umwandlungsgesetzes war die Auslegung der Tatbestandsvoraussetzung des „Betriebsüberganges durch Rechtsgeschäft" - namentlich in den Fällen der gesellschaftsrechtlichen Umstrukturierungen - umstritten.[290]

(1) Früher herrschende Literaturauffassung

In der Literatur wurde lange Zeit die Auffassung vertreten, § 613 a BGB sei auf die Fälle der gesellschaftsrechtlichen Universalsukzession nicht anwendbar.[291] Dogmatischer Ausgangspunkt für diese Überlegung war die These, wonach sich ein Betriebsübergang nur auf zwei Arten, nämlich durch den Übergang durch

---

285 Vgl. Mengel, Umwandlungen, S. 54 ff.

286 Kap. B. III. 2. a.

287 Vgl. auch ErfK/Preis, § 324 UmwG, Rz.1.

288 Kap. B III 2 a.

289 Vgl. ErfK/Preis, § 324 UmwG, Rz.1.

290 Vgl. nur die zusammenfassende Darstellung bei Mengel, Umwandlungen, S. 54 ff.

291 Staudinger/Richardi, § 613a, Rz. 192; MünchKomm/Schaub, § 613a, Rz.25; Schaub, § 118; MünchArbR/Wank, 1. Aufl., § 120 Rz. 68; Gaul, BB 1979, 1666 (1669); Quander, Betriebsinhaberwechsel, S. 172; Willemsen, ZIP 1986, 477 (486); Wlotzke, RdA 1994, 73 (80 f.) jew. m.w.N.; unklar Palandt/Putzo, § 613a, Rz.13.

Rechtsgeschäft einerseits und im Wege der gesetzlichen Gesamtrechtsnachfolge andererseits vollziehen könne.[292]

Der Gesetzgeber habe mit der Einführung des § 613a BGB nur eine Schutzlücke schließen wollen, die dort bestanden habe, wo der Übergang der Arbeitsverhältnisse zusammen mit dem Betrieb nicht gewährleistet sei, also im Bereich der rechtsgeschäftlichen Übertragung. Fälle der Gesamtrechtsnachfolge bedürften nicht des Schutzes durch § 613 a BGB, da in diesen Fällen der Übergang der Arbeitsverhältnisse bereits mit dem Betriebsinhaberwechsel unmittelbar erfolge.[293]

Die Befürworter dieser Auffassung beriefen sich insbesondere auf die Materialien[294] zur Einfügung des § 613a BGB und gingen davon aus, dass der Gesetzgeber hierin klar zum Ausdruck gebracht habe, dass über den Ausschluss des § 613a Abs. 2 BGB mittelbar auch der Abs.1 nicht anwendbar sei, und dass der Gesetzgeber lediglich Missverständnissen habe vorbeugen wollen.[295] Demzufolge lehnte die frühere Literatur die Anwendung des § 613a BGB in den Fällen der gesellschaftsrechtlichen Universalsukzession - namentlich der Verschmelzung - generell ab.[296]

Auch nach Inkrafttreten der Betriebsübergangsrichtlinie und der damit verbundenen Änderung des § 613a BGB blieb ein Teil der Vertreter der Ansicht, dass § 613a BGB in Umwandlungsfällen unanwendbar sei, bei ihrer Auffassung, da durch die Gesamtrechtsnachfolge derselbe Bestandsschutz wie durch § 613a BGB erreicht werde.[297] Lediglich eine Mindermeinung erachtete eine Teilanalogie des § 613a Abs. 1 S. 2-4 BGB aufgrund der europarechtlichen Vorgaben für geboten.[298]

(2) Andere Auffassungen

Im Zusammenhang mit der Einführung der Betriebsübergangsrichtlinie erhoben sich in der Literatur erstmals jedoch auch einzelne Stimmen, die für eine andere Abgrenzung des Tatbestandsmerkmals „durch Rechtsgeschäft“ in § 613a BGB

---

292 So grundlegend Seiter, Betriebsinhaberwechsel; Quander, Betriebsinhaberwechsel, S. 172; vgl. auch Mengel, Umwandlungen, S. 58 m.w.N.

293 MünchArbR/Wank, 1. Aufl., § 120, Rz.68; Staudinger/Richardi, § 613a, Rz.81 jew. m.w.N.; vgl. auch Mengel, Umwandlungen, S. 59.

294 BT-Drucks. 6/1786, 59, in der es heißt: „ (...) In Fällen der Universalsukzession - Umwandlung und Verschmelzung von Gesellschaften - ist eine derartige Regelung nicht erforderlich. Damit in diesen Fällen, in denen der bisherige Betriebsinhaber durch die Verschmelzung oder Umwandlung erlischt, die Vorschrift des Abs.2 Satz 1 über die Haftung des bisherigen Betriebsinhabers nicht zu Mißverständnissen führt, werden die Fälle der Verschmelzung und der Umwandlung in Abs. 2 Satz 2 ausdrücklich von dieser Regelung ausgenommen.(...)“.

295 So Seiter, Betriebsinhaberwechsel, S. 41.

296 Vgl. die unter Fn 291 Genannten.

297 So wohl Oetker/Busche, NZA 1991, Beilage 1, 18 (20).

298 So offensichtlich - allerdings inkonsequent – Seiter, Betriebsinhaberwechsel, S. 42; ebenso wohl Stuber, Gesamtrechtsnachfolgen, S. 167.

und für die direkte[299] bzw. analoge[300] Anwendbarkeit des § 613a BGB auch in den Fällen der - gesellschaftsrechtlichen - Gesamtrechtsnachfolge plädierten.[301]

Während ein Teil der Literatur an der „gesetzlich vorgegebenen" Unterscheidung von Singular- und Universalsukzession im Rahmen der tatbestandlichen Voraussetzungen des § 613a Abs. 1 S. 1 BGB festhielt, und lediglich eine analoge Anwendung - sei es aufgrund der gleichartigen Interessenlage bei Universal- und Singularsukzession[302] oder aber aufgrund europarechtskonformer Auslegung[303] - für geboten hielt, wählte ein anderer Teil der Literatur[304] einen neuen dogmatischen Ansatz:

Im Rahmen dieser Auffassung wird darauf abgestellt, dass sich der Begriff des Rechtsgeschäfts und die (gesellschaftsrechtliche) Gesamtrechtsnachfolge keineswegs - wie von den Vertretern der anderen Auffassungen behauptet - gegenseitig ausschließen.[305]

Vielmehr sei die Gegenmeinung zu sehr an dem klassischen Fall der Universalsukzession, der Erbfolge nach § 1922 BGB, orientiert und gehe allein aus diesem Grunde davon aus, dass die Gesamtrechtsnachfolge stets zwingend, gesetzlich und ungeteilt erfolgen müsse.[306]

Bereits dem Wortlaut des § 613a BGB lasse sich nichts entnehmen, was für eine Ausklammerung von Betriebs- oder Betriebsteilübergängen im Wege gesellschaftsrechtlicher Universalsukzession spreche.[307]

Dies folge zunächst daraus, dass sämtliche gesellschaftsrechtlichen Übertragungen „durch Rechtsgeschäft" erfolgen. Hieran ändere auch nichts, dass in diesen Fällen der dingliche Betriebsübergang nicht rechtsgeschäftlich erfolge, da es auf eine diesbezügliche Einzelrechtsübertragung nicht ankomme.[308] Dies zeige sich bereits daran, dass die Vertreter der anderen Auffassung auch eine Verpachtung als Übergang im Sinne des § 613a BGB ansehen, obwohl hier ein dinglicher Rechtsübergang im Wege der Einzelsukzession überhaupt nicht erfolge.

---

299 Pietzko, Der Tatbestand des § 613a, S. 132; Schmidt, AcP 191 (1991), 495 (495 ff.); Mertens, Umwandlungen, S. 64.

300 Quander, Betriebsinhaberwechsel, S. 15, 23; von Alvensleben, Betriebsübergang, S. 279f.

301 Noch weitergehend Hanau/Vossen, FS für Hilger/Stumpf, S. 271, die die umfassende analoge Anwendung des § 613a BGB in allen Fällen der Gesamtrechtsnachfolge für geboten ansehen; ebenso Hanau, ZGR 1990, 548 ff.; Hennrichs, Formwechsel, S. 53.

302 Hanau/Vossen, FS für Hilger/Stumpf, a.a.O.

303 von Alvensleben, Betriebsübergang, S. 279f; vgl. auch Debong, Betriebsübergang, S. 48f. sowie Kempen, BB 1991, 2006(2011).

304 Karsten Schmidt, AcP 191 (1991), 494 (515); Pietzko, Der Tatbestand des § 613a, S. 119ff; unklar Großfeld/Jasper, RabelsZ 53(1989), 52(59).

305 Pietzko, Der Tatbestand des § 613a, S. 128 f.

306 Karsten Schmidt, a.a.O., 494 (498).

307 Pietzko, Der Tatbestand des § 613a, a.a.O.

308 Vgl. Boecken, Unternehmensumwandlungen, Rz. 58.

(3) Die Rechtsprechung

Das BAG hatte sich in seinen zu § 613a BGB ergangenen Entscheidungen der früher herrschenden Auffassung weitgehend angeschlossen.[309] Auch nach Auffassung des BAG war - ohne nähere dogmatische Begründung - § 613a BGB bei Universalsukzessionen nicht anwendbar, da die Norm wegen des Tatbestandsmerkmals „durch Rechtsgeschäft" dahin zu verstehen sei, dass sie jedenfalls auf den im Wege der Universalsukzession - erbrechtlich oder gesellschaftsrechtlich - stattfindenden Betriebsübergang keine Anwendung finde.[310] Mit der Bestimmung des § 613a BGB würden vielmehr ausschließlich alle Fälle eines Betriebsübergangs außerhalb der Gesamtrechtsnachfolge erfasst.[311]

Interessant ist allerdings, dass keiner der vorgenannten Entscheidungen des BAG ein Fall der gesellschaftsrechtlichen Universalsukzession zugrunde lag.

Es fällt vielmehr auf, dass das BAG in dem - soweit erkennbar - ersten Fall, der eine gesellschaftsrechtliche Umwandlung betraf, nämlich die Verschmelzung zweier Genossenschaften, in einer Entscheidung aus dem Jahr 1974 zu dem Ergebnis gelangte, dass eine Verschmelzung nach § 93 GenG zu einem Betriebsübergang führe, dessen „Rechtsfolgen" nach § 613 a BGB zu beurteilen seien.[312]

Das BAG lässt in seiner Entscheidung also offen, ob es eine unmittelbare oder lediglich analoge Anwendung des § 613a BGB als geboten ansieht, gleichwohl kommt das BAG zumindest in diesem Fall zu einer Anwendbarkeit des § 613a BGB auch in Fällen der gesellschaftsrechtlichen Gesamtrechtsnachfolge.[313]

Demgegenüber weicht das BAG in den bereits aufgezeigten – zeitlich späteren - Entscheidungen, die inhaltlich die Anwendbarkeit des § 613a BGB auf Fälle der Singularsukzession betreffen, von der vorgenannten Auffassung insoweit ab, als es hier ausdrücklich die Unterscheidung zwischen der von § 613a BGB erfassten Einzelrechtsnachfolge (durch Rechtsgeschäft) und der von § 613a BGB nicht erfassten (gesetzlichen) Gesamtrechtsnachfolge hervorhebt.[314]

In einer weiteren Entscheidung aus dem Jahr 1993 schließlich[315] plädiert das BAG für eine analoge Anwendung des § 613 a BGB namentlich in den Fällen der Verschmelzung, und zwar erstmals mit der Begründung, die Interessenlage bei einer gesetzlichen Gesamtrechtsnachfolge durch Verschmelzung sei dieselbe wie bei einer rechtsgeschäftlichen Betriebsübernahme.[316] Im übrigen sei die analoge Anwendung des § 613a BGB bereits aufgrund der Gleichstellung der

---

309 BAG AP Nr. 24, 36 und 44 zu § 613a BGB.

310 BAG a.a.O.

311 BAG a.a.O.; BAG, DB 1985, 2411 ff.

312 BAG AP Nr. 2 zu § 3 TVG.

313 BAG a.a.O.

314 Fn. 307

315 BAG AP Nr.42 zu § 1 BetrAVG.

316 BAG a.a.O.

Verschmelzung mit der vertraglichen Übernahme durch die Richtlinie geboten.[317]

Die Rechtsprechung des BAG kann insoweit nur als uneinheitlich und wenig hilfreich bei der Problemlösung angesehen werden. Es zeigt sich, dass die jeweiligen Entscheidungen des BAG lediglich ergebnisorientiert und ohne überzeugende dogmatische Begründung getroffen wurden.

bb. Neuere Auffassungen und Stellungnahme

Die früher von der herrschenden Meinung hinsichtlich des Tatbestandsmerkmals „durch Rechtsgeschäft" vorgenommene Abgrenzung, nämlich die Unterscheidung zwischen der Einzelrechtsnachfolge als alleinigem Anwendungsbereich des § 613a BGB und der Gesamtrechtsnachfolge mit der Folge des Ausschlusses des § 613a BGB ist in den Umwandlungsfällen zu unbestimmt, führt nicht zu einem befriedigenden Ergebnis und ist somit unbrauchbar.[318]

In ihren Stellungnahmen zum Gesetz über die Spaltung der von der Treuhandanstalt verwalteten Unternehmen befürwortete die herrschende Meinung - wenn auch mit uneinheitlichen, dogmatisch wenig untermauerten Begründungen - die direkte Anwendbarkeit des § 613a BGB auf Spaltungsvorgänge.[319]

Mit Inkrafttreten des Umwandlungsgesetzes ist der Streit um die generelle Anwendbarkeit des § 613a BGB auf Betriebsübergänge im Rahmen gesellschaftsrechtlicher Umstrukturierungen - auf der Grundlage des Umwandlungsgesetzes - fast gänzlich verstummt.[320]

(1) Die Aussage des Gesetzgebers

Die Begründung des Regierungsentwurfs[321] führt dabei allerdings nicht zu einem dogmatisch befriedigenden Ergebnis, da der Gesetzgeber im Rahmen der Beschlussfassung zum Umwandlungsgesetz offensichtlich - wie selbstverständlich - davon ausging, dass in Spaltungsfällen, die mit einem Betriebsüber-

---

317 BAG a.a.O.

318 So schon zu Recht Pietzko, Der Tatbestand des § 613a, S. 126 f., der die Negativabgrenzung insbesondere wegen der damit nicht erreichbaren sachgerechten Konkretisierung des tatbestandlichen Anwendungsbereichs des § 613a BGB ablehnt.

319 Vgl. Carl, AuA 1993, 293 (295); Gaul, 20; Ising/Thiel, DB 1991, 2082 (2082); Marsch-Barner, DZWiR 1991, 89 (94); Mayer, DB 1991, 1609 (1612); Mertens, Umwandlung und Universalsukzession, S. 167 f.; Hanau/Preis, S. 20; Karsten Schmidt, AcP 1991, 495 (517); Schwedhelm, Unternehmensumwandlung, Rz. 634; Steffan, Arbeitsrecht, S. 76f.; Weimar/Alfes, NZA 1991, 833 (833); dies., BB 1991, Beil. 9, 16 (20 und 24); Wlotzke, RdA 1994, 73 (81).

320 Teilweise wurde eine diesbezügliche Klarstellung im Rahmen des Gesetzes sogar bereits als „überflüssig" angesehen, vgl. insoweit nur Arbeitskreis Umwandlungsrecht, ZGR 1993, 321(332).

321 Begr RegE, BT-Drucks. 12/6699, 118.

gang verbunden sind, § 613 a BGB unmittelbar anwendbar sei, ohne diese Auffassung jedoch näher darzulegen.

Zwar verweist die Begründung zum Regierungsentwurf auf § 126 Abs. 1 Nr. 2 UmwG, aus dem sich ergebe, dass auch die Spaltung „Rechtsgeschäft" im Sinne dieser Vorschrift sei.[322]

Dies vermag dogmatisch jedoch nicht zu überzeugen, da hierdurch nicht der Widerspruch zum Wortlaut des § 324 UmwG, wonach § 613a BGB durch die (erst durch Eintragung eintretende und damit gesetzliche) „Wirkung einer Verschmelzung, Spaltung oder Vermögensübertragung" *unberührt* bleibt, erklärt werden kann.

(2) Literaturauffassungen

Die nahezu einhellige Auffassung in der Literatur[323] hält § 613a BGB - mit unterschiedlicher Begründung - auch in Umwandlungsfällen generell - wenn auch z.T. eingeschränkt [324]- für anwendbar:

(a) § 324 UmwG als Schlüsselnorm ?

Dabei wird zunächst § 324 BGB - von verschiedenen Seiten - zur Unterstützung der jeweiligen Auffassung herangezogen:

Ein Teil der Literatur spricht § 324 UmwG, nach dem § 613a Abs. 1 und 4 BGB durch die Wirkungen einer Verschmelzung, Spaltung oder Vermögensübertragung „unberührt" bleiben sollen, eine lediglich klarstellende Funktion hinsichtlich der Geltung des § 613a BGB zu[325], und stellt dabei einerseits auf den Wortlaut des § 324 UmwG („bleibt unberührt") ab, zieht zur weiteren argumentativen Unterstützung jedoch auch die gesetzgeberischen Materialien heran.

---

322 Vgl. Begr. RegE, BT-Drucks. 12/6699, 78, 118 und 121.

323 Arens/Spieker, Rz.206ff.; Bauer/Lingemann, NZA 1994, 1057 (1061); Boecken, Unternehmensumwandlungen, Rz.62; ders., ZIP 1994, 1087 (1091); Boewer, Brennpunkte des Arbeitsrechts, 91 (92); Brinkmann, Spaltung, S. 75; Däubler, RdA 1995, 136 (139); Düwell, NZA 1996, 393 (396); ErfK/Preis, § 613a BGB, Rz.58, 164, § 324 UmwG, Rz.3; Gaul, NZA 1995, 717 (720); GK-KR/Pfeiffer, § 613a, Rz. 38; Hartmann, ZfA 1997, 24; Hill, BetrAV 1995, 114(115); Joost, ZIP 1995, 976 (980); Kallmeyer, ZIP 1995, 550 (551); Kallmeyer/Willemsen, § 324, Rz.2; Lutter/Joost, § 324, Rz. 1; Langohr-Plato, MDR 1996, 325(328); Mengel, Umwandlungen, S. 101; Neye/Frenz/Limmer, Rz.153; Palandt/Putzo, § 613a, Rz.3; Wlotzke, DB 1995, 40 (42); Kreßel, BB 1995, 925 (925 ff.); Geck, DStR 1995, 416 (420); unklar Berscheid, FS für Stahlhacke, S. 15 (27 und 39 f.); a.A. noch Bachner, NJW 1995, 2881ff.; ders., AuA 1996, 217(219); Düwell, ArbuR 1994, 357 (357 ff.).

324 So wohl Berscheid, FS für Stahlhacke, a.a.O.; ders., Wprax 1994, 4(6); Düwell, NZA 1996, a.a.O.; Trittin, AiB 1996, 349(359); i.E. wohl auch GK-KR/Pfeiffer, a.a.O.

325 Böckel, Instrumente der Einpassung, S. 108; Boecken, ZIP 1994, 1087 (1089f.); Dehmer, § 324 UmwG, Rz. 51; Hartmann, ZfA 1997, 21 (24); Hennrichs, ZIP 1995, 794 (799); Masing, Altersversorgung, S. 76 f.

Daneben findet sich die Auffassung, § 324 UmwG habe in diesem Zusammenhang eine konstitutive Wirkung im Hinblick auf (die Rechtsfolgen des) § 613a BGB. [326]

Auch eine Auffangfunktion wird § 613a BGB zugeschrieben.[327] Zum Übergang der Arbeitsverhältnisse bedürfe es auch in den Fällen des Betriebsübergangs nicht der Anwendung des § 613a BGB, da dieser bereits durch die Universalsukzession eintrete. Die Zuordnung werde nach § 126 Abs. 1 Nr. 9 UmwG getroffen. Die Vorschrift des § 613a BGB diene jedoch der zusätzlichen Sicherung des Arbeitnehmers.

Ein Teil der Literatur[328] lehnt eine Begründung der Anwendbarkeit des § 613a BGB über § 324 UmwG schließlich gänzlich ab.

Die Vorschrift des § 324 UmwG zielt - betrachtet man den Wortlaut - offensichtlich auf die Anwendung des § 613a BGB ab. In der Literaturwird die Vorschrift vielfach mit dem Argument begründet, sie solle - auf der Basis der bisherigen Rechtsprechung und Literatur - die unmittelbare Anwendung der (partiellen Rechtsfolgen) der Norm klarstellen.[329] Für die vom Gesetzgeber beabsichtigte Anwendung des § 613a BGB sprechen in diesem Zusammenhang auch sämtliche Gesetze der Logik (und auch die gesetzgeberischen Motive), so dass eine abweichende Auslegung offensichtlich unzutreffend wäre.[330] Dies bedeutet im Umkehrschluss jedoch nicht, dass der Gesetzgeber § 613a BGB als Rechtsgrund für die mit Betriebsübergängen verbundenen Umwandlungen ansieht, vielmehr könnte es sich auch um eine bloße Rechtsfolgenverweisung handeln.[331]

Vom Wortlaut des § 324 UmwG nicht gedeckt ist eine konstitutive Wirkung im Hinblick auf den Tatbestand oder die Rechtsfolgen des § 613a BGB.[332] Eine

---

[326] So Däubler, RdA 1995, 136 (141); der von der konstitutiven Begründung der Rechtsfolgen des § 613a Abs. 1 und 4 BGB bei Umwandlungen mit Arbeitgeberwechsel spricht; ebenso Spirolke, Betriebsübergang, S. 35f.

[327] Kreßel, DB 1995, 925 (928); i.E. auch Bachner NJW 1995, 2881 (2882).

[328] Vgl. Baumann, DStR 1995, 888 (889); Bauer/Lingemann, NZA 1994, 1057 (1061); Düwell, NZA 1996, 393 (396); Herbst, AiB 1995, 5 (5 ff.); Wlotzke, DB 1995, 40 (42), die aufgrund des unklaren Wortlauts des § 324 UmwG die Anwendbarkeit des § 613a Abs. 1 und 4 BGB nicht begründet sehen. Dabei werfen sie dem Gesetzgeber vor, eine klare Entscheidung gescheut zu haben.

[329] Vgl. Mengel, Umwandlungen, S. 80 f.

[330] So zutreffend Mengel, Umwandlungen, S. 80.

[331] Anders allerdings (zu weitgehend) Mengel, Umwandlungen, S. 81 ff., unter Hinweis auf die Gesetzesänderung des § 613a Abs. 3 BGB, die jedoch verkennt, dass die Änderung ja gerade im Zusammenhang mit der Einführung des § 324 UmwG erfolgte, so dass § 324 UmwG sehr wohl auch als (eingeschränkte) Rechtsfolgenverweisung verstanden werden kann.

[332] Vgl. die Literaturhinweise in Fn. 326.

Vorschrift, die „unberührt“ bleiben soll, kann gerade nicht konstitutive Geltung erlangen.[333]

(b) Argument der europarechtskonformen Auslegung

Die Vertreter, die - insbesondere auf der Grundlage einer europarechtskonformen Auslegung des § 613a BGB - bereits vor der Einführung des Umwandlungsgesetzes die Abgrenzung zwischen Singular- und Universalsukzession vermieden haben, sehen sich insbesondere durch die im Zuge der Verabschiedung des Umwandlungsgesetzes vorgenommene Neuregelung des § 613a Abs. 3 BGB bestätigt. Dieser Bestimmung könne ein sinnvoller Regelungsgehalt nur beigemessen werden, wenn grundsätzlich von der Anwendbarkeit des § 613a BGB auf die gesellschaftsrechtliche Universalsukzession auszugehen sei.[334]

Die im Zuge der Einführung des Umwandlungsgesetzes vorgenommene Änderung des § 613a Abs. 3 BGB, wonach die in Abs.2 normierte Forthaftung des Arbeitgebers nicht gelten soll, wenn eine juristische Person „durch Umwandlung“ erlischt, spricht ebenfalls für die Einbeziehung der Spaltungsvorgänge in den Anwendungsbereich des § 613a BGB im Sinne eines Rechtsgrundes für den Übergang der Arbeitsverhältnisse.

Das auch in diesem Zusammenhang angeführte Gegenargument, § 613a Abs.3 BGB diene lediglich der Klarstellung der Unanwendbarkeit des § 613a BGB in Umwandlungsfällen,[335] entbehrt hingegen jeglicher Grundlage.

Doch auch der Teil der Literatur, der dieser Änderung einen „sinnvollen, wenn auch wegen des mit den genannten rechtsgeschäftlichen Vorgängen verbundenen Rechtsträgeruntergangs selbstverständlichen Regelungsgehalt“ nur beimessen will, wenn grundsätzlich von der Anwendbarkeit des § 613a BGB auf gesellschaftsrechtliche Universalsukzessionen auszugehen ist,[336] hat noch keine dogmatische Begründung gefunden, weshalb § 613a BGB in den Umwandlungsfällen generell anwendbar sein sollte.

(c) Teilanalogie

Berscheid schließlich vertritt die Auffassung, § 613a BGB finde über § 324 UmwG lediglich insoweit in richtlinienkonformer Auslegung Anwendung, als die Regelungen des Umwandlungsgesetzes und des BGB die Betriebsübergangs- und die Spaltungsrichtlinie nicht voll in nationales Recht umgesetzt hätten. Für

---

333 unklar Mengel, Umwandlungen, S. 80.

334 Vgl. nur Boecken, Unternehmensumwandlungen, Rz. 59 ff. m.w.N.; Kallmeyer, ZIP 1994, 1746 (1757); Däubler, RdA 1995, 136 (139); a.A. offensichtlich jedoch Stuber, Gesamtrechtsnachfolgen, S. 63, der de lege ferenda allenfalls eine Teilanalogie für möglich hielt.

335 Vgl. Seiter, Betriebsinhaberwechsel, S. 41.

336 So schon Boecken, ZIP 1994, 1087 (1089).

die übrigen Fälle sei § 613a BGB zur Lückenschließung und zur Vermeidung von Wertungswidersprüchen entsprechend anzuwenden.[337]

Auch die Auffassung von Berscheid vermag jedoch - abgesehen von der mangelnden Praktikabilität und der damit verbundenen Rechtsunsicherheit des Lösungsweges - nicht zu befriedigen. Berscheid geht im Rahmen seiner Überlegungen mit keinem Wort auf die gesetzgeberischen Motive zur Einfügung des § 324 UmwG und die Änderung des § 613a BGB ein, sondern stützt seine Auffassung lediglich auf das seiner Auffassung nach unbefriedigende Ergebnis.[338] Alleiniges Ziel von Berscheid ist es offensichtlich, die Auswirkungen einer Norm, die er „generell für verfehlt" hält, möglichst einzudämmen.

(3) Rechtsprechung

Bislang ist - soweit erkennbar - erst eine Entscheidung des BAG zu einer Frage im Hinblick auf die rechtliche Einordnung des § 613a BGB im Rahmen einer Umwandlung nach dem Umwandlungsgesetz ergangen.[339]

Der 4. Senat des BAG hatte sich in dieser Entscheidung mit der Fortgeltung eines Firmentarifvertrages bei einer Verschmelzung auseinander zusetzen. Das BAG spricht in diesem Zusammenhang hinsichtlich der Fortgeltung eines Firmentarifvertrages in Übereinstimmung mit der absolut herrschenden Lehre[340] von dem diesbezüglichen „Auffangcharakter" des § 613a BGB, was an sich nichts Außergewöhnliches darstellt. Allerdings erfolgt dieser Hinweis unter ausdrücklichem Verweis auf die Auffassung von Bachner[341] und unter expliziter Berufung auf den Fall, „dass die Rechtsverhältnisse nicht ohnehin im Wege der Universalsukzession auf den neuen Rechtsträger oder den aufnehmenden Rechtsträger übergegangen sind.'[342] Das BAG scheint danach - jedenfalls auf den ersten Blick - an der herkömmlichen Unterscheidung zwischen Universal- und Singularzession im Rahmen des § 613a BGB festhalten zu wollen, und § 613a BGB auf die gesellschaftsrechtlichen Gesamtrechtsnachfolgen nach dem Umwandlungsgesetz nur über die konstitutive Wirkung des § 324 UmwG anwenden zu wollen.[343]

Die Rechtsprechung trägt somit nicht zur Problemlösung bei. Im Gegenteil zeigen die bisherigen Entscheidungen des BAG einmal mehr die Unwägbarkeiten der deutschen Arbeitsrechtsprechung auf: Eine Gesetzesanwendung bzw. überzeugende dogmatische Auseinandersetzung mit dem Gesetz wird vermieden, stattdessen werden Gesetzeslücken auf der Basis von Vermutungen „kon-

---

337 Berscheid, FS für Stahlhacke, S. 15 (27 f.).

338 ders. a.a.O., 15 (34 f.).

339 BAG AP Nr.1 zu § 20 UmwG.

340 Vgl. insoweit nur ErfK/Preis, § 613a BGB, Rz. 58 m.w.N.

341 Bachner, NJW 1995, 2881 (2882).

342 BAG a.a.O.

343 Dies liegt zumindest durch den Verweis auf die Auffassung von Bachner nahe.

struiert" und eine an Billigkeitserwägungen orientierte Ersatzgesetzgebung geschaffen.[344]

cc. Eigene Lösung

Die Darstellung der neueren Auffassungen hat gezeigt, dass im Hinblick auf die unmittelbare Anwendung des § 613a BGB in der Literatur und in der Rechtsprechung - abgesehen von wenigen Ausnahmen, die eine nur mittelbare Anwendung befürworten - Einigkeit herrscht. Von Einigkeit kann allerdings nicht im Hinblick auf die Begründung dieser unmittelbaren Anwendung gesprochen werden. In der Regel werden im Rahmen der verschiedenen Auffassungen nur Einzelkriterien beleuchtet. Im Anschluss folgt daher der Versuch einer systematischen Zusammenfassung der Einzelaspekte im Wege einer umfassenden Betrachtung unter Zuhilfenahme der generellen Auslegungsmethoden.[345]

(1) Wörtliche Auslegung

Der Übergang der Arbeitsverhältnisse erfolgt nach dem Wortlaut des § 613a Abs.1 S.1 BGB, wenn ein Betrieb oder Betriebsteil durch Rechtsgeschäft auf einen anderen Inhaber übergeht.

Der Begriff des Rechtsgeschäfts wurde im Wege der Abstraktion auf der Grundlage der in der bestehenden Rechtsordnung formierten Akte zur Begründung, Änderung oder Aufhebung eines Rechtsverhältnisses in Selbstbestimmung des Einzelnen gebildet.[346] Es stellt das Mittel zur Verwirklichung des bürgerlich-rechtlichen Grundsatzes der Privatautonomie dar.[347]

Zentrales Element der partiellen Gesamtrechtsnachfolge ist der Grundsatz der freien Entscheidung und Verantwortung der an einer Spaltung nach dem Umwandlungsgesetz beteiligten Rechtsträger für die Zuordnung des Vermögens. Man spricht in diesem Zusammenhang auch von der sog. „Spaltungsfreiheit".[348] Sie ist - wie gezeigt - strikt von der gesetzlichen Gesamtrechtsnachfolge zu trennen. Bei der partiellen Gesamtrechtsnachfolge erfolgt der Übergang und damit die Änderung der Rechtsverhältnisse aufgrund des freien Willens der Anteilsinhaber der sich spaltenden und gegebenenfalls der übernehmenden Rechtsträger und nicht als gesetzliche Rechtsfolge. Die Möglichkeit der freien Entscheidung geht sogar noch über die mit der Einzelübertragung verbundenen

---

344 Vgl. zu dieser Problematik grds. Rüthers, Beschäftigungskrise und Arbeitsrecht; vgl. auch die exemplarischen Darstellungen bei Pietzko, Der Tatbestand des § 613a, S. 127 ff. (insb. Fn. 61 u. 62).

345 Die herrschende Methodenlehre unterscheidet dabei im wesentlichen 4 Auslegungskriterien: Wortlaut, Systematik, Entstehungsgeschichte und Teleologie, vgl. ausführlich Wank, Auslegung von Gesetzen, S. 47 ff. m.w.N.

346 Vgl. Flume, BGB AT § 2, Rz. 1; Palandt/Heinrichs, Überbl. vor § 104, Rz. 2.

347 Vgl. Palandt/Heinrichs, a.a.O.

348 Vgl. die Ausführungen zur partiellen Gesamtrechtsnachfolge in Kap. B III 2 a.

Gestaltungsmöglichkeiten hinaus. Beispielhaft sei in diesem Zusammenhang nur die Aufhebung des in den §§ 414, 415 BGB gesetzlich geregelten Widerspruchsrechts der Gläubiger durch die Vorschrift des § 131 UmwG genannt.

Unerheblich ist es in diesem Zusammenhang, ob es sich um eine Änderung von Rechtsverhältnissen jeweils einzeln oder wie bei der partiellen Gesamtrechtsnachfolge als Gesamtheit handelt. Der im Sinne einer Abstraktion gebildete Begriff des Rechtsgeschäfts stellt nicht auf die Anzahl der begründeten, aufgehobenen oder geänderten Rechtsverhältnisse ab.

Auch kann es für die Einordnung der partiellen Gesamtrechtsnachfolge als Rechtsgeschäft nicht hinderlich sein, dass die Rechtsfolge der Übertragung gemäß § 131 UmwG erst mit der Eintragung der Spaltung im Handelsregister, und damit aufgrund einer gesetzlichen Vorschrift, eintritt.[349] Es sei darauf verwiesen, dass auch in den Fällen der Eigentumsübertragung im Wege der Einzelrechtsnachfolge das Eigentum an einer Sache nicht allein deshalb übergeht, weil dieser Übergang dem Willen der beteiligten Parteien entspricht, sondern weil die Rechtsfolge der Eigentumsübertragung über § 929 BGB vom Gesetzgeber angeordnet wird. Noch deutlicher wird dies beim Grundstückserwerb: Erst mit Eintragung im Grundbuch ist der Eigentumsübergang wirksam. Auch hier liegt unumstritten ein Rechtsgeschäft vor. Entscheidend ist einzig der rechtsgeschäftliche Charakter des Verpflichtungsgeschäftes, der bei der partiellen Gesamtrechtsnachfolge unstreitig gegeben ist.[350]

Entsprechend handelt es sich bei der partiellen Gesamtrechtsnachfolge um ein Rechtsgeschäft i.S.d. § 613a BGB.[351] Die Vermögensübertragung und entsprechend auch der eventuelle Übergang eines (Teil-) Betriebs erfolgt bei Spaltungen nach dem Umwandlungsgesetz - wie gezeigt - „durch Rechtsgeschäft".[352] Die Betrachtung des Wortlauts führt damit zu einer unmittelbaren

---

349 Dieses Argument gegen die Einordnung der partiellen Gesamtrechtsnachfolge als Rechtsgeschäft findet sich u.a. bei Berscheid, FS für Stahlhacke, 15 (17); Heinze, DB 1980, 205 (208); ders., VIZ 1992, 301 (301); MünchKomm/Oetker, Einigungsvertrag, Rz. 149; Oetker/Busche, NZA 1991, Beil.1, 19.

350 So auch Boecken, Unternehmensumwandlungen, Rz. 58; ders., ZIP 1994, 1087 (1090); Gaul, NZA 1995, 717 (721); Larenz, BGB AT § 18, Rz. 1; MünchArbR/Wank, 1. Aufl., § 120, Rz. 8 f.; Seiter, Betriebsinhaberwechsel, S. 41.

351 So im Ergebnis auch Masing, Altersversorgung, S. 101; Mengel, Umwandlungen, S. 79; Mertens, Umwandlung und Universalsukzession, S. 64; a.A. Berscheid, FS für Stahlhacke, S. 15 (35), der gegen eine Anwendung des § 613a BGB zum einen vorbringt, dass die Spaltung eines Unternehmens auch während des Gesamtvollstreckungsverfahrens durchgeführt werden kann und damit in einem Stadium, in dem die Anwendung des § 613a BGB gem. Art. 232 § 5 Abs. 2 Nr. 1 EGBGB ausgeschlossen ist, zum anderen der Gesetzgeber die Vorschrift des § 323 Abs. 1 UmwG eingefügt habe, um den Schutz des Arbeitnehmers im Vergleich zum bisherigen Recht zu verbessern.

352 So auch Boecken, ZIP 1994, 1087 (1090 ff.); ders., Unternehmensumwandlungen; Rz. 58; Mengel, Umwandlungen, S. 73 m.w.N.

Anwendung des § 613a BGB bei (Teil-)Betriebsübergängen in Verbindung mit Spaltungen nach dem Umwandlungsgesetz.

Fraglich ist, ob der direkten Anwendung des § 613a BGB die Vorschrift des § 324 UmwG entgegensteht.[353]

Betrachtet man den Wortlaut des § 324 UmwG, wonach § 613a Abs. 1 und 4 BGB von den Wirkungen der Eintragung der Umwandlung unberührt bleibt, gelangt man ebenfalls zu einem klaren Ergebnis:

Der Ausdruck „die Vorschrift bleibt unberührt" findet sich in verschiedenen zivilrechtlichen Normen. Beispielhaft sei die Vorschrift des § 613a Abs. 4 Satz 2 BGB genannt, wonach das Recht zur Kündigung des Anstellungsverhältnisses aus anderen Gründen „unberührt" bleibt. Unstreitig räumt diese Begriffsbestimmung dem Arbeitgeber auch bei Betriebsübergängen eine Kündigungsmöglichkeit ein, sofern die Kündigung nicht „wegen eines Betriebsüberganges" (§ 613a Abs. 4 Satz 1 BGB) ausgesprochen wird. Niemand käme auf die Idee, diese Vorschrift dahin zu interpretieren, dass eine Kündigung „aus anderen Gründen" unzulässig sei. Gleichermaßen wird in der Literatur dieser Begriffsbestimmung kein konstitutiver Charakter für die Geltung der sonstigen Kündigungsbestimmungen zugeschrieben. Die Norm hat ausschließlich klarstellende Wirkung. [354]

Genauso ist der Wortlaut des § 324 UmwG zu verstehen.[355] § 613a BGB kommt in den dort genannten Fällen, das heißt Verschmelzung, Spaltung und Vermögensübertragung, auch im Rahmen des Umwandlungsgesetzes weiterhin zur Anwendung.[356]. Eine solch klarstellende Wirkung ist im Hinblick auf die Absätze 2 und 3 des § 613a BGB nicht erforderlich, da sich Absatz 3 durch die Änderung im Rahmen des Gesetzes zur Bereinigung des Umwandlungsrechts dem Wortlaut nach bereits unmittelbar auf die Umwandlung und mithin auch auf die Spaltung nach dem Umwandlungsgesetz bezieht. Über Absatz 3 wird auch Absatz 2 erfasst, so dass die Geltung in diesen Fällen offensichtlich ist.

Die Vorschrift des § 613a BGB findet somit dem Wortlaut nach im Rahmen des Umwandlungsgesetzes unmittelbar Anwendung, unterstützt wird diese Auslegung durch den Wortlaut des § 324 UmwG.

---

[353] Vgl. zum Vorrang des § 324 die Ausführungen zur systematischen Auslegung unten (2).

[354] Vgl. Palandt/Putzo, § 613a, Rz. 3.

[355] Vgl. dazu auch noch die Ausführungen unten Kapitel C I 2.

[356] Hiermit ist noch keine Aussage dazu verbunden, ob auch eine andere - ggf. vorrangige - Rechtsgrundlage im Umwandlungsgesetz existiert, die die Zuordnung der Arbeitsverhältnisse in Abweichung von § 613a BGB ermöglicht.
Dass § 613a BGB nur die in § 324 UmwG genannten Umwandlungstatbestände erfassen kann, nicht jedoch auch den Formwechsel, ergibt sich daraus, dass der bloße Formwechsel keinen Betriebsübergang im Sinne des § 613a BGB darstellt, da sich nicht die Identität, sondern nur die Rechtsform des Betriebsinhabers ändert. Dieser Fall erfüllt nach einhelliger und zutreffender Auffassung nicht den Tatbestand des § 613a BGB.

(2) Systematische Auslegung

Im Rahmen der systematischen Auslegung[357] ist neben der äußeren und inneren Systematik der Vorschrift ein Widerspruch gegen höherrangiges Recht zu prüfen.

(a) Äußere Systematik

Die systematische Betrachtung der im Recht der Schuldverhältnisse unter den Regelungen für Dienstverträge angesiedelten Vorschrift des § 613a BGB führt zu dem Ergebnis, dass die Einordnung der Norm innerhalb des Aufbaus des Bürgerlichen Gesetzbuches zunächst keine Rückschlüsse hinsichtlich der gebotenen Anwendung dieser Norm bei (Teil-) Betriebsübergang infolge partieller Gesamtrechtsnachfolge zulässt.

Da die Norm gerade nicht im Umwandlungsgesetz zu finden ist, ist weiterhin zu prüfen, ob sich im Umwandlungsgesetz, das als lex specialis zum Bürgerlichen Gesetzbuch Vorrang hat, Vorschriften finden, die spezielle umwandlungsrechtliche Vorschriften für den Betriebsübergang nach dem Umwandlungsgesetz bereithalten bzw. als umwandlungsrechtliche Spezialnormen eine unmittelbare Anwendung des § 613a BGB ausschließen.

Denkbar wäre in diesem Zusammenhang ein Ausschluss des „arbeitsrechtlichen" Übergangs der Arbeitsverhältnisse nach § 126 Abs. 1 Nr. 9 UmwG.[358] Dem steht jedoch wiederum die Vorschrift des § 324 UmwG entgegen, die - wie oben gezeigt - ihrem Wortlaut nach die unmittelbare Anwendung des § 613a BGB auf die Spaltung im Wege der partiellen Gesamtrechtsnachfolge klarstellt.

Damit spricht die äußere Systematik des Umwandlungsgesetzes für eine unmittelbare Anwendung.

(b) Innere Systematik

Die systematische Auslegung im Hinblick auf die inneren Zusammenhänge des § 613a BGB zeigt zunächst, dass der Gesetzgeber bereits in der ursprünglichen Fassung des § 613a BGB in Abs.3 den Ausschluss der gesamtschuldnerischen Haftung des § 613a Abs. 2 BGB für Fälle der Umwandlung und Verschmelzung festgeschrieben hat. Die Fassung dieser Absätze ist bis zur Einführung des Umwandlungsgesetzes und der damit verbundenen Erweiterung des § 613a Abs. 3 BGB auf „Umwandlungen" generell, unverändert geblieben.

Bereits die Verschmelzung i.S.d. §§ 395 AktG a. F. sowie die übertragende Umwandlung nach dem Umwandlungsgesetz 1969 stellten jedoch auf rechtsge-

---

357 Die systematische Auslegung eines Gesetzes bezieht sich auf die Einordnung dieser Norm in die bestehende Rechtsordnung. Dabei werden zum einen der Gesetzesaufbau selbst, daneben jedoch auch die inneren Bedeutungszusammenhänge der Normabschnitte betrachtet vgl. dazu auch Wank, Auslegung von Gesetzen, S. 63 ff.; Larenz, Methodenlehre, S. 324 ff.

358 Zur Anwendung der Vorschrift des § 126 Abs. Nr. 9 UmwG auf die Arbeitsverhältnisse vgl. ausführlich unten Kap. C I 2.

schäftlicher Grundlage basierende Gesamtrechtsnachfolgen dar. Der Ansatz von Seiter,[359] der Gesetzgeber habe über den Ausschluss von Abs. 2 gleichzeitig auch mittelbar Abs.1 ausschließen wollen, weshalb Gesamtrechtsnachfolgen nicht vom Tatbestand des § 613a Abs. 1 S. 1 BGB erfasst seien, ist daher von einer systematischen Auslegung nicht mehr gedeckt.[360]

Im Gegenteil ergibt sich hieraus gerade, dass bereits der historische Gesetzgeber die Fälle der gesellschaftsrechtlichen Gesamtrechtsnachfolge generell als vom Tatbestandsbereich des § 613a BGB erfasst ansah. Gleiches gilt auch für die anlässlich des Umwandlungsgesetzes erfolgte Novellierung des § 613a Abs. 3 BGB: Dem Gesetzgeber war die Diskussion um die tatbestandsmäßigen Voraussetzungen des § 613a BGB bekannt, so dass eine - im gegenteiligen Sinne klarstellende - Ergänzung der Vorschrift, wonach § 613a BGB auf Umwandlungen generell keine Anwendung findet, nahe gelegen hätte.[361]

Die Betrachtung der inneren Systematik der Norm selbst führt somit zu dem Ergebnis, dass die innere Einheit der Norm nur dann gewahrt ist, wenn die Anwendung des Abs. 1 der Norm auf den Übergang bei Spaltungen nach dem Umwandlungsgesetz anerkannt wird.

(c) Verstoß gegen höherrangiges Recht

Darüber hinaus ist es denkbar, dass die Anwendung der Norm im Widerspruch zu gleich- oder höherrangigen nationalen oder auch europarechtlichen Vorschriften steht.

In Betracht käme hier ein Widerspruch zu der inzwischen durch EG-Richtlinie 98/50/EG des Rates vom 29.6.1998[362] neugefassten Betriebsübergangsrichtlinie 77/187/EWG. Das in Art. 1 festgelegte Tatbestandsmerkmal der „vertraglichen Übertragung“, das auch nach neuer Fassung Gültigkeit hat, könnte gegen die Anwendung des § 613a BGB sprechen. Bei der Spaltung zur Neugründung liegt jedoch regelmäßig kein Vertrag, sondern mit dem Spaltungsplan vielmehr ein einseitiges Rechtsgeschäft zugrunde.

Bereits der EuGH hat jedoch festgestellt, dass der Begriff der „vertraglichen Übertragung“ aufgrund der unterschiedlichen Ausgestaltung des jeweiligen na-

---

359 Seiter, Betriebsinhaberwechsel, S. 41.

360 Vgl. dazu auch Boecken, ZIP 1994, 1087 (1090).

361 Vgl. Boecken, ZIP 1994, a.a.O.; Mengel, Umwandlungen, S. 83, ebenso bereits Pietzko (Der Tatbestand des § 613a), der in ausdr. Abl. zu Schwerdtner (SAE 1978, 57), bei aller Unterstützung für die Vorwürfe gegen den „miserablen“ Gesetzgebungsstil des modernen Gesetzgebers, zutreffend darauf hinweist, dass eine solche Unterstellung dann doch zu weit geht; a.A. Masing, Altersversorgung, S. 80 ff.

362 Abgedruckt in NZA 1998, 1211 ff.

tionalen Rechts nicht eindeutig bestimmt sei[363] und betont, dass aufgrund des eindeutigen Schutzzwecks der Richtlinie eine weite Auslegung geboten sei.[364]

Darüber hinaus wird im Rahmen der § 613 a BGB zugrundeliegenden Betriebsübergangsrichtlinie 77/187/EWG nicht zwischen einem Betriebsinhaberwechsel aufgrund Einzel- und Gesamtrechtsnachfolge differenziert. In der Präambel und in Art. 1 wird vielmehr die Verschmelzung als Form der Gesamtrechtsnachfolge neben anderen Formen des Betriebsübergangs genannt. Schließlich verweist die sog. Spaltungsrichtlinie 82/891/EWG in Art. 1 Abs. 1 auf die Richtlinie 77/187/EWG und setzt damit beim Übergang von Unternehmen, Betrieben und Betriebsteilen den Betriebsinhaberwechsel durch Spaltung kraft Verweisung dem durch vertragliche Übertragung ausdrücklich gleich.[365] Entsprechend ist auch die Betriebsübergangsrichtlinie dahingehend auszulegen, dass sie einer Anwendung des § 613a BGB bei Übertragungen im Wege der partiellen Gesamtrechtsnachfolge nicht entgegensteht.[366] Zusammenfassend lässt sich sagen, dass auch die systematische Auslegung der Vorschrift eine direkte Anwendung unterstützt.

(3) Historische Auslegung

Die historische Auslegung ist hingegen wenig hilfreich. Aus der Begründung zu der im Rahmen der Novellierung des BetrVG 1972 in das Bürgerliche Gesetzbuch eingeführten Norm ergibt sich, dass Fälle der Gesamtrechtsnachfolge als durch das Tatbestandsmerkmal „durch Rechtsgeschäft" ausgegrenzt angesehen wurden.[367] Unverständlich ist bei dieser Begründung die Funktion des § 613 a Abs. 3 BGB, die doch - wie oben gezeigt - gerade erst sinnvoll ist, wenn die Norm grundsätzlich anzuwenden wäre.[368]

Die Problematik der Gesamtrechtsnachfolge blieb im weiteren zunächst unberücksichtigt. Erst mit der Änderung des § 613a Abs. 3 BGB zunächst durch das „kleine Spaltungsgesetz"[369] und im folgenden durch das Gesetz zur Bereinigung des Umwandlungsrechts kam es erneut zu einer Äußerung des Gesetzgebers, die sich inzwischen jedoch in die andere Richtung gekehrt hatte. So geht der Regierungsentwurf in seiner Begründung ausdrücklich von der Anwend-

---

363 EuGHE 1985, 469 (482).

364 EuGH AP Nr. 107 zu § 613a BGB.

365 Vgl. Berscheid, FS für Stahlhacke, S. 15 (41).

366 Zum gleichen Ergebnis kommen auch Bauer/Lingemann, NZA 1994, 1057 (1061 f.); Baumann, DStR 1995, 888 (889); Boecken, ZIP 1994, 1087 (1090 f.); Kreßel, BB 1995, 925 (928); Mertens, AG 1994, 66 (73); Wlotzke, DB 1995, 40 (42).

367 Vgl. die Begründung zum Entwurf des Betriebsverfassungsgesetzes 1972, BT-Drucks. 6/1786, 59.

368 Vgl. die Ausführungen im gleichen Abschnitt oben.

369 SpTrUG.

barkeit des § 613a BGB aus,[370] ohne jedoch eine dogmatische Begründung im Sinne einer Auseinandersetzung mit der herkömmlichen Interpretation zu liefern, die zu einer endgültigen Klarstellung dieser in der Literatur rege diskutierten Problematik geführt hätte.[371] Die Begründung der Anwendbarkeit sollte sich daher in keinem Fall ausschließlich auf die offensichtlich wenig durchdachten Aussage des Gesetzgebers stützen. Sie kann lediglich als Unterstützung der aufschlussreicheren Auslegung nach dem Wortlaut und der Systematik dienen.

(4) Teleologische Auslegung

Es ist abschließend zu prüfen, inwieweit die Subsumtion der partiellen Gesamtrechtsnachfolge unter das Tatbestandsmerkmal „durch Rechtsgeschäft" dem vom Gesetzgeber beabsichtigten Ziel der Einfügung dieses Tatbestandsmerkmals entspricht. Dabei sind die zwischenzeitlich erfolgten gesetzlichen Änderungen und die geforderten europarechtlichen Vorgaben zu berücksichtigen.

Der Hauptzweck des § 613a BGB ist zunächst der Schutz und der Erhalt der bestehenden Arbeitsverhältnisse (Bestandsschutz). Daneben dient die Vorschrift nach allgemeiner Auffassung der Kontinuität des Betriebsrates (Mitbestimmungsschutz) und der Verteilung des Haftungsrisikos auf den neuen und alten Arbeitgeber (Haftungsschutz).[372]

Im Hinblick auf den Bestandsschutz als den Übergang der Arbeitsverhältnisse gilt dabei, dass dieser Zweck auch durch die Gesamt- und Sonderrechtsnachfolge erfüllt wird.[373]

Hinsichtlich des Mitbestimmungs- und des Haftungsschutzes ergeben sich hingegen aus der Nichtanwendung des § 613a BGB - vor allem seit der Neufassung der Vorschrift im Jahr 1980 - erhebliche Nachteile zu Lasten der Arbeitnehmer.[374]

Dies gilt insbesondere für die Schutzwirkung des § 613a Abs. 1 S. 2-4 BGB. Zwar herrscht in der arbeitsrechtlichen Literatur Einigkeit dahingehend, dass die Rechtsfolgen des § 613a Abs. 1 S. 2 BGB dann nicht eintreten, wenn Tarifvertrag und Betriebsvereinbarung bereits aus anderen Gründen normativ weiter-

370 Vgl. Begr. zum RegE, BR-Drucks. 75/94, 78, 118, 121, 175.

371 So auch Gaul, NZA 1995, 717 (721); Masing, Altersversorgung, S. 77 f.

372 Vgl. Erman/Hanau, § 613a, Rz. 3 ff.; MünchArbR/Wank, 1. Aufl., § 120, Rz. 15; MünchKomm/Schaub, § 613a BGB, Rz. 2.

373 Vgl. Berscheid, FS für Stahlhacke, S. 15 (35).

374 Die aus einer Nichtanwendung resultierenden Schutzlücken ergeben sich aus § 613a Abs. 1 S. 2-4, Abs. 2 und Abs. 4; vergleiche dazu auch Baumann, DStR 1995, 888 (889); Pietzko, Der Tatbestand des § 613a, S. 130 ff..; Däubler, RdA 1995, 136 (139), Hanau, ZGR 1990, 548 (553 ff.); Mengel, Umwandlungen, S. 95 ff.; MünchArbR/Wank, 1. Aufl., § 120, Rz. 167 ff., 187; MünchKomm/Schaub, § 613a BGB, Rz. 152 ff.; Seiter, Betriebsinhaberwechsel, S. 147ff.; Staudinger/Richardi, § 613a BGB, Rz. 163.

gelten.[375] Eine normative Wirkung kommt beispielsweise im Hinblick auf Verbandstarifverträge jedoch nur in Betracht, wenn der übernehmende Rechtsträger bereits Mitglied im Arbeitgeberverband des übertragenden Rechtsträgers war.[376] Bei Firmentarifverträgen ist der übertragende Rechtsträger hingegen selbst Partei des Tarifvertrages.[377] Die Möglichkeit einer kollektivrechtlichen Fortgeltung von Betriebsvereinbarungen ist ebenfalls höchst streitig.

Auch der besondere Kündigungsschutz des § 613a Abs. 4 BGB setzt die Anerkennung eines Betriebsübergangs durch Rechtsgeschäft in den Fällen der umwandlungsbedingten Universalsukzession voraus.[378]

Ein weiteres Argument wäre schließlich - soweit man der Rechtsprechung folgt - das vom BAG[379] in ständiger Rechtsprechung im Zusammenhang mit § 613a BGB entwickelte Widerspruchsrecht[380] der Arbeitnehmer, das zwischenzeitlich auch vom EuGH[381] als richtlinienkonform angesehen wurde.[382]

Schließlich würde die Nichtanwendbarkeit des § 613a BGB auf die Fälle der partiellen Gesamtrechtsnachfolge dem neuen und alten Arbeitgeber die Möglichkeit der freien Entscheidung hinsichtlich der Zuweisung der einzelnen Arbeitsverhältnisse geben und dem Arbeitnehmer für den Fall der Trennung des Arbeitsverhältnisses vom Betrieb den Kündigungsschutz und den Schutz durch das BetrAVG entziehen.[383] Dies widerspricht jedoch eindeutig dem Schutzzweck der Norm. Es entbehrt jeder Logik, dass ein Arbeitnehmer durch die Entscheidung seines Arbeitgebers für die Durchführung einer Spaltung im Wege der partiellen Gesamtrechtsnachfolge schlechter gestellt wird als wenn dieser die Spaltung im Wege der Einzelrechtsnachfolge vollzogen hätte.[384] Selbst wenn man das Argument der Vereinfachung der Spaltung im deutschen Recht heranzieht - ein Argument, mit dem bereits der Gläubigerschutz im Vergleich zur Einzelübertragung erheblich reduziert wurde - ginge diese Ausdehnung der Privatautonomie des Arbeitgebers - zumindest im Hinblick auf die Arbeitsver-

---

375 Vgl. zur Problematik hinsichtlich der Fortgeltung kollektivrechtlicher Normen näher Kap. C III 2.

376 Vgl. Däubler, Rz. 1533, 1577; Gaul, NZA 1995, 717 (719); Kania, DB 1995, 625 (625).

377 Vgl. Gaul, NZA 1995, 717 (723).

378 Dem setzt Berscheid, FS für Stahlhacke, S. 15 (35) allerdings entgegen, der Gesetzgeber habe mit § 323 Abs. 1 UmwG eine über § 613a BGB hinausgehende Regelung mit der Intention getroffen, den Arbeitnehmer umfassender zu schützen.

379 Vgl. nur BAG AP Nr. 96 zu § 613a BGB.

380 Zur Beurteilung des Widerspruchsrechts vergleiche ausführlich unten Kapitel C II.

381 EuGH AP Nr. 97 zu § 613a BGB.

382 Vgl. Bauer/Lingemann, NZA 1994, 1057 (1061); Baumann, DStR 1995, 888 (889); Berscheid, FS für Stahlhacke, S. 15 (35 ff.); Boecken, ZIP 1994, 1087 (1091 f.).

383 Vgl. Willemsen, RdA 1993, 133 (135); Hanau, ZGR 1990, 548 (556); Karsten Schmidt, AcP 191 (1991), 495 (517).

384 So auch Heinze, ZfA 1997, 1 (15).

hältnisse, die einem Betrieb oder Betriebsteil direkt zugeordnet werden können - [385] zu weit.

Auch eine Auslegung nach Sinn und Zweck des § 613a BGB spricht somit für eine direkte Anwendbarkeit auf das Rechtsinstitut der Spaltung.

dd. Ergebnis

Damit steht fest, dass das Tatbestandsmerkmal des § 613a Abs. 1 S. 1 BGB „durch Rechtsgeschäft" keine Abgrenzung zur Gesamtrechtsnachfolge darstellt, sondern lediglich die Fälle des Betriebsüberganges vom Anwendungsbereich ausschließt, die unabhängig vom Willen des Betriebsveräußerers erfolgen. Positiv bedeutet das Tatbestandsmerkmal also letztendlich nichts anderes, als dass sämtliche Betriebsübergänge, die „auf rechtsgeschäftlicher Grundlage erfolgen", die Rechtsfolgen des § 613a BGB auslösen. Sämtliche mit einem Betriebsübergang verbundenen gesellschaftsrechtlichen Gesamtrechtsnachfolgen - und damit auch die Spaltungsfälle nach dem Umwandlungsgesetz - erfüllen die Tatbestandsmerkmale des § 613a Abs. 1 S. 1 BGB. Dem § 324 UmwG kommt in diesem Zusammenhang allenfalls eine klarstellende Funktion zu.[386]

2. Kollisionsprobleme mit umwandlungsgesetzlichen Spezialnormen ?

Ergibt sich aus Vorstehendem also, dass der Tatbestand des § 613a Abs. 1 S. 1 BGB in den mit einem Betriebsübergang verbundenen Spaltungsfällen nach dem Umwandlungsgesetz grundsätzlich erfüllt und § 613a BGB damit unmittelbar anwendbar ist, so ist hiermit noch nicht abschließend geklärt, ob die Arbeitsverhältnisse auch in Spaltungsfällen immer unmittelbar und ausschließlich arbeitsrechtlich, d.h. nach § 613a BGB übergehen, oder ob umwandlungsrechtliche Spezialnormen den § 613a BGB insoweit teilweise verdrängen.

Das Umwandlungsgesetz enthält selbst zwei spezifische Tatbestände, die als Grundlage für die Zuordnung von Arbeitsverhältnissen zu den an der Umwandlung beteiligten Rechtsträgern in Frage kommen, nämlich §§ 126 Abs. 1 Nr. 9, 131 Abs. 1 Nr. 1 UmwG als Grundnorm für die spaltungs- und übernahmerechtliche Zuordnung des Vermögens und § 323 Abs.2 UmwG als spezielle arbeitsrechtliche Zuordnungsnorm für den Fall des Interessenausgleichs.

Es stellt sich also die Frage, in welchem Verhältnis die vorgenannten Vorschriften zu § 613a BGB stehen, insbesondere ob es sich hierbei um Spezialvorschriften handelt, in deren Anwendungsbereich § 613a BGB ausgeschlossen ist.

---

[385] Soweit eine Zuordnung hingegen nicht möglich ist, sollte dem Arbeitgeber die Möglichkeit gegeben werden, die Zuordnung entsprechend den betrieblichen Erfordernissen, d.h. aufgrund seiner unternehmerischen Einschätzung zu treffen. Dies wäre möglich, soweit eine spaltungsrechtliche Übertragung der Arbeitsverhältnisse, die keinem Betrieb oder Betriebsteil zuzuordnen sind, bejaht wird; vergleiche dazu die Ausführungen unten Kap. C I 3.

[386] Vgl. zur Funktion des § 324 UmwG in anderem Zusammenhang noch unten Kap. C IV; a.A. Spirolke, Betriebsübergang, S. 35ff.

a. Kollision mit § 126 Abs. 1 Nr. 9 UmwG

Nach § 126 Abs. 1 Nr. 9 UmwG müssen in Spaltungs- und Übernahmeverträgen die Gegenstände des Aktiv- und Passivvermögens genau bezeichnet und den übernehmenden Rechtsträgern zugeordnet werden. Danach müssten grundsätzlich auch die aus Arbeitsverhältnissen herzuleitenden Ansprüche und Verpflichtungen mittels des Spaltungs- und Übernahmevertrages - ggf. in Abweichung zu § 613a BGB - den verschiedenen an der Umwandlung beteiligten Rechtsträgern zugeordnet werden können.

Geht man von der Möglichkeit der spaltungsrechtlichen Übertragung von Arbeitsverhältnissen gem. § 126 Abs. 1 Nr. 9 UmwG bzw. § 136 UmwG i.V.m. mit § 131 UmwG und gleichzeitig von der unmittelbaren Anwendbarkeit des § 613a BGB in Spaltungsfällen nach dem Umwandlungsgesetz aus, so sind Kollisionen zwischen den Übertragungstatbeständen unvermeidbar, da § 126 UmwG grundsätzlich von der spaltungsrechtlichen Dispositions- und Übertragungsfreiheit im Sinne beliebiger Zuordnung ausgeht, wohingegen im Rahmen des § 613a BGB mit dem Übergang eines Betriebs oder Betriebsteils kraft gesetzlicher Anordnung zwingend der Übergang der Arbeitsverhältnisse verbunden ist.[387]

Es stellt sich somit die Frage, ob die Arbeitsverhältnisse überhaupt Gegenstand einer spaltungsrechtlichen Übertragung sein können. Hiervon abzugrenzen ist die Frage, ob § 126 Abs. 1 Nr. 9 UmwG evtl. eine Zuordnung einzelner Arbeitsverhältnisse im Rahmen eines arbeitsrechtlichen Übergangs nach § 613a BGB ermöglicht.

Im zweiten Fall würden § 126 Abs. 1 Nr. 9 UmwG und § 613a BGB also unterschiedliche Tatbestände regeln: Während § 613a BGB die Rechtsfolgen eines Betriebsübergangs erfasst, regelt § 126 UmwG die Zuordnung der einzelnen Arbeitsverhältnisse zu den jeweiligen Betrieben. Schließlich ist es denkbar, dass § 126 Abs. 1 Nr. 9 UmwG weder eine Übertragungs- noch eine Zuordnungsnorm für Arbeitsverhältnisse darstellt.

aa. Das Arbeitsverhältnis als Gegenstand einer Vermögensübertragung im Umwandlungsgesetz

Die Zahl der Veröffentlichungen zur Problematik des „umwandlungsrechtlichen“ Übergangs von Arbeitsverhältnissen in der arbeits- und umwandlungsrechtlichen Literatur ist Legion.[388]

---

[387] Vgl. Boecken, ZIP 1994, 1087 (1089).

[388] Vgl. insoweit nur die bereits unter Fn. 319 Genannten; ferner Schalle, Bestandsschutz, S. 61ff; siehe insbesondere auch die umfangreichen Literaturangaben bei Boecken (Unternehmensumwandlungen) und Mengel (Umwandlungen) sowie die Kommentare zum Umwandlungsgesetz.

(1) Der Meinungsstand

Ein Teil der Literatur geht davon aus, dass auch die Arbeitsverhältnisse grundsätzlich einer freien Zuordnung der Rechtsträger unterliegen und Gegenstand einer spaltungsrechtlichen Übertragung sein können.[389]

Die Befürworter dieser Auffassung stützen sich auf die Begründung des Referentenentwurfes, wonach § 126 Abs. 1 Nr. 9 UmwG auch die Möglichkeit eröffnen soll, die Ansprüche und Verpflichtungen aus den einzelnen Arbeitsverhältnissen einem bestimmten Rechtsträger mit der Rechtsfolge des § 131 Abs. 1 UmwG zuzuweisen, ohne dass es darauf ankomme, ob auch der Betrieb oder Betriebsteil, dem das Arbeitsverhältnis vor der Spaltung zuzurechnen war, auf denselben übernehmenden Rechtsträger übertragen wird.[390]

Erst auf der zweiten Ebene wird dann versucht, ggf. aus der umwandlungsrechtlichen Möglichkeit zur Übertragung von Arbeitsverhältnissen resultierende „unbillige Ergebnisse“ mit unterschiedlicher dogmatischer Begründung über eine - je nach Interessenlage mehr oder weniger ausgeprägte - Reduktion des § 126 Abs. 1 Nr. 9 UmwG zu korrigieren.[391] Dies führt naturgemäß zu unterschiedlichen – einzelfallbezogenen - Ergebnissen.

Die Vertreter dieser Auffassung gehen zunächst davon aus, dass von § 126 UmwG nicht allein die Zuordnung einzelner Arbeitsverhältnisse zu bestimmten Betrieben oder Betriebsteilen gedeckt sein soll, sondern auch eine Zuordnung unabhängig von einem damit verbundenen Betriebsübergang.

Diese Auffassung ist allerdings auf Kritik gestoßen, da der Arbeitnehmerschutz völlig verloren gehe, wenn im Spaltungsvertrag bzw. -plan die leistungsfähigen Arbeitnehmer einem gewinnbringenden Betrieb und alle übrigen Arbeitnehmer einem in Kürze zu schließenden Betrieb zugeordnet würden.[392] Aus diesem Grunde sei auch § 126 Abs. 1 Nr. 9 UmwG nicht mit der ursprünglichen Begründung des Referentenentwurfes in das Gesetz aufgenommen worden.[393]

Im übrigen fragt es sich, ob eine spaltungsrechtliche Zuordnung ohne gleichzeitigen Betriebs- bzw. Teilbetriebsübergang überhaupt vorstellbar ist. [394]

Aus diesem Grunde wird z.T.[395] die Auffassung vertreten, die hieraus resultierenden Ergebnisse - nämlich die Loslösung des Arbeitsverhältnisses vom Arbeitgeber und vom Betrieb – seien auf andere Art und Weise zu korrigieren.

Hierbei wird zunächst vom „Vorrang“ des § 613a BGB ausgegangen, weshalb in den mit einem Betriebsübergang verbundenen Spaltungsfällen eine

---

389 Hennrichs, ZIP 1995, 794 (797 f.).

390 Ders., a.a.O.; vgl. Ganske, DB 1992, 125 (159); Kamlah, Bestandsschutz, S. 58.

391 Ders. a.a.O.

392 Boecken, Unternehmensumwandlungen, Rz. 55.

393 Vgl. nur die Darstellung zur Entwicklung des Gesetzes bei Schalle, Bestandsschutz, S. 127 ff.

394 Lutter/Joost, § 324, Rz. 48.

395 Vgl. Boecken, Unternehmensumwandlungen, Rz. 55, Rz. 64.

Übertragung nach § 126 Abs. 1 Nr. 9 UmwG nicht in Betracht komme. Boecken spricht in diesem Zusammenhang von § 324 UmwG als „Schlüsselnorm" zwischen arbeitsrechtlichem und umwandlungsrechtlichem Übergang der Arbeitsverhältnisse: Durch § 324 UmwG werde dem § 613a BGB - bezogen auf seinen Anwendungsbereich, d.h. im Falle des Betriebsüberganges - der Vorrang gegenüber dem umwandlungsrechtlichen Übergang eingeräumt.[396] Die Funktion des § 324 UmwG bestehe also neben der klarstellenden Funktion im Hinblick auf die generelle Geltung des § 613a BGB auch in Spaltungsfällen vor allem darin, eine ansonsten denkbare lex-specialis Regelung der umwandlungsrechtlichen Vorschriften und demgemäss auch der umwandlungsrechtlichen Zuordnung auszuschließen.[397]

Dieser Auffassung wird von den Anhängern der Konstitutivwirkung des § 324 UmwG entgegengehalten, dass § 324 UmwG als bloße Rechtsfolgenverweisung zu verstehen sei, d.h., die Arbeitsverhältnisse könnten - in Abweichung von § 613a BGB - umwandlungsrechtlich übertragen werden, die Rechtsfolgen, d.h. die Haftungs- und Bestandsschutzregelungen richteten sich jedoch nach § 613a Abs.1 bzw. Abs.4 BGB.[398] Keinesfalls bestehe der Zweck des § 324 UmwG jedoch in einer Klarstellung des Vorrangs des § 613a BGB vor den umwandlungsgesetzlichen Spezialnormen.

(2) Stellungnahme und eigene Lösung

Betrachtet man die Systematik des Umwandlungsgesetzes und die mit einer Umwandlung verbunden arbeitsrechtlichen Auswirkungen, so verwundert die z.T. kritiklose Akzeptanz und mangelnde dogmatische Auseinandersetzung in der Literatur, mit der weitgehend von der Möglichkeit einer „spaltungsrechtlichen Übertragung" von Arbeitsverhältnissen ausgegangen wird.[399]

Zwar soll das Umwandlungsgesetz die Zuordnung und Übertragung von Vertragsverhältnissen einschließlich der Dauerschuldverhältnisse erleichtern, worunter auch Arbeitsverhältnisse zu zählen sind. Andererseits unterliegen Inhalt und Übergang von Arbeitsverhältnissen bereits im allgemeinen Zivilrecht besonderen Bestimmungen, namentlich den §§ 613, 613a BGB.

Auch ist vom Umwandlungsgesetz keineswegs eine Änderung des Inhalts von Schuldverhältnissen, seien sie arbeitsrechtlicher oder sonstiger Natur, gedeckt. Das Umwandlungsrecht dient lediglich der Erleichterung der gesellschaftsrechtlichen Unternehmensorganisationsänderung, d.h. der gesellschaftsrechtlichen Umstrukturierung. Diese Umstrukturierung soll jedoch auf die bestehenden Ver-

---

396 Ders. a.a.O.

397 Ders. a.a.O.

398 So wohl i.S. einer „europarechtsfreundlichen Interpretation" Gaul, NZA 1995, 717 (721).

399 Mengel, Umwandlungen, S. 134; Brinkmann, Spaltung, S. 62; krit. zuletzt in Ansätzen Schnitker, Auswirkungen des Umwandlungsgesetzes, S. 25; Müller-Ehlen, Übergang von Arbeitsverhältnissen, S. 27; abl. Boecken, Unternehmensumwandlungen, a.a.O.

tragsverhältnisse möglichst keinen Einfluss nehmen, weshalb der Gesetzgeber nur in den Fällen, in denen die allgemeinen zivilrechtlichen Regelungen dem Zweck des Umwandlungsgesetzes entgegenstanden, mit den §§ 131, 132 UmwG Sonderregelungen getroffen hat.[400]

Die Befugnis zur Inhaltsänderung eines Vertrages ist damit vom Umwandlungsgesetz nicht gedeckt, sondern muss sich aus den allgemeinen Vorschriften ergeben.[401]

Dies gilt auch im Rahmen von Arbeitsverhältnissen; eine Inhaltsänderung ist vom Umwandlungsgesetz nicht erfasst, vielmehr bleibt der Unternehmer bzw. Arbeitgeber trotz des Umwandlungsgesetzes auf die Ausübung des arbeitgeberseitigen Direktionsrechts, den Ausspruch einer Änderungs- oder gar Beendigungskündigung angewiesen, deren Rechtswirksamkeit sich nach den allg. gesetzlichen Regelungen bestimmt.

Es fragt sich damit, ob ein „spaltungsrechtlicher" Übergang eine Inhaltsänderung des Arbeitsvertrages bewirkt und damit umwandlungsrechtlich ausgeschlossen ist.

§ 126 Abs. 1 Nr. 9 UmwG stellt auf die Übertragung von Vermögensgegenständen ab. Wie bereits oben[402] dargestellt, werden hiervon auch Vertragsverhältnisse und damit Arbeitsverhältnisse als Dauerschuldverhältnisse erfasst. Allerdings geht § 131 Abs. 1 UmwG davon aus, dass die Gegenstände, die „nicht durch Rechtsgeschäft" übertragen werden können, in der Inhaberschaft des übertragenden Rechtsträgers verbleiben. Grundsätzlich ist das Arbeitsverhältnis als Dauerschuldverhältnis durch Rechtsgeschäft übertragbar, so lange nicht „allgemeine Vorschriften" im Sinne des § 132 UmwG entgegenstehen.

Eine solche allgemeine Vorschrift könnte § 613 S. 2 BGB darstellen, wonach der Anspruch auf die Inanspruchnahme der Dienste im Zweifel nicht übertragbar ist. Von diesem Prinzip der untrennbaren Verbindung zum Arbeitgeber, mit dem verhindert werden soll, dem Arbeitnehmer gegen seinen Willen einen anderen Arbeitgeber aufzuzwingen, macht der Gesetzgeber lediglich im Falle des Betriebsübergangs nach § 613a BGB eine Ausnahme.[403]

Allerdings stellt § 613 S.2 BGB keinen absoluten Ausschlussgrund dar, sondern beinhaltet lediglich eine Zweifelsfallregelung; die Übertragung des Anspruchs auf die Dienstleistung ist danach möglich, sofern sich dies aus den Umständen ergibt.[404] Hierbei ist zu berücksichtigen, dass die Durchbrechung dieser Zweifelsfallregelung allenfalls im Wege einer individualvertraglichen Verein-

---

400 Vgl. insoweit schon Kap. B III 2.

401 Ebenso bereits Mertens, AG 1994, 66 (72).

402 Kap. B III 2.

403 Boecken, Unternehmensumwandlungen, Rz. 104; Herbst, AiB 1995, 5 (11 ff.).

404 Vgl. Boecken, Unternehmensumwandlungen, Rz. 105; Palandt/Putzo, § 613, Rz.5.

barung möglich ist, da anderenfalls das in § 613 S.2 BGB verankerte Prinzip der Höchstpersönlichkeit der Arbeitsleistung ausgehöhlt würde.[405]

Geht man jedoch - mit der oben vertretenen Auffassung -[406] davon aus, dass das Prinzip der Übertragbarkeit von Forderungen im Umwandlungsgesetz nur insoweit gelten soll, als über den bloßen Schuldner- bzw. Gläubigerwechsel hinaus nicht auch eine Inhaltsänderung des Schuldverhältnisses erfolgt, so stellt sich die Frage, ob der Arbeitgeberwechsel über den bloßen Wechsel des Vertragspartners hinaus auch eine Inhaltsänderung des Arbeitsverhältnisses darstellt und somit auch umwandlungsgesetzlich unzulässig ist.

Es ist in diesem Zusammenhang zu kurz gegriffen, als kennzeichnend für den Inhalt der Dienstleistung die Eingliederung in einen bestimmten Betrieb und die hiermit verbundene konkrete Ausgestaltung des Arbeitsplatzes anzusehen, da diese Wertung - wie aufgezeigt - dem § 613 BGB gerade widerspricht, der den Grundgedanken der höchstpersönlichen Erbringung der wechselseitigen Vertragspflichten beinhaltet.[407] Dies gilt auch dann, wenn man – wie ein Teil der Literatur – im Rahmen einer objektivierenden Betrachtung die organisatorische Verknüpfung mit dem Betrieb und nicht mit dem Arbeitgeber in den Vordergrund stellt.[408] Auch bei einer derartigen Betrachtung kommt eine Übertragung des Arbeitsverhältnisses ohne ausdrückliche gesetzliche Ermächtigungsgrundlage nicht in Betracht.

Eine solche gesetzliche Grundlage stellt § 613a BGB dar, der als einzige arbeitsrechtliche Norm von der gesetzgeberischen Grundaussage, wonach die wechselseitigen schuldrechtlichen Verpflichtungen ausschließlich und unmittelbar nur zwischen den Parteien des Arbeitsvertrages begründet werden, abweicht.

Die Ausnahmeregelung des § 613a BGB ermöglicht jedoch ebenfalls keinen gewillkürten Parteiwechsel, sondern bindet als arbeitnehmerschützende Vorschrift das Schuldverhältnis ausnahmsweise und nur unter bestimmten Voraussetzungen an den Betrieb und damit an den Arbeitsplatz. Hätte der Gesetzgeber im Rahmen der umwandlungsgesetzlichen Regelungen die Vorgabe des § 613 S. 2 BGB durchbrechen wollen, so hätte es einer entsprechenden gesetzlichen Regelung bedurft, die jedoch unterblieb. Vielmehr ist damit auch im Rahmen der Übertragung von Arbeitsverhältnissen die in § 132 UmwG vorgenommene Anknüpfung an § 399 1. Alt. BGB maßgeblich, unter den auch die höchstpersönlichen Ansprüche und damit auch § 613 S.2 BGB gefasst werden.[409]

Damit stellt der Gesetzgeber im Umwandlungsgesetz selbst klar, dass in den Fällen der höchstpersönlichen Leistungsverpflichtung der Wechsel des Vertragspartners als Inhaltsänderung des Vertrages angesehen wird.

---

405 Vgl. ErfK/Preis, § 613 BGB, Rz. 9.

406 Vgl. Kap. B III 2.

407 So jedoch Boecken, Unternehmensumwandlungen, Rz. 104.

408 Vgl. in diesem Sinne ausf. Pietzko, Der Tatbestand des § 613a, S. 245.

409 Vgl. statt aller Palandt/Heinrichs, § 399, Rz. 6.

Im übrigen besteht auch umwandlungsrechtlich keinerlei Bedürfnis für eine andere Betrachtungsweise: Zweck des Umwandlungsrechts ist es – wie dargestellt - nicht, die Übertragung bzw. Inhaltsänderung eines einzelnen Arbeitsverhältnisses in Abweichung von den allg. Rechtsgrundsätzen zu ermöglichen, insbesondere in Abweichung von § 613a BGB. Der Unternehmer bzw. Arbeitgeber, der über die bloß umwandlungsrechtlich vorgesehenen gesellschaftsrechtlichen Organisationsänderungen weitergehende Änderungen vornehmen will, die individualarbeitsrechtliche Auswirkungen haben, bleibt auf die allgemeinen arbeitsrechtlichen Möglichkeiten zur Durchführung derartiger Maßnahmen angewiesen.[410]

Eine spaltungsrechtliche Zuordnung von Arbeitsverhältnissen nach §§ 126 Abs.1 Nr.9, 131 UmwG ist daher generell ausgeschlossen.[411]

(3) Der Ausnahmefall der Aufspaltung

Etwas anderes gilt allerdings im Falle der Aufspaltung, bei der der übertragende Rechtsträger erlischt.

Es ist bereits zweifelhaft, ob § 613 S. 2 BGB auch in diesem Fall grundsätzlich als übertragungshindernd angesehen werden kann, da die Bindung an den bisherigen Arbeitgeber aufgrund des Erlöschens obsolet ist und ein der erbrechtlichen Gesamtrechtsnachfolge vergleichbarer Sachverhalt vorliegt, bei dem allgemein von einem erbrechtlichen Übergang des Arbeitsverhältnisses ausgegangen wird.[412]

Die Beantwortung dieser Frage kann letztlich jedoch dahingestellt bleiben, da der Gesetzgeber selbst in § 132 S.2 UmwG die vorgenannten Übertragungsbeschränkungen für den Fall der Aufspaltung entfallen lässt.

Im Falle der Aufspaltung gilt § 399 BGB mit seinen hieraus resultierenden Rechtsfolgen also nicht, so dass allein in diesem Fall eine spaltungsrechtliche Zuordnung gem. §§ 126 Abs.1 Nr.9 i.V.m. § 131 UmwG in Betracht kommt.

bb. Verhältnis zwischen spaltungsrechtlicher und arbeitsrechtlicher Zuordnung

Es kann also lediglich im Falle der Aufspaltung tatsächlich ein Spannungsverhältnis zwischen der arbeitsrechtlichen Zuordnung nach § 613a BGB und einer etwaigen spaltungsrechtlichen Zuordnung entstehen. Bei einer solchen Gesetzeskonkurrenz muss die spaltungsrechtliche Zuordnung zurücktreten.

---

410 Insofern allerdings noch weitergehend Begr. RefE, vgl. hierzu unten Fn. 416.

411 Ebenso Schnitker, Auswirkungen des Umwandlungsgesetzes, S. 60; Mertens, Umwandlung und Universalsukzession, S. 168; Boecken, ZIP 1994, 1087 (1093), der jedoch gleichwohl eine Zuordnung mit Zustimmung der Arbeitnehmer als „spaltungsrechtlichen" Übergang ansieht, richtigerweise wird man diesen Fall jedoch als dreiseitigen Vertrag ansehen müssen.

412 Vgl. zu den Rechtsfolgen im Falle der erbrechtlichen Gesamtrechtsnachfolge ErfK/Preis, § 613, Rz. 11.

Bereits aus der Entstehungsgeschichte des § 126 Abs. 1 Nr. 9 UmwG ergibt sich, dass der Gesetzgeber dem arbeitsrechtlichen Übergang der Arbeitsverhältnisse eine Vorrangstellung einräumen wollte:

Nach der Begründung zum Referentenentwurf sollte § 126 Abs. 1 Nr. 9 UmwG die Möglichkeit einer freien Zuordnung der Arbeitsverhältnisse auch in Abweichung von § 613a BGB einräumen,[413] eine Auffassung die von Teilen der Literatur und vor allem den Gewerkschaften heftig kritisiert, und als Verstoß gegen den gesetzlich verankerten Rechtsgrundsatz der „Einheit von Arbeitsverhältnis und Betrieb" sowie die europarechtlichen Vorgaben angesehen wurde.[414]

Dieser Kritik folgend enthielt der Regierungsentwurf zu § 126 Abs. 1 Nr. 9 UmwG eine völlig gegensätzliche Begründung.[415] Ferner war in der Fassung des Regierungsentwurfes zu § 132 UmwG erstmals die Geltung des § 613a BGB explizit erwähnt.[416] Diese Inbezugnahme wurde schließlich auf Wunsch der Gewerkschaftsseite durch eine gesonderte Regelung, nämlich § 324 UmwG, ersetzt.

Auch § 324 UmwG schreibt explizit fest, dass „ § 613a BGB durch die Wirkung der Eintragung einer Verschmelzung, Spaltung oder Vermögensübertragung unberührt" bleibt, womit der Gesetzgeber über die bloß klarstellende Funktion hinaus dem arbeitsrechtlichen Übergang den Vorrang vor dem spaltungsrechtlichen Übergang einräumt, wie sich aus der Entstehungsgeschichte der Vorschrift und ihrer systematischen Stellung unschwer erkennen lässt.

Die sog. „spaltungsrechtliche" Übertragung beschränkt sich damit ausschließlich auf die Fälle der Aufspaltung, wobei auch in diesen Fällen der Rechtsübergang nach § 613a BGB vorrangig ist. Der Anwendungsbereich der spaltungs-

413 Begr. zu § 126 I Nr. 9 RefE, Beil. Nr.112a zum BA 1992, 25: „(...)Die Vorschrift ermöglicht es, Ansprüche und Verpflichtungen aus einem einzelnen Arbeitsverhältnis einem bestimmten übernehmenden Rechtsträger mit der Rechtsfolge aus § 131 Abs. 1 UmwG zuzuweisen, ohne dass es darauf ankommt, ob auch der Betrieb oder Betriebsteil, dem das Arbeitsverhältnis vor der Spaltung zuzurechnen war, auf denselben übernehmenden Rechtsträger übertragen wird. Dies gilt für alle drei Arten der Spaltung.(...)".

414 Vgl. statt aller nur Willemsen, RdA 1993, 133 (134 ff.).

415 vgl. Begr. RegE zu § 126 UmwG, BT-Drucks. 12/6699, 71(118): „(...)Eine Einschränkung erfährt diese Freiheit jedoch für die Überleitung von Arbeitsverhältnissen. Geht nämlich bei einer Spaltung ein Betrieb oder Betriebsteil auf den übernehmenden Rechtsträger über, gilt für die Überleitung der in diesem Betrieb bestehenden Arbeitsverhältnisse zwingend die Regelung des § 613a Abs.1 Satz 1 BGB.(...)".

416 § 132 S. 1 RegE lautete: Allgemeine Vorschriften, welche die Übertragbarkeit eines bestimmten Gegenstandes ausschließen oder an bestimmte Voraussetzungen knüpfen oder nach denen die Übertragung eines bestimmten Gegenstandes einer staatlichen Genehmigung bedarf, sowie § 613a Abs.1 Satz 1 des Bürgerlichen Gesetzbuches bleiben durch die Wirkungen der Eintragung nach § 131 UmwG unberührt.

rechtlichen Übertragung besteht damit allein für die Arbeitsverhältnisse, die keinem Betrieb oder Betriebsteil zuzuordnen sind.[417]

Sofern im Spaltungsvertrag bzw. -plan Arbeitsverhältnisse in Abweichung von den vorgenannten Grundsätzen zugeordnet sind, entfaltet diese – falsche – Zuordnung keinerlei Rechtswirkungen.

cc. Ergebnis

§ 126 Abs. 1 Nr. 9 UmwG erfasst nicht die „spaltungsrechtliche" Übertragung von Arbeitsverhältnissen. Die Arbeitsverhältnisse können nicht Gegenstand einer Vermögensübertragung nach dem Umwandlungsgesetz sein. Der Übergang der Arbeitsverhältnisse ist vielmehr lediglich Rechtsfolge einer Vermögenszuordnung nach § 126 Abs. 1 Nr. 9 UmwG und vollzieht sich ausschließlich nach § 613a BGB.

Dies ergibt sich zum einen aus der Systematik des Umwandlungsgesetzes, daneben jedoch auch aus dem Zweck des Umwandlungsgesetzes als „Unternehmensorganisationsrecht", das jedoch nicht die arbeitsrechtlichen Grundsätze aushöhlen soll.

Etwas anderes gilt nur im Falle der Aufspaltung, bei der der bisherige Rechtsträger erlischt.

Bei einer Kollision zwischen dem Übergang nach § 613a BGB und der spaltungsrechtlichen Zuordnung im Falle der Aufspaltung geht § 613a BGB als lex specialis dem umwandlungsrechtlichen Übergang vor.

b. § 323 Abs. 2 UmwG als Kollisionsnorm ?

Als weitere Kollisionsnorm kommt § 323 Abs. 2 UmwG in Betracht.

Der Gesetzgeber hat in dieser Vorschrift bestimmt, dass - im Falle des Zustandekommens eines Interessenausgleichs, in dem diejenigen Arbeitnehmer bezeichnet sind, die „nach der Umwandlung" einem bestimmten Betrieb oder Betriebsteil zugeordnet werden - die Zuordnung der Arbeitnehmer von den Arbeitsgerichten nur auf „grobe Fehlerhaftigkeit" überprüft werden kann.

Da § 323 Abs. 2 UmwG den Betriebsparteien die Möglichkeit gibt, Arbeitsverhältnisse qua Interessenausgleich bestimmten Betrieben „zuzuordnen", scheint auch diese Norm auf den ersten Blick im Widerspruch zu § 613a BGB zu stehen.

---

417 Zu den Zuordnungskriterien siehe unten Kap. C III.

aa. Der bisherige Meinungsstand

Die Versuche zur Auflösung dieses „Widerspruchs" sind vielfältig:[418]

Ein Teil der Literatur will den persönlichen Anwendungsbereich des § 323 UmwG lediglich auf die Arbeitnehmer erstrecken, die keinem Betrieb oder Betriebsteil zuzuordnen sind.[419]

Andere erblicken die Lösung in einer Gesetzeskonkurrenz, bei der § 613a BGB aufgrund der quasi-konstitutiven Geltung des § 324 und der europarechtlichen Vorgaben den § 323 Abs. 2 UmwG verdränge[420] oder aber als lex generalis hinter den § 323 UmwG zurücktrete,[421] der jedoch seinerseits durch § 613a BGB eingeschränkt werde, wobei sämtliche Vertreter der vorgenommenen Zuordnung im Rahmen des Anwendungsbereichs des § 613a BGB lediglich eine deklaratorische Wirkung zuerkennen, die bei Nichtbeachtung der Arbeitsplatzbindung wirkungslos bleibe.[422] Eine weitere Auffassung schließlich geht davon aus, dass § 323 Abs. 2 UmwG lediglich im Vorfeld einer Umwandlung zur Geltung komme und die zwingende Zuordnung nach § 613a BGB ebenfalls nicht berühre.[423]

Von den vorgenannten Auffassungen abweichend kommen Mengel[424] und Schalle[425] zu dem Ergebnis, dass § 613a BGB und § 323 Abs. 2 UmwG sich weder ausschließen noch verdrängen, da die in § 323 Abs. 2 UmwG vorgenommene Zuordnung erst durch rechtsgeschäftliche Umsetzung wirksam werde, die wiederum einer individualrechtlichen Vereinbarung bedürfe.[426]

bb. Stellungnahme

Damit es überhaupt zu einer Kollision mit § 613a BGB kommen kann, müsste § 323 Abs. 2 UmwG insoweit auch eine individualarbeitsrechtlich normative Wirkung haben, die im Regelfall ein Interessenausgleich nicht erlangt.[427] Die Vorschrift müsste also die Rechtsgrundlage für eine unmittelbar „spaltungsrechtliche" Übertragung der Arbeitsverhältnisse darstellen.

Es stellt sich damit die Frage nach der Wirkungsweise der Vorschrift, da ein Interessenausgleich grundsätzlich keine normative Wirkung entfaltet, so dass eine Regelung, wonach eine bloße schuldrechtliche Vereinbarung zwischen Ar-

418 Vgl. zum Meinungsstand ausführlich Schalle, Bestandsschutz, S. 75 ff.

419 Boecken, Unternehmensumwandlungen, Rz.123; Willemsen, NZA 1996, 791 (799).

420 Bachner, NJW 1995, 2881 (2884); Goutier/Knopf/Tulloch, § 323, Rz. 14.

421 Bauer/Lingemann, NZA 1994, 1057 (1061); Hohenstatt, NZA 1998, 846 (852).

422 Vgl. hierzu auch Kallmeyer/Willemsen, § 324, Rz. 25, 27.

423 Hohenstatt, NZA 1998, 845 (853); ebenso wohl i.E. Wlotzke, DB 1995, 40 (45).

424 Mengel, Umwandlungen, S. 109ff.

425 Schalle, Bestandsschutz, S. 83ff., 90f.

426 Insoweit für die Spaltung allerdings etwas unklar Mengel, Umwandlungen, S. 128, die in „Zweifelsfällen" § 323 Abs. 2 UmwG als eine den § 613a BGB „ausnahmsweise ergänzende" Norm ansieht.

427 Vgl. unten (b).

beitgeber und Betriebsrat die individualrechtlich verbindliche Zuordnung eines Arbeitsverhältnisses zu einem Betrieb oder Betriebsteil gestalten können soll, aus arbeitsrechtlicher Sicht eher befremdlich anmutet.[428]

Daneben müsste § 323 UmwG auch von seinem Regelungsbereich mit § 613a BGB übereinstimmen.

(1) Die Rechtsnatur des Interessenausgleichs nach § 323 Abs. 2 UmwG

Der Tatbestand des § 323 Abs. 2 UmwG regelt die Zuordnung der Arbeitsverhältnisse zu bestimmten Betrieben und Betriebsteilen im Falle eines Interessenausgleichs zwischen den Betriebspartnern.

(a) Die Voraussetzungen eines Interessenausgleichs nach § 323 Abs. 2 UmwG

Unklar erscheint zunächst, ob § 323 Abs. 2 UmwG in jedem Fall den Abschluss eines die Zuordnung regelnden Interessenausgleichs erlaubt oder aber ob hiermit bestimmte Voraussetzungen verknüpft sind.

Der Interessenausgleich im Sinne des Betriebsverfassungsrechts ist in § 112 BetrVG geregelt und setzt eine Betriebsänderung im Sinne des § 111 BetrVG voraus.

Im Zuge der Einführung des Umwandlungsgesetzes hat der Gesetzgeber auch § 111 BetrVG erweitert und in § 111 S. 2 Ziff. 3 BetrVG um das Tatbestandsmerkmal der „Spaltung von Betrieben" ergänzt. Betriebsverfassungsrechtlich gelten damit nunmehr auch Betriebsspaltungen – unabhängig von den Voraussetzungen des § 111 S. 1 BetrVG – als Betriebsänderungen.[429]

Demgegenüber beinhaltet eine Spaltung nach dem Umwandlungsgesetz – wie oben[430] dargestellt – nicht zwangsläufig eine Betriebsspaltung. Eine mit einem Betriebsübergang verbundene Unternehmensspaltung ist damit möglich, ohne dass hiermit betriebsverfassungsrechtlich eine Betriebsänderung verbunden ist.

Ein Teil der Literatur geht aus diesem Grunde im Zusammenhang mit § 323 Abs. 2 UmwG davon aus, die Vorschrift ermögliche den Abschluss eines Interessenausgleichs unabhängig von den Voraussetzungen des § 111 BetrVG; der Interessenausgleich im Sinne des § 323 UmwG sei also ein eigenes Rechtsinstitut.[431] Gestützt wird diese Auffassung auf den Wortlaut des Gesetzes, der das

---

[428] § 1 Abs. 5 KSchG wurde eingefügt durch das am 1.10.1996 in Kraft getretene BeschFG und durch die neue Regierungskoalition aufgrund des „Gesetzes zu Korrekturen in der Sozialversicherung und zur Sicherung der Arbeitnehmerrechte" vom 19.12.1998 (BGBl I 1998, 3843) zum 1.1.1999 außer Kraft gesetzt.

[429] Vgl. zum Verhältnis zwischen § 111 S. 1 und 2 BetrVG statt aller GK-BetrVG/Fabricius, § 111, Rz. 34; ebenso zur rechtlichen Einordnung der Betriebsspaltung vor Inkrafttreten des Umwandlungsgesetz ders., a.a.O., m.w.N.

[430] Kap. B III 2.

[431] Hohenstatt, NZA 1998, 846 (854); Richardi, § 111, Rz.40 (43).

Vorliegen einer Betriebsänderung nicht verlange, sondern lediglich eine „Verschmelzung, Spaltung oder Vermögensübertragung" voraussetze, die keineswegs regelmäßig mit der Durchführung einer Betriebsänderung einhergingen: Daher sei den Betriebspartnern die Möglichkeit eines Interessenausgleichs nach § 323 UmwG stets dann einzuräumen, wenn es bei einer Umwandlung zu Zweifelsfragen bei der Zuordnung von Arbeitsverhältnissen komme, auch wenn nicht zugleich eine Betriebsänderung vorliege.[432] Dies zeige bereits ein Vergleich mit den insoweit ähnlichen Bestimmungen des § 125 InsO und dem bis zum 31.12.1998 geltenden § 1 Abs. 5 KSchG[433], die es den Betriebspartnern gestatten, im Rahmen eines Interessenausgleichs diejenigen Arbeitnehmer namentlich zu bezeichnen, denen gekündigt werden soll. Für diese Arbeitnehmer ist der Kündigungsschutz nach § 1 KSchG eingeschränkt.

Im Gegensatz zu § 323 Abs. 2 UmwG nennen die beiden vorgenannten Vorschriften allerdings ausdrücklich den „Interessenausgleich anlässlich einer Betriebsänderung nach § 111 BetrVG". Da § 323 Abs. 2 UmwG diese Einschränkung nicht beinhaltet, liegt – argumentum e contrario – eine weite Auslegung der Vorschrift im Sinne einer eigenständigen Regelung zunächst einmal nahe.[434]

Diese Auffassung ist indes abzulehnen: Weder vom Sinn des § 323 Abs. 2 UmwG noch vom Wortlaut kann der Vorschrift eine derart weitreichende Bedeutung zuerkannt werden.

Hierbei ist zunächst zu berücksichtigen, dass auch § 323 Abs. 2 UmwG erst im Zuge der letzten Beratungen im Rechtsausschuss in das Umwandlungsgesetz aufgenommen wurde, und sich an „ähnliche Vorschriften in der neuen Insolvenzordnung" anlehnen soll.[435] Soweit also im Rahmen des § 323 Abs.2 UmwG die Einschränkung „im Rahmen einer Betriebsänderung" unterblieben ist, liegt es zunächst nahe, diese Unterlassung als redaktionelles Versehen anzusehen.[436]

Dies gilt nicht zuletzt deshalb, weil – mit Ausnahme der oben dargestellten Überlegungen - keine weiteren Anhaltspunkte für ein abweichendes Verständnis des Interessenausgleichs im Sinne des § 323 Abs. 2 UmwG vorliegen. Vielmehr ist auch hier wieder auf das Ziel des Umwandlungsgesetzes als Unternehmensorganisationsrecht abzustellen, durch das keineswegs neue arbeitsrechtliche Regelungen eingefügt werden sollen.

---

432 Hohenstatt, a.a.O.

433 Richardi, § 112, Rz. 19; Schneider, Zuordnung im Gemeinschaftsbetrieb, S. 122f; vgl. hierzu ausf. Schalle, Bestandsschutz, S. 93ff, 96f.

434 Vgl. Schalle, Bestandsschutz, a.a.O.

435 Vgl. Begr. des Rechtsausschusses zu § 323 Abs. 2 UmwG, BT-Drucks. 12/7850, 145.

436 I.E. auch Schalle, Bestandsschutz, S. 123ff.

Es muss daher davon ausgegangen werden, dass der Gesetzgeber den rechtstechnischen Begriff des Interessenausgleichs auch im Umwandlungsgesetz mit dem gleichen Sinngehalt wie in anderen Normbereichen verwendet.[437]

Auch im Falle des § 323 Abs. 2 UmwG müssen damit die Voraussetzungen des § 111 BetrVG erfüllt sein, es muss also eine Betriebsänderung vorliegen. Der Interessenausgleich des § 323 UmwG unterliegt damit den allgemeinen betriebsverfassungsrechtlichen Voraussetzungen i.S.d. §§ 111,112 BetrVG. Zum Abschluss eines Interessenausgleichs nach § 323 Abs. 2 UmwG ist daher eine im Sinne des § 111 BetrVG relevante Veränderung auf betrieblicher Ebene, namentlich also eine Betriebsspaltung, erforderlich.[438]

(b) Die „normative" Wirkung eines Interessenausgleichs nach § 323 Abs. 2 UmwG

Zwar ergibt sich bereits aus den vorstehenden Überlegungen, dass ein Interessenausgleich nach § 323 Abs. 2 UmwG von seinen Tatbestandsvoraussetzungen her an die allgemeinen betriebsverfassungsrechtlichen Voraussetzungen gebunden ist, also nur im Falle einer Betriebsänderung nach § 111 BetrVG geschlossen werden kann. Gleichwohl ist hiermit noch keine Aussage darüber getroffen, ob der Interessenausgleich gem. § 323 Abs. 2 UmwG nicht dennoch einen eigenständigen Übertragungstatbestand beinhaltet, der zugleich eine individualrechtliche Bindungswirkung entfaltet.

Gegen eine derartige individuell normative Wirkung der Vorschrift sprechen bereits die oben dargestellten Erwägungen und der hieraus resultierende Charakter des Interessenausgleichs als ausschließlich kollektivrechtliche Vereinbarung zwischen den Betriebsparteien.

Der Interessenausgleich dient nicht allein dem Ausgleich oder der Milderung der wirtschaftlichen Nachteile wie der Sozialplan, sondern hat einen über den Sozialplan hinausgehenden und ihm vorgreifenden Zweck, nämlich die Nachteile für die von einer Betriebsänderung betroffenen Arbeitnehmer möglichst in Grenzen zu halten. Während der Sozialplan nach § 112 Abs. 1 S. 3 BetrVG die Wirkung einer Betriebsvereinbarung hat, also unmittelbar und zwingend auf die Arbeitsverhältnisse einwirkt und einklagbare Ansprüche begründen kann, kommt dem betriebsverfassungsrechtlichen Interessenausgleich nach na-

---

[437] Vgl. zur Auslegung insoweit nur Larenz, Methodenlehre, S. 322; ebenso i.E. auch Brinkmann, Spaltung, S. 136.

[438] Ebenso Kallmeyer/Willemsen, § 324, Rz. 24; Brinkmann, Spaltung, S. 136; Mengel, Umwandlungen, S. 113, 119.

hezu einhelliger Auffassung in Literatur[439] und Rechtsprechung[440] eine derartig normativ individualrechtlich verbindliche Wirkung gerade nicht zu.

In diesem Zusammenhang ist auch auf den Wortlaut des § 323 Abs. 2 UmwG abzustellen, wonach im Rahmen des Interessenausgleichs „diejenigen Arbeitnehmer namentlich bezeichnet werden, die nach der Umwandlung einem bestimmten Betrieb oder Betriebsteil zugeordnet werden“ können.

Eine etwaige individualrechtliche Bindungswirkung erstreckt sich bereits nach dem Wortlaut des Gesetzes allenfalls auf die Zuordnung zu einem Betriebsteil, d.h. kann allenfalls eine „konstitutive“ Zuordnung „im Rahmen des § 613a BGB“ bewirken, nicht jedoch einen unmittelbar spaltungsrechtlichen Übergang. Die im Interessenausgleich vorgenommene Zuordnung führt bereits unter diesem Gesichtspunkt nicht zu einem „spaltungsrechtlichen“ Übergang der Arbeitsverhältnisse.

Ebenfalls ist mit einer derartigen Zuordnung keine Änderung des Inhalts der Arbeitsverhältnisse verbunden, es wird also nicht unmittelbar auf die Vertragsbeziehungen zwischen Unternehmer und Arbeitnehmer Einfluss genommen.[441] Erst im Anschluss an die allein vom Unternehmer vorgenommene Zuordnung der jeweiligen Betriebe bzw. Betriebsteile kommt es dann ggf. zu einem Übergang der im Rahmen des Interessenausgleichs zugeordneten Arbeitsverhältnisse.[442]

Dies gilt auch bei Betrachtung der mit einer derartigen Zuordnung verbundenen Rechtsfolgen: Die Zuordnung soll keineswegs bindend sein, sondern bleibt gerichtlich überprüfbar, etwa im Wege der allg. Feststellungsklage, allerdings aufgrund des Interessenausgleichs nur noch „auf grobe Fehlerhaftigkeit“.[443]

Richtigerweise wird man daher die in einem Interessenausgleich nach § 323 Abs. 2 UmwG vorgenommene Zuordnung der Arbeitsverhältnisse als gesetzliche Vermutungsregelung ausschließlich für die Zuordnung einzelner Arbeitsver-

---

439 Mit Ausnahme des Nachteilsausgleichsanspruchs nach § 113 BetrVG; vgl. insoweit nur ErfK/Hanau/Kania, § 112, 112 a BetrVG, Rz. 9; GK-BetrVG/Fabricius, § 111, Rz. 22; Fitting, § 112,112a, Rz. 22; zum „Interessenausgleich nach § 323 UmwG“ ebenso Lutter/Joost, § 323, Rz. 32; Kallmeyer/Willemsen, § 324, Rz. 24; ebenso wohl Leinemann, ZIP 1989, 552(553); vgl. auch die zusammenfassende Darstellung bei Martin, Interessenausgleich, S. 25ff.; ebenso noch MünchArbR/Matthes, § 352, Rz.16 m.w.N.; vgl. auch Röder/Baeck, Interessenausgleich und Sozialplan; Schaub, § 244, Rz. 2; Schnitker, Auswirkungen des Umwandlungsgesetzes, S. 32; Schalle, Bestandsschutz, S. 97 ff.; a.A. nunmehr offensichtlich jedoch Däubler/Däubler § 112,112a, Rz.16; Matthes, FS für Wlotzke, S. 393;

440 St. Rspr. vgl. nur BAG, NZA 1992, 41 m.w.N.

441 Vgl. insoweit nur die ausf. Darstellung bei Schalle, Bestandsschutz, S. 103 ff.

442 Vgl. auch Schalle, Bestandsschutz, S. 110.

443 Es kommt also maßgeblich darauf an, ob die Zuordnung in Abweichung von § 613a BGB vorgenommen wurde; vgl. im einzelnen noch unten Kap. 3 b.

hältnisse zu bestimmten Betrieben und Betriebsteilen ansehen können, nicht jedoch als eigenständigen Übertragungstatbestand.

In diesem Zusammenhang bietet sich wiederum eine vergleichende Betrachtung der insoweit inhaltsähnlichen Vorschriften der § 125 InsO und des früheren § 1 Abs. 5 KSchG an:

Sowohl im Rahmen des § 125 InsO als auch des früheren § 1 Abs. 5 KSchG führt die im Interessenausgleich vorgenommene namentliche Bezeichnung der Arbeitnehmer keineswegs zur Wirksamkeit einer im Anschluss daran ausgesprochenen betriebsbedingten Kündigung oder zum Ausschluss der Rechtsschutzmöglichkeiten des Arbeitnehmers, namentlich die Erhebung einer Kündigungsschutzklage unter Berufung auf die Sozialwidrigkeit der Kündigung oder die unzutreffende Sozialauswahl. Es gilt lediglich eine jederzeit widerlegbare gesetzliche Vermutung hinsichtlich des Vorhandenseins dringender betrieblicher Erfordernisse (soziale Rechtfertigung) sowie eine nur eingeschränkte, auf grobe Fehlerhaftigkeit begrenzte, Überprüfungsmöglichkeit hinsichtlich der vorgenommenen Sozialauswahl. Im Rahmen dieser gesetzlichen Neuregelungen stand dabei vor allem der Gedanke der Rechtssicherheit im Vordergrund, um erforderliche Sanierungen nicht zu verzögern bzw. mit einer Vielzahl von Kündigungsschutzverfahren zu belasten.[444].

Die insoweit zwischen den Betriebspartnern getroffene Auswahl hat keinen normativen Charakter, sondern lediglich eine präjudizielle Wirkung in einem sich anschließenden Kündigungsschutzverfahren.

Gleiches muss damit auch für eine im Rahmen des § 323 UmwG getroffenen Zuordnung wegen der insoweit vergleichbaren Interessenlage gelten: Dem Arbeitgeber soll über § 323 Abs. 2 UmwG ein größeres Maß an Rechtssicherheit bei der Zuordnung der Arbeitnehmer zu den einzelnen Betriebsteilen gegeben werden, ohne jedoch den Individualrechtsschutz gegen eine derartige Zuordnung auszuschließen.

(2) Ergebnis

§ 323 UmwG steht in keinem Konkurrenzverhältnis zu § 613a BGB.

Es ist bereits keine Tatbestandsidentität der Vorschriften gegeben: § 323 UmwG erfasst ausschließlich den Bereich der Betriebsänderungen, wohingegen § 613a BGB die Rechtsfolgen eines Betriebsüberganges regelt.

Darüber hinaus ermöglicht die Vorschrift keine „spaltungsrechtliche“ Übertragung von Arbeitsverhältnissen, sondern hat lediglich eine präjudizielle Wirkung in einem ggf. folgenden individualrechtlichen Klageverfahren, da die Gerichte die getroffene Zuordnung der einzelnen Arbeitsverhältnisse zu bestimmten Betrieben oder Betriebsteilen nur auf grobe Fehlerhaftigkeit überprüfen können.

---

[444] Vgl. insoweit GK-KR/Weigand, §§ 121-128 InsO, Rz.1.

Die Übertragung der Arbeitsverhältnisse selbst erfolgt durch die Zuordnung der jeweiligen Betriebsteile auf die beteiligten Rechtsträger im Spaltungs- und Übernahmevertrag bzw. Spaltungsplan auf der Grundlage des § 613a BGB.

c. Zusammenfassung

In den mit einem Betriebsübergang verbundenen Spaltungsfällen erfolgt der Übergang der Arbeitsverhältnisse ausschließlich nach
§ 613a BGB.

Eine hiervon abweichende Zuordnung der Arbeitsverhältnisse im Rahmen einer Abspaltung bzw. Ausgliederung nach §§ 131 Abs. 1 i.V.m. § 126 Abs. 1 Nr. 9 UmwG ist unwirksam, da der spaltungsrechtliche Übergang der Arbeitsverhältnisse in diesen Fällen ausgeschlossen ist.[445]

Lediglich im Falle der Aufspaltung ist eine spaltungsrechtliche Übertragung möglich. Allerdings verdeutlicht § 324 UmwG über seine klarstellende Wirkung hinaus, dass auch im Falle einer Aufspaltung die ggf. getroffene spaltungsrechtliche Zuordnung hinter die insoweit vorrangige über § 613a BGB normierte Zuordnung zurücktritt.

§ 323 Abs. 2 UmwG betrifft einen anderen Regelungsbereich, insbesondere kommt der Vorschrift keine normative Wirkung hinsichtlich der Zuordnung einzelner Arbeitsverhältnisse in Abweichung der Voraussetzungen des § 613a BGB zu.

3. Die „Zuordnung" der Arbeitsverhältnisse

Mit den vorstehenden Überlegungen ist allerdings noch nicht geklärt, nach welchen Kriterien die Zuordnung der einzelnen Arbeitsverhältnisse, sei es im Falle des arbeitsrechtlichen Übergangs zu den jeweiligen Betrieben bzw. Betriebsteilen oder im Falle der spaltungsrechtlichen Übertragung zu den übernehmenden Rechtsträgern erfolgt und ob dem Arbeitnehmer bei dieser Zuordnung ein Mitwirkungs- oder Verweigerungsrecht zusteht.

Es bietet sich daher an, die Fälle des arbeitsrechtlichen und des spaltungsrechtlichen Übergangs getrennt zu beleuchten.

a. Die Zuordnung bei einem Übergang nach § 613a BGB

Der Gesetzgeber ist bei der Normierung des § 613a BGB offensichtlich – wie selbstverständlich – davon ausgegangen, dass jedes Arbeitsverhältnis auch ob-

---

445 Soweit von Teilen der Literatur von einer deklaratorischen Zuordnung oder von einem spaltungsrechtlichen Übergang mit Zustimmung der Arbeitnehmer gesprochen wird, sind diese Bezeichnungen dogmatisch nicht zutreffend: Auch bei dieser Lösung werden die Arbeitsverhältnisse nicht spaltungsrechtlich übertragen, es können allenfalls – ggf. konkludente - dreiseitige Verträge zwischen Arbeitnehmer, dem bisherigen und dem zukünftigen Rechtsträger vorliegen.

jektiv einem bestimmten Betrieb oder Betriebsteil zugeordnet werden kann, was indes nicht bei allen Arbeitsverhältnissen unproblematisch möglich ist.

Problematisch sind insbesondere die sog. Overheadpositionen, d.h. die Funktionen, in denen betriebsübergreifend gearbeitet wird, namentlich Verwaltungs- oder aber Springertätigkeiten.[446]

Das hieraus resultierende Problem liegt auf der Hand, z.B. bei der Abspaltung eines Produktionsbetriebes, da hierdurch ggf. Überhänge im Verwaltungsbereich entstehen, was zu betriebsbedingten Kündigungen führen kann, ungeachtet der mit einem Betriebsübergang oder einem Verbleib beim bisherigen Rechtsträger verbundenen sonstigen Risiken, seien sie haftungsrechtlicher oder sonstiger Natur.

Virulent wird das Problem jedoch auch bei der Unternehmensaufspaltung: Wird z.B. ein Unternehmen mit einer einheitlichen Verwaltung, aber zwei Produktionsbetrieben, gespalten, wobei jeder der neuen Rechtsträger eine eigene Verwaltung erhalten soll, so stellt sich die Frage, ob die Arbeitsverhältnisse der Overheadpositionen überhaupt einer arbeitsrechtlichen Zuordnung und damit einem Übergang nach § 613a BGB zugänglich sind.

aa. Die allgemeinen Zuordnungskriterien im Rahmen des § 613a BGB

Das BAG[447] und Teile der Literatur[448] legen im Zusammenhang mit der Zuordnung von Arbeitsverhältnissen anlässlich eines Betriebsüberganges von den übereinstimmenden Willen der Vertragsparteien, d.h. von Veräußerer und Erwerber zugrunde, wodurch der Schutzfunktion des § 613a BGB genügt werde. Sofern keine Einigung zwischen Veräußerer und Erwerber erzielt werde, sei nach objektiven Kriterien zu entscheiden, wobei der Schwerpunkt der betrieblichen Tätigkeit vor dem Betriebsübergang das ausschlaggebende Kriterium für die Zuordnung bilde.[449]

Diese Auffassung des BAG ist von der nahezu einhelligen Auffassung[450] in der Literatur zu Recht kritisiert worden: Der Übergang der Arbeitsverhältnisse ist Rechtsfolge des § 613a BGB und ist damit einer Disposition zwischen Veräußerer und Erwerber entzogen. Die Zuordnung hat damit vorrangig nach objektiven Kriterien zu erfolgen.[451] Maßgebend für die objektive Zuordnung ist der Schwerpunkt des Tätigkeitsfeldes. Erst sobald eine objektive Zuordnung auf

---

[446] Vgl. zu den möglichen Fallkonstellationen auch Brinkmann, Spaltung, S. 94 (Fn. 340).

[447] BAG AP Nr. 31 zu § 613a BGB; BAG, NZA 1986, 93.

[448] GK-KR/Pfeiffer, § 613a BGB, Rz. 22.

[449] Vgl. BAG AP Nr.31 zu § 613a BGB.

[450] Annuß, BB 1998, 1582; Bachner, AiB 1996, 291(300); Bauer, DB 1983, 1097; ErfK/Preis, § 613a BGB, Rz. 71f.; Gentges, RdA 1996, 265(268f.); Loritz, RdA 1987, 65 (79) jew. m.w.N.

[451] vgl. insoweit nur die Literaturangaben zu Fn. 448.

dieser Basis nicht möglich ist, können tatsächlich Zuordnungsprobleme auftreten.

Ein Teil der Literatur billigt in diesem Fall den Arbeitnehmern, deren Arbeitsverhältnisse im Falle eines Betriebsübergangs objektiv keinem Betrieb bzw. Betriebsteil zuzuordnen waren, ein Wahlrecht zu, ob sie dem verbleibenden oder übertragenden Betrieb zugeordnet werden wollten.[452] Dogmatisch begründet wird dieses Wahlrecht in Anlehnung an das von der Rechtsprechung entwickelte Widerspruchsrecht beim Betriebsübergang.[453]

Demgegenüber wollen andere Auffassungen in diesem Fall dem bisherigen Arbeitgeber in analoger Anwendung des § 315 BGB ein Bestimmungsrecht „nach billigem Ermessen" über die Zuordnung des Arbeitsverhältnisses einräumen, wobei die gerichtliche Kontrollmöglichkeit in einer Prüfung bestehe, ob die sozialen Gesichtspunkte ausreichend gewahrt bleiben.[454]

Eine dritte Auffassung schließlich geht davon aus, dass in den Fällen, in denen eine objektive Zuordnung, etwa nach dem Schwerpunkt der Tätigkeit, nicht möglich sei, das Arbeitsverhältnis beim bisherigen Betriebsinhaber verbleibe.[455]

Auch nach dem Inkrafttreten des Umwandlungsgesetzes hat sich am Meinungsstreit über die Zuordnung der Arbeitsverhältnisse im Rahmen des § 613a BGB nichts geändert.

bb. Stellungnahme

Die Auffassungen, die im Falle der fehlenden objektiven Zuordnungsmöglichkeit von Arbeitsverhältnissen entweder dem Arbeitnehmer oder aber dem Arbeitgeber eine entsprechende Dispositionsbefugnis zubilligen, verkennen den Schutzzweck des § 613a BGB, der darin besteht, die Arbeitsverhältnisse zu sichern und vor einer Auflösung wegen des Betriebsüberganges zu schützen.[456]

§ 613a BGB schützt damit lediglich den Fortbestand der Arbeitsverhältnisse, nicht jedoch den Erhalt der Arbeitsplätze bei einem Betriebsübergang.

Aus diesem Grunde muss die Zuordnung der Arbeitsverhältnisse auch immer betriebsbezogen erfolgen; eine unternehmenstechnische Betrachtung ist daher regelmäßig ebenso auszuschließen wie die Charakterisierung des einzelnen Arbeitsplatzes als Betriebsteil.[457]

---

452 Bachner, AiB 1996, 291; Erman/Hanau, § 613a BGB, Rz.47; Müller/Thüsing, ZIP 1997, 1873; v. Hoyningen-Huene/Windbichler, RdA 1977, 329 (334).

453 Vgl. ErfK/Preis, § 613a BGB, Rz.72; zum Widerspruchsrecht siehe unten Kapitel C. II.

454 Annuß, NZA 1998, 70; Bauer, Unternehmensveräußerung, S. 47; ders., DB 1983, 1097; Willemsen, RdA 1993, 133 (137).

455 Kreitner, NZA 1990, 429 (432); MünchArbR/Wank, 2. Aufl., § 124, Rz. 122; Wank/Brüning, ZfA 1995, 699.

456 Vgl. insoweit nur GK-KR/Pfeiffer, § 613a BGB, Rz.3.

457 Ders., a.a.O.; a.A. jedoch Mengel, Umwandlungen, S. 138 f., die in diesen Fällen ebenso wie Joost keine arbeits- sondern eine unternehmenstechnische Verknüpfung vornehmen will

Vielmehr wäre eine solche Auslegung weder vom Wortlaut noch vom Sinn des § 613a BGB gedeckt.

Die Zuerkennung eines arbeitnehmerseitigen Wahlrechts widerspräche darüber hinaus auch dem - nach wie vor geltenden - Grundsatz der unternehmerischen Dispositionsfreiheit: § 613a BGB schützt ausschließlich die Arbeitsverhältnisse des jeweiligen übergehenden (Teil)betriebes, wirkt also gerade nicht unternehmensbezogen. Die verbleibenden Arbeitsverhältnisse werden über die allgemeinen Vorschriften geschützt. Insoweit bedarf es auch keines besonderen Schutzes, da jeder Arbeitgeber auch nach allgemeinen Rechtsgrundsätzen die Möglichkeit hat, betriebsbedingte Kündigungen bei - nicht mit einem Betriebsübergang verbundenem - Outsourcing auszusprechen.
Andererseits führt § 613a BGB jedoch ebenfalls nicht zu einer Erweiterung der arbeitgeberseitigen Dispositionsbefugnis: Der Arbeitgeber soll gerade nicht berechtigt werden, eine einseitige Zuordnung – und sei sie noch so sozial ausgewogen – vorzunehmen. Vielmehr ist auch der Arbeitgeber in diesem Falle auf die allgemeinen arbeitsrechtlichen Möglichkeiten zur Inhaltsänderung des Arbeitsverhältnisses zu verweisen.

Danach steht fest, dass die Arbeitsverhältnisse, die dem jeweiligen (Teil)betrieb, der übertragen wird, objektiv nicht zuzuordnen sind (also etwa übergeordnete Betriebsteile), auch im Falle des Übergangs des (Rest)betriebs(teils), beim bisherigen Arbeitgeber verbleiben.
Auch unter umwandlungsrechtlichen Gesichtspunkten besteht keinerlei Bedürfnis für eine andere Beurteilung, da das Umwandlungsrecht – wie bereits mehrfach dargestellt - die insoweit einschlägigen arbeitsrechtlichen Grundsätze nicht beeinflussen soll.

b. Die Zuordnung im Rahmen des § 323 Abs. 2 UmwG

Einen Sonderfall stellt indes die Zuordnung der Arbeitsverhältnisse im Rahmen des § 323 Abs. 2 UmwG dar.

Weitgehende Einigkeit besteht in der Literatur darüber, dass § 323 Abs. 2 UmwG den Betriebspartnern nicht die Möglichkeit geben soll, Arbeitsverhältnisse willkürlich, d.h. in Abweichung von dem Betriebsteil zuzuordnen, dem sie tatsächlich zuzuordnen sind.[458]

Die weitaus überwiegende Auffassung in der Literatur[459] geht jedoch darüber hinaus davon aus, dass einer im Rahmen des § 323 Abs. 2 UmwG getroffenen

---

und - unzutreffend - diese Arbeitsverhältnisse ebenfalls dem Schutzzweck des § 613a BGB unterstellt.

[458] Boecken, Unternehmensumwandlungen, Rz.125; ErfK/Ascheid, § 323 UmwG, Rz.10; Kallmeyer/Willemsen, § 324, Rz.25; Lutter/Joost, § 323, Rz. 37; Mengel, Umwandlungen, S. 128; Wlotzke, DB 1995, 40 (45).

[459] ErfK/Preis, § 323, Rz. 11; Kallmeyer/Willemsen, § 324, Rz.23; ebenso wohl Lutter/Joost, § 323, Rz. 30; vgl. auch Willemsen, NZA 1996, 791(799); Wlotzke, DB 1995, 40(45); noch

Zuordnung gerade und ausschließlich in den Fällen ein Bedeutungsgehalt zukomme, in denen Arbeitsverhältnisse objektiv keinem bestimmten Betrieb oder Betriebsteil zuzuordnen seien. In diesen Fällen ermögliche es die Norm, auch diese Arbeitsverhältnis – nach sachlichen Erwägungen – einem bestimmten Betriebsteil zuzuordnen.

Demgegenüber will Boecken den Anwendungsbereich des § 323 Abs.2 UmwG von vornherein auf die Fälle außerhalb des Anwendungsbereichs des § 613a BGB beschränken, da aufgrund der insoweit zwingenden gesetzlichen Vorgaben keinerlei Zuordnungsfreiheit bestehe und § 323 Abs. 2 UmwG auch keine vorrangige Sonderbestimmung darstelle, die den Betriebspartnern eine derartige Zuordnungsfreiheit bis zur Grenze der „groben Fehlerhaftigkeit" einräume.[460]

Die Auffassung von Boecken ist zunächst naheliegend. Bei dieser Betrachtungsweise bleiben die allgemeinen – objektiven - Zuordnungsgrundsätze, aufgrund derer die Dispositionsbefugnis gerade ausgeschlossen ist, auch im Falle eines Interessenausgleichs nach § 323 Abs. 2 UmwG gewahrt.

Eine solche Auslegung entspricht damit auch vordergründig dem Ziel des Gesetzgebers, im Rahmen des Umwandlungsrechts die allgemeinen zivilrechtlichen Grundsätze weitmöglichst zu erhalten. Würde man den Betriebspartnern demgegenüber eine weitergehende Zuordnungskompetenz – wenn auch nur mit präjudizieller Wirkung – zusprechen, scheint der umwandlungsrechtlichen Vorschrift des § 323 Abs. 2 UmwG eine arbeitsrechtlich gestaltende Funktion zuzukommen, was ihr den Charakter als bloße arbeitsrechtlich „flankierende" Regelung nehmen würde.[461] Dies würde jedoch gerade im Widerspruch zu der nach dem gesetzgeberischen Willen unbedingten und uneingeschränkten Fortgeltung des § 613a BGB stehen.

Der Wortlaut des § 323 Abs. 2 UmwG, wonach im Rahmen des Interessenausgleichs die Arbeitnehmer zu bezeichnen sind, die „nach" der Umwandlung bestimmten Betrieben oder Betriebsteilen „zugeordnet" werden sollen, ist in diesem Zusammenhang ambivalent: Einerseits geht das Gesetz von einer Zuordnung zu bestimmten Betrieben oder Betriebsteilen aus, die allerdings nur im Rahmen eine Übergangs nach § 613a BGB erforderlich und auch sinnvoll ist. Andererseits soll sich die Zuordnung auf die Zeit nach der Umwandlung, also nicht anlässlich der Umwandlung beziehen, was wiederum nahe legt, dass es

---

weitergehend Mengel, Umwandlungen, S. 128, die in diesem Fall – dogmatisch unzutreffend - von einer „Vorrangstellung" der Zuordnung nach § 323 Abs.2 UmwG ausgeht.

460 Boecken, Unternehmensumwandlungen, a.a.O.; im Sinne dieser Lösung auch Müller-Ehlen, Übergang von Arbeitsverhältnissen, S. 66.

461 Die arbeitsrechtlichen Vorschriften, die zunächst im Umwandlungsgesetz völlig fehlten sind vorrangig auf Wunsch der Arbeitnehmervertreter, namentlich der Gewerkschaften, mit einbezogen worden, bezwecken also den Erhalt der Arbeitnehmerrechte.

sich um Arbeitsverhältnisse handelt, die spaltungsrechtlich übertragen werden sollen.

Allerdings soll die Rechtsfolge des § 323 Abs. 2 UmwG – wie dargestellt – gerade nicht darin bestehen, eine individualrechtliche Bindungswirkung herbeizuführen. Vielmehr soll die Zuordnung im Rahmen eines Interessenausgleichs nach § 323 Abs. 2 UmwG keinen Ausschluss des Rechtsschutzes bewirken, sondern lediglich eine präjudizielle Wirkung entfalten, da die Arbeitsgerichte die vorgenommene Zuordnung nur noch auf „grobe Fehlerhaftigkeit" überprüfen können.

Schließlich käme der Vorschrift, wenn man – wie hier – davon ausgeht, dass die nicht zuzuordnenden Arbeitsverhältnisse ohnehin unproblematisch beim bisherigen Rechtsträger verbleiben und im Rahmen eines spaltungsrechtlichen Übergangs, der sich darüber hinaus auf die Aufspaltung beschränkt, die nicht zuzuordnenden Arbeitsverhältnisse nach den Bestimmungen des Spaltungsvertrages bzw. -planes übergehen,[462] praktisch keinerlei eigenständiger Bedeutungsinhalt mehr zu.[463]

Richtigerweise wird man daher die Vorschrift so verstehen müssen, dass die Betriebspartner die im Rahmen des § 323 Abs. 2 UmwG vorgesehene Zuordnung nach – eingeschränkt – subjektiven Kriterien treffen können, und hierdurch mittelbar auch solche Arbeitsverhältnisse zuzuordnen sind, die bei einer rein objektiven Betrachtungsweise keinem Teilbetrieb zugeordnet werden könnten.

Die Annahme von Teilen der Literatur[464], die Vorschrift des § 323 Abs. 2 UmwG sei, insbesondere da sie erst im Zuge der letzten Beratungen in das Umwandlungsgesetz mit aufgenommen wurde, als „Kompensation" für die im Referentenentwurf noch vorgesehene, letztlich jedoch unterbliebene freie spaltungsrechtliche Übertragungsmöglichkeit von Arbeitsverhältnissen zu verstehen, erscheint allerdings zu weitgehend.

Vielmehr ist davon auszugehen, dass der Gesetzgeber gerade im Rahmen einer Unternehmensumwandlung ein besonderes Bedürfnis für ein gewisses Maß an Rechts- und damit auch Planungssicherheit namentlich für die an der Umwandlung beteiligten Rechtsträger, aber auch für die Arbeitnehmer gewährleisten wollte. Dies zeigt bereits der Verweis in der Gesetzesbegründung auf die Parallelvorschrift des § 125 InsO. Auch § 125 InsO stellt kein individualverbindliches arbeitsrechtliches Gestaltungsmittel dar, sondern bezweckt vor allem die Rechtssicherheit eines potentiellen Betriebserwerbers, um eine ggf. noch mögliche Rettung von Unternehmensteilen zu erleichtern.[465] Die Interessenlage bei der Unternehmensspaltung ist jedoch derjenigen im Falle des § 125 InsO insoweit vergleichbar, als auch die an der Umwandlung beteiligten Rechtsträger an-

---

462 Vgl. oben Kap. C I 3.

463 So konsequent auch Boecken, Unternehmensumwandlungen, S. Rz.130.

464 So offensichtlich Kallmeyer/Willemsen, § 324, Rz.25.

465 Vgl. nur ErfK/Ascheid, § 125 InsO, Rz. 1.

gesichts der mit der Umwandlung verbundenen wirtschaftlichen und rechtlichen Risiken auf Rechtssicherheit angewiesen sind. Das mit dem Umwandlungsgesetz beabsichtigte Ziel einer vereinfachten gesellschaftsrechtlichen Organisationsänderung lässt sich nur erreichen, wenn mögliche Unwägbarkeiten bereits im Vorfeld ausgeräumt werden können. Lediglich diese Rechtssicherheit wird mit dem Interessenausgleich nach § 323 Abs. 2 UmwG bezweckt; einer weitergehenden Wirkung bedarf die Regelung nicht.

Eine derartige den Betriebsparteien zugewiesene Kompetenzzuordnung stellt keineswegs eine dem Rechtsgedanken des § 613a BGB zuwiderlaufende Dispositionsbefugnis dar.

Vielmehr müssen sich die Betriebsparteien – wie es im Gesetz zum Ausdruck kommt - über die Zuordnung auf der Grundlage sachlicher Kriterien einigen, da anderenfalls eine „grobe Fehlerhaftigkeit“ vorliegt, anderenfalls die getroffene Zuordnung im Rahmen einer arbeitsgerichtlichen Überprüfung als fehlerhaft erkannt und die hiermit verbundenen Rechtswirkungen beseitigt werden. Die Betriebsparteien haben damit lediglich das Recht, Kriterien, die aus ihrer – subjektiven – Sicht zur Zuordnung zu einem bestimmten Betrieb oder Betriebsteil berechtigen sollen, zu berücksichtigen, ohne auf eine bloß objektive Betrachtungsweise festgelegt zu sein.

Es ist im Rahmen einer solchen Zuordnung zwar möglich und auch wahrscheinlich, dass hierdurch auch Arbeitsverhältnisse einem Betriebsteil zugeordnet werden, dem sie ansonsten – bei bloßer objektiver Betrachtung nicht hätten zugeordnet werden können.

Gleichwohl entsteht dem hiervon betroffenen Arbeitnehmer kein Nachteil: Es bleibt ihm unbenommen, die getroffene Zuordnung gerichtlich anzugreifen, er ist in diesem Fall allerdings darlegungs- und beweisbelastet dafür, dass die Zuordnung völlig sachwidrig war.

Schließlich erscheint die dem Betriebsrat in diesem Rahmen zugedachte Kompetenz nicht sachwidrig: Der Betriebsrat ist gesetzlicher Interessenvertreter der Arbeitnehmer, so dass auch im Rahmen des § 323 Abs. 2 UmwG davon ausgegangen werden kann und muss, dass der Betriebsrat seiner hieraus resultierenden Verantwortung gerecht wird, und dass die getroffene Zuordnung im Rahmen des § 323 Abs. 2 UmwG die Vermutung – mehr allerdings nicht – der Richtigkeit in sich birgt.

Praktisch bedeutsam wird die Zuordnung nach § 323 Abs. 2 UmwG also in allen Fällen, in denen die Zuordnung des Arbeitnehmers zweifelhaft ist, einschließlich derer, in denen eine objektive Zuordnung ansonsten unmöglich ist.

c. Die „spaltungsrechtliche“ Zuordnung

Fraglich ist ferner, ob bzw. in welcher Form eine Zuordnung im Falle der Aufspaltung erfolgt, soweit die Tatbestandsvoraussetzungen des § 613a BGB nicht erfüllt sind, also ein spaltungsrechtlicher Übergang vorliegt, bei dem der bisherige Rechtsträger erlischt.

Folgt man der hier vertretenen Auffassung und bejaht die Möglichkeit eines spaltungsrechtlichen Übertragungstatbestandes, so ist in diesem Fall eine Zuordnung zu bestimmten Betrieben oder Betriebsteilen nicht erforderlich, ja rechtlich nicht einmal möglich, da es bereits an dem objektiven Anknüpfungsmerkmal fehlt.

Ferner bedarf die Zuordnung keiner Zustimmung der Arbeitnehmer, was durch § 133 UmwG klargestellt wird. Die Übertragung erfolgt vielmehr ausschließlich auf der Grundlage der im Spaltungsvertrag bzw. -plan vorgesehenen Zuordnung, über die allein die an der Spaltung beteiligten Rechtsträger zu entscheiden haben.

Es bleibt den Betriebsparteien schließlich auch unbenommen, Arbeitnehmer, die objektiv keinem Betriebsteil zuzuordnen sind, also grundsätzlich der spaltungsrechtlichen Dispositionsbefugnis unterliegen, ebenfalls bestimmten Betrieben oder Betriebsteilen im Rahmen eines Interessenausgleichs nach § 323 Abs.2 UmwG zuzuordnen. In einem solchen Fall wirkt die im Rahmen des Interessenausgleichs vorgenommene Zuordnung also quasi-konstitutiv, da der Arbeitgeber hierdurch auf seine spaltungsrechtliche Übertragungskompetenz verzichtet und sich der Übergang nach § 613a BGB vollzieht.

Gleichwohl kann ein derartiger Verzicht auf die spaltungsrechtliche Übertragungskompetenz aufgrund der damit verbundenen Rechtssicherheit durchaus vorteilhaft und damit sinnvoll sein.

d. Die unterlassene Zuordnung bei der Aufspaltung

Schließlich ist es möglich, dass die Zuordnung einzelner Arbeitsverhältnisse im Spaltungsvertrag bzw. -plan bei der Aufspaltung – gleich aus welchen Gründen – unterblieben ist.

Sofern diese Arbeitsverhältnisse einem bestimmten Betrieb bzw. Betriebsteil zuzuordnen sind, bestehen keinerlei Probleme: Der Übergang erfolgt nach § 613a BGB, die Nichterwähnung hat keinerlei Auswirkungen.

Anders ist die Sachlage jedoch bei den Arbeitsverhältnissen, die nicht nach § 613a BGB übergehen, sondern spaltungsrechtlich übertragen werden müssen, weil sie objektiv keinem Betriebsteil zuzuordnen sind.

Betrachtet man den Regelungsgehalt des § 131 Abs. 3 UmwG, so ist zunächst festzustellen, dass § 131 Abs. 3 UmwG nur für die Gegenstände des Aktivvermögens, d.h. die Forderungen der beteiligten Rechtsträger, gilt. Verbindlichkeiten werden von § 131 Abs. 3 UmwG demgegenüber nicht erfasst.

Hier gilt vielmehr die Haftungsregelung des § 133 Abs. 1 UmwG, nach der die an der Spaltung beteiligten Rechtsträger für die vor dem Wirksamwerden der

Spaltung begründeten Verbindlichkeiten als Gesamtschuldner haften.[466] Nach allgemeiner Rechtsauffassung ist eine Verbindlichkeit begründet, sobald die Rechtsgrundlage gelegt ist.[467] Im Rahmen von Dauerschuldverhältnissen ist gem. § 133 Abs. 1 UmwG damit jede aus dem Dauerschuldverhältnis resultierende Einzelverbindlichkeit als Altverbindlichkeit anzusehen, selbst wenn sie erst nach dem Wirksamwerden der Spaltung fällig wird, sofern der die Einzelverbindlichkeit begründende Dauerschuldvertrag vor dem Wirksamwerden der Spaltung abgeschlossen wurde.[468] Die Entgeltansprüche der Arbeitnehmer werden daher von der unterlassenen Zuordnung nicht tangiert; der Arbeitnehmer kann beide beteiligten Rechtsträger über § 133 UmwG als Gesamtschuldner in Anspruch nehmen.

Betroffen von der unterlassenen Zuordnung ist damit allein der Anspruch des Arbeitgebers auf die Erbringung der Arbeitsleistung, der mit dem Beschäftigungsanspruch des Arbeitnehmers korrespondiert.

Die vom Gesetz für diesen Fall in § 131 Abs. 3 UmwG vorgesehene Rechtsfolge einer „quotierten" Übertragung auf die an der Aufspaltung beteiligten Rechtsträger entsprechend des ihnen ausweislich der Schlussbilanz zugewiesenen Reinvermögens im Sinne einer Bruchteilsgemeinschaft nach §§ 741 ff. BGB vermag im Falle des Übergangs von Arbeitsverhältnissen – abgesehen von den hiermit verbundenen praktischen Problemen - auch dogmatisch nicht zu befriedigen: Es käme zu einer Spaltung des Arbeitsverhältnisses, aufgrund derer der Arbeitnehmer ggf. zwei Arbeitgebern verpflichtet wäre, eine Rechtsfolge, die dem Grundgedanken des Arbeitsverhältnisses widerspricht.

aa. Der Meinungsstand

Ein Teil der Literatur, der allerdings den spaltungsrechtlichen Übergang nur unter der Voraussetzung einer Einigung mit dem Arbeitnehmer als möglich ansieht, geht im Falle der Nichteinigung von einem Erlöschen des Arbeitsverhältnisses aus.[469]

Diese Auffassung ist vor allem mit dem Argument kritisiert worden, der Arbeitnehmer werde hierdurch gezwungen, jedes Zuordnungsangebot des Arbeitgebers anzunehmen; darüber hinaus sei die Umwandlung als auslösender Faktor der Problematik der Sphäre des Arbeitgebers zuzurechnen, weshalb es unbillig sei, das Risiko der Zuordnung auf den Arbeitnehmer abzuwälzen.[470]

---

466 Unstr., vgl. insoweit nur Begr.RegE, BT-Drucks. 12/6699, 120 (121); Kallmeyer/Müller, § 131, Rz. 17 m.w.N.; siehe hierzu auch schon oben Kap. B. III. 2. a. dd.; sowie eingehend noch unten Kap. C. IV.

467 Allg. Auff. vgl. nur Kallmeyer/Kallmeyer, § 133, Rz. 9; Baumbach/Hopt, § 128, Rz. 29 jew. m.w.N.

468 Dies., a.a.O.

469 Boecken, ZIP 1994, 1087 (1093); ders., Unternehmensumwandlungen, Rz. 116.

470 Schnitker, Auswirkungen des Umwandlungsgesetzes, S. 87.

Gegen ein Erlöschen spricht auch die hierdurch dem Arbeitnehmer ggf. eingeräumte Möglichkeit, sich ohne Einhaltung von verlängerten vertraglichen Kündigungsfristen – wie etwa bei leitenden Angestellten oder Arbeitnehmern in Schlüsselpositionen üblich –vom Arbeitsverhältnis zu lösen.

Andere Autoren billigen dem Arbeitnehmer ein Wahlrecht zu, das sie in Anlehnung an die bereits dargestellten Rechtsauffassungen im Rahmen der Zuordnung nach § 613a BGB herleiten.[471]

Nach einer weiteren Auffassung wird dem Arbeitgeber eine nachträgliche Wahlmöglichkeit auf der Grundlage des Rechtsgedankens der „Nachtragsabwicklung" zuerkannt.[472]

Auch wird erwogen das Problem über eine salvatorische Klausel im Spaltungsvertrag bzw. -plan zu lösen, aufgrund derer die unbezeichneten Arbeitnehmer vorab einem bestimmten Rechtsträger zugewiesen werden.[473]

bb. Stellungnahme

Abzulehnen ist zunächst die These, dass das Arbeitsverhältnis bei unterlassener Zuordnung erlischt. Dies gilt ungeachtet der Frage, ob man – wie die nahezu einhellige Auffassung in der Literatur - einen „spaltungsrechtlichen Übergang" nur mit Zustimmung des Arbeitnehmers annimmt oder aber – wie hier – von der unmittelbaren und zustimmungsfreien spaltungsrechtlichen Übertragungsmöglichkeit ausgeht.

Bereits aus den allgemeinen arbeitsrechtlichen Grundsätzen ergibt sich, dass eine mangelnde Einigung zwischen Arbeitgeber und Arbeitnehmer niemals das Erlöschen des Arbeitsverhältnisses zur Folge hat, sondern unter bestimmten Voraussetzungen allenfalls eine Kündigungsmöglichkeit – gleich ob außerordentlich oder ordentlich – begründen kann.

Die Rechtsfolge eines „Erlöschens" des Arbeitsverhältnisses lässt sich auch nicht mit „besonderen" umwandlungsrechtlichen Erwägungen im Falle der Aufspaltung begründen.[474]

Der Vorschlag einer salvatorischen Klausel stellt sicherlich einen pragmatischen und den im Sinne des Umwandlungsrechts „elegantesten" Lösungsversuch dar, der jedoch in den Fällen nicht weiterführt, in denen die Aufnahme einer salvatorischen Klausel im Spaltungsvertrag unterblieben ist.

---

471 So bereits – de lege lata - Mertens, Umwandlung und Universalsukzession, S. 169.

472 Vgl. zu dieser Konstruktion ausf. Müller-Ehlen, Übergang von Arbeitsverhältnissen, S. 50, der die Nachtragsliquidation wegen der Besonderheit der partiellen Gesamtrechtsnachfolge im Umwandlungsrecht ablehnt.

473 Lutter/Teichmann, § 131, Rz. 22; Teichmann, ZGR 1993, 396 (415); vgl. hierzu auch allg. Engelmayer, Spaltung, S. 361.

474 So jedoch offensichtlich Boecken, Unternehmensumwandlungen, Rz. 116.

Es fragt sich damit, ob die gesetzlich vorgesehene Zuweisung im Sinne des § 131 Abs. 3 1. Hs. UmwG im Bereich des Arbeitsrechts tatsächlich rechtsdogmatisch verfehlt ist.

Von einer derartigen Verfehlung könnte nur dann ausgegangen werden, wenn sich die inhaltliche Identität des Arbeitsverhältnisses durch eine Gläubigermehrheit auf Arbeitgeberseite ändern würde, sofern hierdurch der Charakter des Arbeitsverhältnisses als einheitliches Schuldverhältnis aufgehoben würde.[475]

In Betracht käme vorrangig das Vorliegen einer Gesamtgläubigerschaft nach § 428 BGB oder aber einer Mitgläubigerschaft nach § 432 BGB auf Arbeitgeberseite hinsichtlich des Anspruchs auf Arbeitsleistung.

Eine „gespaltene" Gläubigerstellung steht jedoch – abgesehen von den damit verbundenen praktischen Problemen - durch die Aufrechterhaltung gemeinsamer Strukturen in Widerspruch zur Zielsetzung der Spaltung. Gegen die Gesamtgläubigerschaft könnte darüber hinaus der unteilbare Charakter der Arbeitsleistung sprechen, die an die Ausübung eines einheitlichen Direktionsrechts gebunden ist.[476]

Müller-Ehlen versucht, diesen Widerspruch über eine extensive Auslegung des § 131 Abs. 3 2. Hs. UmwG zu lösen, dem er die gesetzgeberische Wertung entnimmt, den an der Spaltung beteiligten Rechtsträgern auch nachträglich eine freie Zuordnung zu einem bestimmten Rechtsträger zu ermöglichen.[477] Die Ausübung dieser Zuordnungsbefugnis sei nicht nur gesetzlich zulässig, sondern unter dem Gesichtspunkt der arbeitgeberseitigen Fürsorgepflicht zwangsläufig geboten.

Zuzustimmen ist Müller-Ehlen zunächst darin, dass vordergründig nicht einzusehen ist, weshalb dem Rechtsträger, dem im Rahmen des Spaltungsvertrages bzw. -planes eine einseitige Zuordnungsbefugnis eingeräumt wurde, die nachträgliche Ausübung dieses Rechts versagt werden soll, zumal § 131 Abs. 3 UmwG auch für diesen Fall eine Regelung bereithält.

§ 131 Abs. 3 UmwG bezweckt jedoch vorrangig die angemessene Aufteilung von Forderungen im Innenverhältnis zwischen den an der Spaltung beteiligten Rechtsträgern, um spätere Streitigkeiten auszuschließen, wie dies auch in § 131 Abs. 3 2. Hs. UmwG zum Ausdruck kommt.

Auch verkennt Müller-Ehlen den ambivalenten Charakter des Anspruchs auf Arbeitsleistung der mit der Beschäftigungspflicht korrespondiert.

Ferner ist im Rahmen des Arbeitsverhältnisses von besonderer Bedeutung, dass Inhalt und Fortbestand eines Arbeitsverhältnisses von vielen Faktoren abhängen, die nicht im Einflussbereich des Arbeitnehmers liegen, sondern auf unternehmerischen Entscheidungen beruhen. Die Zuerkennung eines nachträgli-

---

475 Müller-Ehlen, Übergang von Arbeitsverhältnissen, S. 52.

476 Ders., Übergang von Arbeitsverhältnissen, a.a.O.

477 Ders., Übergang von Arbeitsverhältnissen, S. 54.

chen Wahlrechts der beteiligten Rechtsträger würde damit ein Einfallstor für Missbrauchsmöglichkeiten eröffnen.[478]

Für die Zuerkennung eines derartigen nachträglichen Bestimmungsrechts spricht schließlich auch nicht die dem Arbeitgeber obliegende Fürsorgepflicht, da der Arbeitnehmer im Gegenteil hinsichtlich seines Entgeltanspruchs zwei Schuldner in Anspruch nehmen kann, wobei ihm nach der Haftungsregelung des § 133 UmwG sogar ein Wahlrecht zusteht, welchen der Rechtsträger er in Anspruch nehmen möchte.

Diese Gesamtschuldnerstellung der an der Spaltung beteiligten Rechtsträger unterliegt auch nicht der Nachhaftungsbegrenzung nach § 133 Abs. 3 UmwG, wie sich aus der Wechselwirkung zwischen § 131 Abs. 3 und § 133 Abs. 3 UmwG ergibt: Obwohl § 131 Abs. 3 UmwG nur die Zuordnung von Forderungen erfasst, ergibt sich aus der in § 131 UmwG getroffenen Wertung, dass nicht zugeordnete Forderungen den Rechtsträgern anteilig im Verhältnis zu den sonstigen von Ihnen übernommenen Vermögensgegenständen zuzuweisen sind. Es gilt damit eine gesetzliche Zuteilungsfiktion, die sich naturgemäß auf die hiermit korrespondierenden Verbindlichkeiten übertragen lässt. Es ist damit davon auszugehen, dass die Verbindlichkeiten, deren Zuordnung unterlassen wurde, beiden Rechtsträgern als anteilig zugeordnet gelten. Anderenfalls könnten die Rechtsträger allein durch Unterlassen einer derartigen Zuordnung die Nachhaftungsbegrenzung nach § 133 Abs. 3 UmwG herbeiführen. Schließlich stellt sich auch hier die Frage, wie zu verfahren ist, wenn die Rechtsträger nicht – wie von Müller-Ehlen vorausgesetzt – ihrer Verpflichtung zur „unverzüglichen“ Ausübung des nachträglichen Wahlrechts nachkommen.

Schließlich kann die Lösung des Problems auch nicht darin gesehen werden, dem Arbeitnehmer in diesem Fall ein nachträgliches Wahlrecht einzuräumen, da die Zuerkennung eines solchen Wahlrechts gegen die umwandlungsrechtlich vorgesehene Dispositionsbefugnis der Rechtsträger verstoßen würde. Auch darf nicht verkannt werden, dass sich durch die bloße Gläubigermehrheit nichts am Inhalt des Arbeitsverhältnisses ändern kann.

Aus diesem Grunde ist auch eine Gesamtgläubigerstellung der an der Spaltung beteiligten Arbeitgeber abzulehnen, da im Rahmen einer Gesamtgläubigerstellung dem Arbeitnehmer ein derartiges – systemwidriges - Wahlrecht eingeräumt würde.[479]

Zutreffend ist es daher, den Anspruch der Rechtsträger auf die Arbeitsleistung des Arbeitnehmers im Falle der unterlassenen Zuordnung bei der Aufspaltung als gemeinschaftlichen Gläubigeranspruch i.S.d. § 432 BGB anzusehen.[480]

---

478 So auch – allerdings mit abw. Begr. – Schnitker, Auswirkungen des Umwandlungsgesetzes, S. 88.

479 Vgl. zu den Grundsätzen der Gesamtgläubigerschaft nur Palandt/Heinrichs, § 428, Rz. 1ff.

480 So wohl i.E. auch Däubler, RdA 1995, 136 (142).

Im Falle der unterlassenen Zuordnung haben die Rechtsträger auch keine Möglichkeit, sich einseitig von dieser gemeinschaftlichen Rechtsstellung zu lösen, es sei denn im Wege der Änderungskündigung oder aber durch einvernehmliche Regelung mit dem Arbeitnehmer.[481]

e. Ergebnis

Die Zuordnung der Arbeitsverhältnisse erfolgt bei einem arbeitsrechtlichen Übergang nach den allgemein im Rahmen des § 613a BGB geltenden Grundsätzen, d.h. nach objektiven Kriterien. § 323 Abs. 2 UmwG gibt den Betriebsparteien das Recht, objektiv nicht zuzuordnende Arbeitsverhältnisse aufgrund weiterer subjektiver, allerdings sachlich berechtigter, Kriterien bestimmten Betriebsteilen zuzuordnen.

Im Falle der spaltungsrechtlichen Übertragung obliegt dem Arbeitgeber die alleinige Dispositionsbefugnis. Sofern eine Zuteilung dieser Arbeitsverhältnisse im Spaltungsvertrag bzw. -plan unterlassen wurde, besteht kein nachträgliches Zuweisungsrecht der Rechtsträger.

Der Anspruch auf die Arbeitsleistung kann nur in Form der gemeinschaftlichen Gläubigerschaft geltend gemacht werden. Der Anspruch des Arbeitnehmers auf Entlohnung folgt aus dem Arbeitsvertrag in Verbindung mit § 133 UmwG.

4. Zusammenfassung

Die generelle Anwendbarkeit des § 613a BGB führt zu einem Gleichlauf zwischen Betriebsübergang und Individualarbeitsverhältnis.

Die Parteien des Spaltungsvertrages können frei bestimmen, welche Betriebe übergehen sollen, wohingegen sie in Hinblick auf die Arbeitsverhältnisse diese Disponibilität grundsätzlich nicht haben. Nach der hier vertretenen Auffassung gehen in sämtlichen Fällen, in denen die Spaltung mit einem Betriebsübergang verbunden ist, die Arbeitsverhältnisse nach § 613a BGB über. § 126 Abs. 1 Nr. 9 UmwG eröffnet nicht die Möglichkeit einer spaltungsrechtlichen Übertragung der Arbeitsverhältnisse. Vielmehr gehen die Arbeitsverhältnisse ausschließlich gemäß § 613a BGB über. Eine spaltungsrechtliche Übertragung der Arbeitsverhältnisse ohne gleichzeitigen Betriebsübergang ist von § 126 Abs. 1 Nr. 9 UmwG nicht umfasst und auch nicht erforderlich. In diesen Fällen kommt eine zwei- bzw. dreiseitige Vereinbarung in Betracht, die dogmatisch jedoch nichts mit einem „spaltungsrechtlichen" Übergang zu tun hat. Auch § 323 Abs.2 UmwG hat keine individualrechtlich bindende Wirkung im Sinne eines spaltungsrechtlichen Übergangs der Arbeitsverhältnisse.

481 A.A. Schnitker, Auswirkungen des Umwandlungsgesetzes, S. 88; der von einem Übergang des gesamten Arbeitsverhältnisses nach § 133 UmwG ausgeht, jedoch eine Verpflichtung des Arbeitnehmers zur Erbringung der Arbeitsleistung bis zum Ausspruch einer Änderungskündigung mit dem Ziel der Zuordnung auf einen Rechtsträger ablehnt; der Lohnanspruch des Arbeitnehmers ergebe sich in diesem Fall aus § 615 BGB.

Einen Ausnahmefall stellt lediglich die Aufspaltung dar, bei der der ursprüngliche Rechtsträger erlischt. Allein dort erfolgt die Übertragung der Arbeitsverhältnisse, die nicht gem. § 613a BGB übergehen, auf der Grundlage der im Spaltungsvertrag bzw. -plan vorgesehenen Zuordnung nach dem Umwandlungsgesetz.

II. Widerspruchsrecht der Arbeitnehmer

Von der ständigen Rechtsprechung des BAG ist dem Arbeitnehmer im Wege der Rechtsfortbildung über den Wortlaut des § 613a BGB hinaus das Recht zugebilligt worden, dem Übergang seines Arbeitsverhältnisses zu widersprechen.

Rechtsmethodisch ergibt sich dieses Widerspruchsrecht aus einer teleologischen Reduktion des § 613a BGB.[482] Begründet wird diese teleologische Reduktion mit dem Argument, § 613a BGB sei als Arbeitnehmerschutzrecht ausgestaltet und solle sicherstellen, dass der Übergang des Arbeitsverhältnisses unabhängig von dem Willen des Veräußerers oder Erwerbers erfolge. Nicht vom Schutzzweck des § 613a BGB gedeckt sei jedoch ein Übergang gegen den Willen des Arbeitnehmers.[483]

Fraglich ist jedoch, ob die Zuerkennung eines solchen Widerspruchsrechts dogmatisch tatsächlich geboten ist. Auch könnten die Regelungen des Umwandlungsgesetzes Einfluss auf das Normverständnis zu § 613a BGB haben.

So könnte einem Widerspruchsrecht das Ziel des Umwandlungsgesetzes, wirtschaftliche Umstrukturierungen zu erleichtern, entgegenstehen, und zwar insbesondere dann, wenn ein Großteil der Arbeitnehmer von einem ihm zustehenden Widerspruchsrecht Gebrauch macht, so dass der übernehmende Rechtsträger nicht auf die zur Führung des Betriebs erforderliche eingearbeitete Belegschaft zurückgreifen kann.[484]

Desgleichen könnte dem Widerspruchsrecht im Rahmen der Umwandlung das durch das Umwandlungsgesetz neugeschaffene Rechtsinstitut der Aufspaltung entgegenstehen, bei der ein Widerspruchsrecht wegen des Erlöschens des bisherigen Rechtsträgers ins Leere liefe.

1. Das Widerspruchsrecht bei Rechtsübergang nach § 613a BGB

Nachstehend sollen die bislang zum Widerspruchsrecht vertretenen wesentlichen Auffassungen zunächst dargestellt werden.

---

482 Vgl. hierzu Erman/Hanau, § 613a, Rz. 57.

483 Vgl. grundlegend hierzu BAG AP Nr.1 zu § 613a BGB.

484 Vgl. zur Problematik des „kollektiven" Widerspruchs nur Brinkmann, Spaltung, S. 100, die zu Recht darauf hinweist, dass die nach der Rechtsprechung erforderliche Darlegungs- und Beweisführung, dass der Widerspruch als unzulässiges Druckmittel gebraucht werde, und daher unbeachtlich sei, in der Praxis nur schwer zu erbringen sei.

Im Anschluss daran erfolgt eine Analyse der jeweiligen Argumente unter Berücksichtigung ggf. durch das Umwandlungsrecht hinzugetretener neuer Aspekte, seien sie rechtsdogmatischer oder rechtstatsächlicher Natur.

a. Der Meinungsstand de lege lata

Vor Inkrafttreten des Umwandlungsgesetzes war die Existenz eines Widerspruchsrechts umstritten: Während die Rechtsprechung das Bestehen eines Widerspruchsrechts bejahte,[485] wurde diese Auffassung von der Literatur weitgehend bekämpft.[486] Ein erster Meinungsumschwung erfolgte mit dem Inkrafttreten des Gesetzes über die Spaltung der von der Treuhandanstalt verwalteten Unternehmen. Die Vertreter der Ansicht[487], die eine direkte Anwendbarkeit des § 613a BGB auf Spaltungen im Wege der Sonderrechtsnachfolge nach dem Gesetz über die Spaltung der von der Treuhandanstalt verwalteten Unternehmen annahmen, unterstützten nunmehr auch die Anwendung des von der Rechtsprechung entwickelten Widerspruchsrechts.

aa. Die Auffassung der Rechtsprechung

Das BAG hat bereits in seiner ersten Entscheidung zu § 613a BGB dem Arbeitnehmer das Recht zuerkannt, der automatischen Überleitung seines Arbeitsverhältnisses mit dem Übergang des Betriebes oder Betriebsteils, dem es zugeordnet ist, zu widersprechen, mit der grundsätzlichen Folge, dass das Arbeitsverhältnis mit dem alten Betriebsinhaber erhalten bleibt.[488] In der Folgezeit hat das BAG in ständiger Rechtsprechung dieses Widerspruchsrecht verfestigt.[489] Das BAG stützt sich dabei argumentativ auf das verfassungsrechtlich garantierte Recht des

485 Vgl. nur BAG AP Nr. 1 zu § 613a BGB; BAG, DB 1994, 941 (942 f.).

486 Vgl. Bauer, NZA 1990, 881 (883); ders., NZA 1991, 139 (139 f.); Berscheid, FS für Stahlhacke, S. 15 (35ff.); Borngräber, Betriebsübergang, S. 107; Bracker, Betriebsübergang, S. 39ff.; Fischer, Betriebsübergang, S. 115ff.; Gaul, ZfA 1990, 87 (88 f.); Gitter, FS 25 Jahre BAG, S. 133(140ff.); Heinze, DB 1980, 205 (205); Herschel, ArbuR 1975, 379 (379); ders., ZfA 1977, 219 (231 ff.); Hess, BB 1977, 501 (501); Kaestel, BB 1978, 175 (175); Meilicke, DB 1990, 1770 (1770); ders., DB 1991, 1326 (1329); MünchArbR/Wank, 1. Aufl., § 120, Rz.90 u. 2. Aufl., § 124, Rz.97; Pietzko, Der Tatbestand des § 613a, S. 229 ff.; Quander, Betriebsinhaberwechsel, S. 175 f.; Schmitt, ZfA 1979, 503ff.; Schreiber, RdA 1982, 137 (141); Schwerdtner, SAE 1978, 60 (60); Ziege, BB 1978, 203 (203); zustimmend in der Literatur hingegen bereits Däubler, NZA1991, 134ff; Falkenberg, DB 1980, 783 (786); Heither, NZA 1991, 136; Konzen, ZfA 1978, 451 (451); Oetker, NZA 1991, 137ff.; Gernhuber, Schuldrecht, S. 265; Schaub, § 118 II; Schlüter, ZfA 1975, 437 (437); Seiter, Betriebsinhaberwechsel, S. 66.

487 Vgl. Carl, AuA 1993, 293 (295); Ehrich, NZA 1993, 635; Hanau/Preis, S. 21; Horn, Zivil- und Wirtschaftsrecht, S. 1137 f.; Mayer, DB 1991, 1609 (1612); Weimar/Alfes, BB 1991, Beil. 9, 16 (21); dies., NZA 1991, 705 (711).

488 BAG AP Nr.1 zu § 613a BGB.

489 Neben den nachfolgenden Entscheidungen siehe nur BAG AP Nr. 55 zu § 613a BGB; BAG, AP Nr. 96 zu § 613a BGB; BAG, NZA 1993, 795 ff.

Arbeitnehmers auf freie Wahl des Arbeitsplatzes nach Art. 12 GG sowie darauf, dass der Schutzzweck des § 613a BGB, dessen Sinn, zugunsten der Arbeitnehmer individual- und kollektivrechtlichen Bestandsschutz zu garantieren, dem Arbeitnehmer nicht aufgedrängt werden könne. Auch sei der Schutzzweck des § 613a BGB nicht so zu verstehen, als könne dem Arbeitnehmer gegen seinen Willen ein neuer Arbeitgeber aufgedrängt werden.[490] Vielmehr müsse auch im Rahmen des § 613a BGB § 613 S. 2 BGB beachtet werden.

Schließlich gelte auch im Arbeitsrecht der Gedanke des § 415 Abs. 1 S. 1 BGB, nämlich das Erfordernis der Zustimmung des Gläubigers beim Schuldnerwechsel.[491]

Auch durch eine frühe Entscheidung des EuGH[492], der ein Widerspruchsrecht unter dem Gesichtspunkt der RL 77/187/EWG nicht als geboten sah, hat sich das BAG nicht beirren lassen.[493] Die Rechtsprechung des BAG ist hierbei zuletzt auch vom EuGH[494] zumindest dahingehend bestätigt worden, dass die Richtlinie 77/178/ EWG vom 14.2.1977 einem Widerspruchsrecht nicht entgegenstehe.

Dabei handelt es sich bei diesem Widerspruchsrecht nach Ansicht des BAG[495] um ein Gestaltungsrecht des Arbeitnehmers, bei dessen Ausübung das Arbeitsverhältnis des widersprechenden Arbeitnehmers nicht ex lege gemäß § 613a BGB auf den neuen oder aufnehmenden Rechtsträger übergehe.[496] In den Fällen, in denen wegen des Betriebsübergangs eine Weiterbeschäftigung beim alten Arbeitgeber nicht möglich sei, soll grundsätzlich eine betriebsbedingte Kündigung erfolgen können.[497]

bb. Die Auffassung in der Literatur

Die Literatur hat das vom BAG entwickelte Widerspruchsrecht sowohl für den Bereich der Einzel- als auch für den der Gesamtrechtsnachfolge weitgehend abgelehnt.[498]

Vor allem wurde gegen die Existenz eines Widerspruchsrechts der in § 613a BGB zum Ausdruck tretende Wille des Gesetzgebers vorgebracht: Der Übergang der Arbeitsverhältnisse sei eine zwingende gesetzliche Rechtsfolge eines Be-

---

490 Vgl. insbesondere BAG AP Nr. 55 zu § 613a BGB sowie die Entscheidung BAG, NZA 1993, 795 ff. im Rahmen derer das BAG nochmals die nach seiner Auffassung bedeutsamen Gründe für die Anerkennung eines Widerspruchsrechts des Arbeitnehmers zusammengefaßt hat.

491 BAG AP Nr.21 zu § 613a BGB.

492 EuGH, NZA 1990, 885.

493 BAG, DB 1993, 1877; BAG, DB 1994, 941.

494 EuGH AP Nr. 97 zu § 613a BGB.

495 Vgl. nur BAG AP Nr.55 zu § 613 a BGB m.w.N.

496 Vgl. auch Boecken, ZIP 1994, 1087 (1092).

497 Vgl. nur BAG, NZA 1993, 795 (798).

498 Vgl. die in Fn. 484 Genannten.

triebsüberganges.[499] Mit dieser vom Gesetzgeber bewusst herbeigeführten Rechtsfolge sei ein Widerspruchsrecht jedoch weder dogmatisch noch tatsächlich in Einklang zu bringen. Sofern der Gesetzgeber den Arbeitnehmern ein derartiges Widerspruchsrecht im Rahmen des § 613a BGB zuerkennen wolle, bedürfe es einer expliziten Regelung, insbesondere auch über die Rechtsfolgen.

Gegen die Möglichkeit eines Widerspruchs wurden weiter europarechtliche Bedenken erhoben.[500] Aus der Ablehnung des Europäischen Gerichtshofes, auf europäischer Ebene ein Widerspruchsrecht anzuerkennen, wurde gefolgert, die Rechtsprechung des BAG stehe im Widerspruch zur Richtlinie 77/187/EWG. Dabei ist allerdings zu berücksichtigen, dass der Europäische Gerichtshof ein Widerspruchsrecht des Arbeitnehmers mittlerweile grundsätzlich gebilligt hat.[501]

Gegen das Argument des BAG, ein Wechsel des Arbeitgebers gegen den Willen des Arbeitnehmers widerspreche zum einen dem in Art. 1 GG festgeschriebenen Recht auf freie Entfaltung der Persönlichkeit und zum anderen dem in Art. 12 Abs. 1 GG verankerten Grundrecht der freien Berufswahl, wird vor allem vorgebracht, Art. 12 GG schütze die Tätigkeit des Arbeitnehmers als solche, also nur den Arbeitsplatz mit seinen rechtlichen und tatsächlichen Arbeitsbedingungen, wohingegen ein Anspruch auf Beibehaltung eines bestimmten Arbeitnehmers der Norm nicht zu entnehmen sei.[502] Ein Verstoß gegen Art.1 GG sei bereits wegen des Schutzzwecks der Norm ausgeschlossen.[503]

Auch sei der Arbeitnehmer keineswegs an den neuen Arbeitnehmer gebunden. Er habe vielmehr jederzeit die Möglichkeit, auf den ihm durch § 613a BGB eingeräumten Bestandsschutz zu verzichten und sein Arbeitsverhältnis zu kündigen.[504]

Demgegenüber würde die Anerkennung eines Widerspruchsrechts bedeuten, dass einem Arbeitgeber, der mittlerweile überhaupt keinen Betrieb mehr besitze, ausschließlich die Arbeitnehmer verblieben. Doch auch wenn der bisherige Arbeitgeber einen Betrieb zurückbehielte, wäre eine Weiterbeschäftigung des Arbeitnehmers nur dann gewährleistet, wenn im Betrieb des bisherigen Arbeitgebers ein Arbeitsplatz zur Verfügung stünde, auf dem der widersprechende Arbeitnehmer beschäftigt werden kann. Dies sei in der Regel jedoch nicht der

---

499 MünchArbR/Wank, § 120, Rz. 91.

500 Vgl. Bauer, NZA 1990, 881 (883); Berscheid, FS für Stahlhacke, S. 15 (36 f.); Meilicke, DB 1991, 1326 (1326).

501 EuGH, DB 1993, 230; EuGH, DB 1996, 683.

502 Borngräber, Betriebsübergang, S. 111; Pietzko, Der Tatbestand des § 613a, S. 262; vgl. auch Lüke, Anm. zu BAG AP Nr.24 und 55 zu § 613a BGB.

503 Pietzko, Der Tatbestand des § 613a, a.a.O.

504 Vgl. Quander, Betriebsinhaberwechsel, S. 175; Seiter, Betriebsinhaberwechsel, S. 65.

Fall, so dass der Arbeitgeber in beiden Fällen das Recht habe, eine betriebsbedingte Kündigung auszusprechen.[505]

Die Anerkennung eines Widerspruchsrechts führe somit zum gleichen Ergebnis wie die Kündigung durch den Arbeitnehmer. Der Arbeitnehmer verliere mit der Ausübung des Widerspruchsrechts seinen Arbeitsplatz. Die Notwendigkeit der Einräumung eines Widerspruchsrechts bestehe mithin nicht.

Teilweise wird vorgebracht, dass im Falle einer betriebsbedingten Kündigung der Arbeitnehmer – insbesondere im Hinblick auf gesetzliche Kündigungsschutzfristen und Lohn- und Gehaltsfortzahlungen – besser gestellt sei als der Arbeitnehmer, der aufgrund des Übergangs seines Arbeitsverhältnisses von sich aus kündigt. Ein Widerspruchsrecht solle gewährt werden, damit der Arbeitnehmer zumindest in den Genuss dieser verbesserten Bedingungen komme.

Es ist allerdings nicht nachzuvollziehen, aus welchem Grund ein Arbeitnehmer bei einem bloßen Wechsel des Betriebsinhabers in den Genuss einer verlängerten Kündigungsfrist mit den entsprechenden Lohn- und Gehaltsfortzahlungen kommen soll.[506]

Geht man daneben davon aus, dass nicht nur ein Arbeitnehmer, sondern eine Vielzahl von Arbeitnehmern von ihrem Widerspruchsrecht Gebrauch machen, wäre ein Betriebsinhaberwechsel für den ursprünglichen Betriebsinhaber bereits aus finanziellen Gründen kaum möglich, da er für den Fall der betriebsbedingten Kündigung Lohn- und Gehaltsfortzahlungen für die widersprechenden Arbeitnehmer, denen er keinen Arbeitsplatz mehr anbieten kann, tragen muss.

Für die gesellschaftsrechtlichen Gesamt- und Sonderrechtsnachfolgen wurde ein Widerspruchsrecht in der Vergangenheit von der herrschenden Meinung bereits deshalb nicht angenommen, weil man in diesen Fällen von der Unanwendbarkeit des § 613a BGB ausging.[507] Ein Widerspruchsrecht, das für den Fall der Gesamtrechtsnachfolge überhaupt nicht zu konstruieren sei, komme auch für den Fall der partiellen Gesamtrechtsnachfolge, die der Gesamtrechtsnachfolge erheblich näher stehe als der Einzelrechtsnachfolge, eindeutig nicht in Betracht.

---

505 Vgl. Berscheid, FS für Stahlhacke, S. 15 (37 f.) m.w.N.

506 Ferner kann die Ausübung des Widerspruchsrechts auch zu – nachteiligen – Folgen für ansonsten nicht betroffene Drittarbeitnehmer führen. Falls nämlich in dem verbleibenden Betrieb nunmehr mehr Arbeitnehmer als Arbeitsplätze vorhanden sind, müssen betriebsbedingte Kündigungen ausgesprochen werden; in die dann erfolgende Sozialauswahl sind nach Auff. verschiedener Autoren auch die widersprechenden Arbeitnehmer einzubeziehen; so z.B. Jaeger, BB 1988, 1033ff.; MünchKomm/Schaub, § 613a, Rz.49; a.A. Bauer, DB 1983, 713(714); Moll, NJW 1993, 2016; Neef, NZA 1994, 97(102); vgl. auch Schlachter, NZA 1995, 705(707)

507 Zur Nichtanwendbarkeit des § 613a BGB auf die Fälle der gesellschaftsrechtlichen Gesamt- und Sonderrechtsnachfolge vor Verabschiedung des Umwandlungsgesetzes vgl. oben, Kap C I

Es wurde vielmehr von einem automatischen Übergang der Arbeitsverhältnisse ausgegangen.[508]

cc. Zusammenfassung

Die Rechtsprechung hat vor Inkrafttreten des Umwandlungsgesetzes konsequent an der Einräumung eines Widerspruchsrechts des Arbeitnehmers für die Fälle des Betriebsübergangs nach § 613a BGB festgehalten, wobei die weitaus überwiegende Auffassung in der Literatur mit gewichtigen dogmatischen Argumenten einem solchen Widerspruchsrecht die Anerkennung versagte.
Gleichwohl musste man trotz aller Kritik in der Literatur für an einem Widerspruchsrecht bei der Einzelrechtsnachfolge die insoweit durch die Rechtsprechung geschaffene Rechtslage als bindend akzeptieren.

Mit Inkrafttreten des Gesetzes über die Spaltung der von der Treuhandanstalt verwalteten Unternehmen hat die herrschende Meinung, die von der Anwendbarkeit des § 613a BGB auf die Spaltung als Sonderrechtsnachfolge ausging, das von der Rechtsprechung für den Fall der Einzelrechtsnachfolge entwickelte Widerspruchsrecht auch für Spaltungsvorgänge[509] befürwortet.[510]

b. Das Meinungsbild nach Inkrafttreten des Umwandlungsgesetzes

Nach Inkrafttreten des Umwandlungsgesetzes hat sich das Meinungsbild gewandelt, so dass sich nunmehr auch der überwiegende Teil der Literatur[511] für die grundsätzliche Anerkennung eines Widerspruchsrechts des Arbeitnehmers im Rahmen des § 613a BGB bei Unternehmensumwandlungen nach dem Umwandlungsgesetz ausspricht.

---

508 Vgl. Bauer, Unternehmensveräußerung, S. 117; Quander, Betriebsinhaberwechsel, S. 174 ff. und 177; Seiter, Betriebsinhaberwechsel, S. 145.

509 Dabei wurde die Annahme eines Widerspruchsrechts mit der Begründung, dass für den Fall der Aufspaltung der bisherige Rechtsträger erlischt, weitgehend auf den Vorgang der Abspaltung beschränkt; vergleiche dazu Jäger, Spaltung, S. 54 f.; Steffan, Arbeitsrecht, S. 103 f.; Weimar/Alfes, NZA 1991, 833 (834 f.).

510 Vgl. Carl, AuA 1993, 293 (295); Jäger, Spaltung, S. 54 f.; Mayer, DB 1991, 1609 (1612); Hanau/Preis, S. 21; Steffan, Arbeitsrecht, S. 103f.; Weimar/Alfes, BB 1991, Beil. 9, 16 (21); dies., NZA 1991, 833 (834 f.); ablehnend hingegen Ising/Thiel, DB 1991, 2082 (2083 f.).

511 Vgl. Bachner, NJW 1995, 2881 (2882); Bauer/Lingemann, NZA 1994, 1057 (1061); Baumann, DStR 1995, 888 (889); Boecken, Unternehmensumwandlungen, S. Rz. 79 ff; ders., ZIP 1994, 1087 (1091 f.); Däubler, RdA 1995, 136 (140); Dehmer, § 131 UmwG, Rz. 53; Düwell, NZA 1996, 393 (397); Goutier/Knopf/Tulloch, § 5 UmwG, Rz. 69; Kölner Umwandlungsrechtstage/Joost, 297 (323); Kreßel, BB 1995, 925 (930); Küttner/Kreitner, „Betriebsübergang“, Rz. 26; Lutter/Lutter, § 5, Rz. 42; Lutter/Joost, § 323, Rz. 41; Mengel, Umwandlungen, S. 164 ff.; Mertens, Umwandlung und Universalsukzession, S. 169 f.; Schiefer, NJW 1998, 1817 (1825); Steuck, NJW 1995, 2887 (2890); Tschöpe/Beseler, 2 G, Rz. 61; Willemsen, RdA 1993, 133 (137); ders., NZA 1996, 791 (798); Wlotzke, DB 1995, 40 (43); ablehnend hingegen Berscheid, WPrax 1994, 4 (7f.); Commandeur, NJW 1996, 2537 (2537 ff.); Engelmayer, Spaltung, S. 534; Hennrichs, ZIP 1995, 794 (799 f.).

Die Befürworter des Widerspruchsrechts im Rahmen des § 613a BGB auch bei gesellschaftsrechtlichen Gesamtrechtsnachfolgen nach dem Umwandlungsgesetz ziehen ergänzend zu den bislang dargestellten Argumenten vor allem den vermeintlich in der Gesetzesbegründung zu Tage tretenden entsprechenden Willen des Gesetzgebers heran.[512]

Demgegenüber verweisen die Gegner des Widerspruchsrechts auch nach Inkrafttreten des Umwandlungsgesetzes darauf, dass ein derartiges Widerspruchsrecht bei Unternehmensumwandlungen die Arbeitnehmer gegenüber anderen Vertragspartnern ungerechtfertigt privilegiere.[513] Auch die Arbeitnehmer seien durch die im Umwandlungsrecht vorgesehenen Schutzrechte ausreichend gesichert.[514] Weiter wird damit argumentiert, die Zuerkennung eines derartigen Widerspruchsrechts stelle ein echtes Umwandlungshindernis dar und sei damit nicht mit dem Ziel des Umwandlungsgesetzes in Übereinstimmung zu bringen.[515]

Allerdings wird das Recht des Arbeitnehmers, dem Übergang seines Arbeitsverhältnisses zu widersprechen, von der herrschenden Meinung[516] überwiegend nur für die Fälle der Abspaltung und Ausgliederung angenommen, bei denen der übertragende Rechtsträger fortbesteht.

Bei der Aufspaltung hingegen soll nach Auffassung der herrschenden Meinung aufgrund des Erlöschens des übertragenden Rechtsträgers mit der Eintragung ins Handelsregister das Widerspruchsrecht des Arbeitnehmers ins Leere gehen und damit nicht ausgeübt werden können. Davon abweichend sieht ein anderer Teil der Literatur den übernehmenden Rechtsträger als Adressaten des Widerspruchsrechts an und räumt dem Arbeitnehmer ein derartiges Widerspruchsrecht entsprechend auch für den Fall der Aufspaltung ein

aa. Ablehnung eines Widerspruchsrechts bei der Aufspaltung

Die Autoren, die ein Widerspruchsrecht bei einer Aufspaltung ablehnen, argumentieren, es stehe überhaupt kein Vertragspartner zur Verfügung, an den der Widerspruch gerichtet werden könne. Die Fortsetzung des Arbeitsverhältnisses mit dem alten Arbeitgeber sei entsprechend nicht möglich und ein Widerspruchsrecht damit überflüssig.[517]

---

512 Brinkmann, Spaltung, S. 103; Mengel, Umwandlungen, S. 169 jew. m.w.N.

513 So Hennrichs, ZIP 1995, 794 (798).

514 Ders. a.a.O.

515 Vgl. insoweit Kallmeyer/Willemsen, § 324, Rz. 6.

516 Vgl. Bauer/Lingemann, NZA 1994, 1057 (1061); Goutier/Knopf/Tulloch, § 5 UmwG, Rz. 69; Küttner/Kreitner, „Betriebsübergang", Rz. 26; Kreßel, BB 1995, 925 (930); Masing, Altersversorgung, S. 117; Schwedhelm/Streck/Mack, GmbHR 1995, 7 (10); Willemsen, RdA 1993, 133 (140); Wlotzke, DB 1995, 40 (43), jeweils m.w.N.

517 Vgl. nur Bachner, NJW 1995, 2881(2882); Lutter/Priester, § 126, Rz. 50; Wlotzke, DB 1995, 40(43).

Die Folge sei - so die Mehrzahl der Autoren[518] - der automatische Übergang des Arbeitsverhältnisses. Dem Arbeitnehmer verbleibe lediglich die Möglichkeit einer ordentlichen Kündigung seines Arbeitsverhältnisses mit dem übernehmenden Rechtsträger.

Der Untergang des Arbeitsverhältnisses mit dem ursprünglichen Arbeitgeber und die Ablehnung eines Widerspruchsrechts für den Fall der Aufspaltung wird daneben vielfach mit dem Argument begründet, dass selbst wenn der ursprüngliche Arbeitgeber aufgrund des Widerspruchs des Arbeitnehmers zunächst nicht erlösche und entsprechend als Vertragspartner weiter zur Verfügung stehe,[519] er das Recht zur betriebsbedingten Kündigung des Arbeitnehmers habe, mit der Folge, dass auch in diesem Fall das Arbeitsverhältnis keinen Bestand habe.[520]

Auch hier wird vorgebracht, dass eine betriebsbedingte Kündigung zwar den Bestand des Arbeitsplatzes nicht sichere, die Rechtsstellung aber erheblich günstiger sei als im Falle des Erlöschens des Vertragspartners.

Ein Teil der Literatur[521] spricht dem Arbeitnehmer im Zusammenhang mit der Aufspaltung zwar kein Widerspruchsrecht, aber ein außerordentliches Kündigungsrecht zu. Hinsichtlich der Rechtsstellung des Arbeitnehmers wird ebenfalls auf die Rechtsfolgen der betriebsbedingten Kündigung verwiesen.

Schließlich wird die Möglichkeit angedeutet, dem Arbeitnehmer auch für die Aufspaltung i.V.m. § 323 Abs.1 UmwG ein Mitbestimmungsrecht im Sinne eines Wahlrechts zwischen den Aufspaltungsprodukten, d.h. den entstehenden Rechtsträgern, zu gewähren.[522]

Diese Auffassung ist jedoch im Hinblick auf den Schutzzweck des vom BAG entwickelten Widerspruchsrechts ebenfalls abzulehnen. Ziel war es, dem Arbeitnehmer nicht gegen seinen Willen einen anderen Arbeitgeber aufzudrängen. Das Widerspruchsrecht sollte dem Arbeitnehmer hingegen kein Wahlrecht hinsichtlich seines künftigen Arbeitgebers einräumen.[523]

---

518 Goutier/Knopf/Tulloch, § 5 UmwG, Rz. 69; Kreßel, BB 1995, 925 (930); Wlotzke, DB 1995, 40 (43).

519 Davon geht beispielsweise Boecken, Unternehmensumwandlungen, Rz. 84 aus.

520 Dabei ist zu berücksichtigen, dass das Umwandlungsinstitut der Aufspaltung gemäß § 123 Abs. 1 UmwG die Zerschlagung des bisherigen Rechtsträgers zwingend voraussetzt. Würde der Widerspruch des Arbeitnehmers zum Fortbestand des bisherigen Rechtsträgers führen, läge somit keine Auf- sondern eine Abspaltung vor.

521 Bachner, NJW 1995, 2881 (2882); Däubler, RdA 1995, 136 (140); Lutter/Lutter, § 5 UmwG, Rz. 42.

522 Vgl. Mertens, AG 1994, 66 (73); GK-KR/Pfeiffer, § 613a BGB, Rz. 64.

523 So auch Boecken, Unternehmensumwandlungen, Rz. 85; Masing, Altersversorgung, S. 121 f.; Mengel, Umwandlungen, S. 168.

bb. Anerkennung eines Widerspruchsrechts bei der Aufspaltung

Eine weitere Gruppe von Autoren spricht dem Arbeitnehmer schließlich auch bei der Aufspaltung ein „echtes“ Widerspruchsrecht zu.[524] Uneinigkeit besteht allerdings auch hier hinsichtlich der Folgen der Ausübung dieses Rechts.

Ein Teil der Literatur geht davon aus, dass mit Ausübung des Widerspruchsrechts für den Fall der Aufspaltung das Arbeitsverhältnis mit dem übernehmenden Rechtsträger erlischt und der Arbeitnehmer seinen Arbeitsplatz verliert.[525]

Abweichend davon vertritt Boecken[526] die These, der Arbeitnehmer verhindere durch die Ausübung seines Widerspruchsrechts die Rechtsübertragung und damit das Erlöschen des ursprünglichen Rechtsträgers. Diese Annahme scheint jedoch überzogen. Boecken geht bei seiner Theorie davon aus, dass es Zweck des Widerspruchsrechts sei, dem Arbeitnehmer keinen anderen als den von ihm gewählten Arbeitgeber aufzudrängen. Dieser Ausgangspunkt ist sicherlich zutreffend. Allerdings ist dies nur ein Zweck des § 613a BGB. Hauptzweck und Kernaussage des § 613a BGB ist es vielmehr, den betriebsorganisatorischen Verbund zwischen Produktions- und Arbeitsmitteln zu erhalten und so den Fortbestand der Arbeitsverhältnisse zu gewährleisten.[527]

Baumann[528] schlägt schließlich vor, den Widerspruch zuzulassen und in Anlehnung an den Rechtsgedanken des § 131 Abs.3 UmwG eine gemeinsame Arbeitgeberstellung aller neu entstandenen Rechtsträger daran zu knüpfen. Im Falle des Widerspruchs will Baumann eine betriebsbedingte Kündigung gestatten, sofern - was die Regel ist - die neuen Rechtsträger keinen gemeinsamen Betrieb unterhalten.

Abgesehen von den praktischen Problemen, die diese Konstruktion mit sich bringt, vermag die Lösung von Baumann jedoch – aus den oben genannten Gründen - auch dogmatisch nicht zu überzeugen.

Interessant ist darüber hinaus ein neuer dogmatischer Ansatz im Zuge des Umwandlungsrechts, der dem Widerspruchsrecht den Charakter eines eigenständigen „Freiheitsrechts“ zuerkennen will und den bestandsschützenden Charakter des Widerspruchs als bloßen „Reflex“ ansieht.[529]

---

524 Vgl. Bauer/Lingemann, NZA 1994, 1057 (1061); Baumann, DStR 1995, 888 (890); Boecken, Unternehmensumwandlungen, Rz. 81; Küttner/Kreitner, „Betriebsübergang“, Rz. 26, Lutter/Joost, § 324, Rz. 36; Masing, Altersversorgung, S. 121.

525 Vgl. Bauer/Lingemann, NZA 1994, 1057 (1061); Küttner/Kreitner, „Betriebsübergang“, Rz. 26, Lutter/Joost, § 324, Rz. 36.

526 Vgl. Boecken, Unternehmensumwandlungen, Rz. 81.

527 Vgl. Willemsen, RdA 1993, 133 (135 f.) m.w.N.

528 Vgl. Baumann, DStR 1995, 888 (890).

529 So z.B. Brinkmann, Spaltung, S. 102 f. m.w.N.

c. Stellungnahme

Die Darstellung der Literaturauffassungen hat gezeigt, dass das Widerspruchsrecht für die Fälle der Abspaltung und Ausgliederung von der herrschenden Meinung anerkannt wird. Im Hinblick auf die Fälle der Aufspaltung besteht hingegen auch in der Literatur Uneinigkeit.

Es fragt sich damit, ob ein derartiges Widerspruchsrecht im Rahmen des § 613a BGB überhaupt anzuerkennen ist, wobei die nachfolgende Betrachtung einen besonderen Schwerpunkt auf die anlässlich des Umwandlungsgesetzes neu aufgetretenen Gesichtspunkte legen will.

aa. Der Wortlaut

§ 613a BGB enthält keine Regelung im Hinblick auf ein mögliches Zustimmungserfordernis des Arbeitnehmers. Das BAG argumentiert, die fehlende Regelung stelle einen Beweis für die Ergänzungsbedürftigkeit des § 613a BGB dar.[530]

Eine solche Auslegung des Wortlauts ist jedoch abzulehnen: Für die Wortlautauslegung ist ausschließlich auf den vorhandenen Text der Norm abzustellen.[531] Dieser sieht ein Widerspruchsrecht nicht vor.

Der Arbeitnehmer tritt nach der Terminologie des § 613a BGB in die bestehenden Arbeitsverhältnisse ein. Der Ausdruck „eintritt“ spricht im Gegenteil dafür, dass entgegenstehende Willensäußerungen ohne Wirkung sind. § 613a BGB ordnet den „Eintritt“ an, ohne dass den beteiligten Parteien ein Widerspruchsrecht eingeräumt wird.

In diesem Zusammenhang muss auch die Vorschrift des § 571 BGB ergänzend herangezogen werden. Auch im Rahmen des § 571 BGB spricht der Gesetzgeber von einem „Eintritt des Erwerbers in die sich aus dem Mietverhältnis ergebenden Rechte und Pflichten“. Der Wortlaut des § 571 BGB wird allgemein im Sinne einer gesetzlichen Vertragsübernahme unabhängig von der Kenntnis der Erwerbers angesehen.[532]

Ebenso wird auch § 613a BGB verstanden: Es liegt eine Vertragsübernahme mit gesetzlicher Sonderrechtsnachfolge vor, die unabhängig von der Kenntnis des Betriebserwerbers eintritt.[533]

Aus dem Wortlaut des § 613a BGB kann damit ein Widerspruchsrecht gerade nicht abgeleitet werden. Vielmehr spricht bereits der Wortlaut des § 613a BGB eher gegen die Anerkennung eines solchen Widerspruchsrechts.

Im Umwandlungsgesetz selbst ist keinerlei Bestimmung enthalten, die sich auf ein Widerspruchsrecht bezieht, so dass der Wortlaut des Umwandlungsgesetzes keinen Ansatz für eine andere Auslegung bietet.

---

[530] BAG, DB 1975, 601 (602).

[531] Vgl. Wank, Auslegung von Gesetzen, S. 47 ff.

[532] Vgl. statt aller Palandt/Putzo, § 571, Rz.12f. m.w.N.

[533] Schreiber, RdA 1982, 137.

bb. Die Systematik

Fraglich ist, ob die systematische Auslegung Aufschluss über das Normverständnis gibt. Neben der äußeren Systematik des Gesetzes ist hierbei auch der innere Bedeutungszusammenhang und dabei insbesondere der Vorrang anderer Rechtsquellen einschließlich der europarechtlichen Grundlagen von Bedeutung.[534]

(1) Die äußere Systematik

Betrachtet man die systematische Stellung des § 613a BGB im BGB, so fällt auf, dass die Vorschrift unmittelbar im Anschluss an § 613 BGB eingefügt wurde, der – wie aufgezeigt – in Satz 2 das Prinzip der Höchstpersönlichkeit der Arbeitsleistung und damit die Unübertragbarkeit des Arbeitsverhältnisses festschreibt.

Da § 613 S.2 BGB sich als Spezialnorm zu § 415 BGB als der allgemeinen schuldrechtlichen Gläubigerschutzvorschrift darstelle, und beide Vorschriften im Zuge der Einführung des § 613a BGB nicht geändert wurden, leitete die Rechtsprechung auch hieraus zunächst die Zuerkennung des Widerspruchsrechts her.[535]

Gegen eine derartige Auslegung sprechen indes mehrere systematische Gesichtspunkte:

Zunächst spricht die Stellung des § 613a BGB unmittelbar nach § 613 BGB dafür, dass die Vorschrift in einem Spezialitätsverhältnis zu § 613 S.2 BGB steht, diesen also in ihrem Anwendungsbereich verdrängt.[536]

Gleiches gilt unter dem Gesichtspunkt des § 571 BGB, der dem § 613a BGB vom Wortlaut her vergleichbar ist, jedoch ebenfalls kein Widerspruchsrecht kennt. Insbesondere spricht gegen die Vergleichbarkeit nicht das vom BAG herangezogene Argument des unterschiedlichen Charakters von Miete und Arbeitsverhältnis. Zwar ist dem BAG im Ausgangspunkt darin zuzustimmen, dass die wirtschaftliche Gefährdung des Arbeitnehmers bei Schwierigkeiten des Arbeitgebers größer ist als diejenige des Mieters bei finanziellen Schwierigkeiten des Vermieters. Dies ändert zum einen jedoch nichts an der Identität der tatbestandlichen Voraussetzungen beider Vorschriften. Daneben beinhaltet § 613a Abs.2 BGB jedoch auch eine besondere Schutzvorschrift, die diesem Interesse des Arbeitnehmers Rechnung trägt.

Schließlich ist zu berücksichtigen, dass der Gesetzgeber in sämtlichen Fällen, in denen er einen Rechtsübergang von der Zustimmung eines Dritten abhängig

---

534 Vgl. zur systematischen Auslegung insoweit nur Wank, Auslegung von Gesetzen, S. 63f.

535 Vgl. BAG DB 1975, 601(602).

536 Vgl. Gitter, FS BAG, S. 133 (147f.); Schreiber, RdA 1982, 137(141); Schwerdtner, FS für Müller, S. 557 (575).

machen oder diesem ein Widerspruchsrecht zuerkennen wollte, eine ausdrückliche gesetzliche Normierung vorgenommen hat.[537]

(2) Die innere Systematik

Fraglich ist jedoch, ob diese Auslegung auch mit der inneren Systematik der Norm in Übereinstimmung zu bringen ist.

Der Gesetzgeber sieht den Übergang der Arbeitsverhältnisse als Regelfall im Rahmen des Betriebsübergangs an, und damit die Fortsetzung des Arbeitsverhältnisses mit dem neuen Betriebsinhaber.

Wenn man – wie die Rechtsprechung und nunmehr auch die weitaus herrschende Ansicht in der Literatur – die Existenz eines Widerspruchsrechts annimmt, so setzt die unveränderte Fortsetzung des Betriebes die erforderliche Zustimmung der Arbeitnehmer voraus.

Die uneingeschränkte Fortführung des Betriebes wäre damit nur dort gesichert, wo sämtliche Arbeitnehmer dem Betriebsübergang nicht widersprechen oder – positiv ausgedrückt – zustimmen. Dies führt zu einem Paradoxon: Entgegen dem vom Gesetzgeber als Regelfall vorausgesetzten Betriebsübergang als zweiseitigem Rechtsgeschäft zwischen bisherigem Betriebsinhaber und Erwerber stellt sich der Betriebsübergang nach der Rechtsprechung des BAG als dreiseitiges Rechtsgeschäft dar, zu dem sämtliche Arbeitnehmer ihre Zustimmung erteilen müssen.

In diesem Zusammenhang erscheint auch ein Blick auf den § 613a Abs.4 BGB hilfreich:

§ 613a Abs.4 BGB statuiert ein Kündigungsverbot „wegen" des Betriebsüberganges ausschließlich für den Veräußerer und den Erwerber. Einer Kündigung wegen des Betriebsübergangs werden nach der Rechtsprechung des BAG auch Aufhebungsverträge gleichgestellt, die zur Vermeidung von Kündigungen „wegen" des Betriebsüberganges geschlossen werden.[538] Wenn jedoch dem Arbeitnehmer bereits das Selbstbestimmungsrecht zum Abschluss eines Aufhebungsvertrages bei einem Betriebsübergang abgesprochen wird, und sei es auch nur unter engen Voraussetzungen, so kann dem Arbeitnehmer erst recht kein Widerspruchsrecht zuerkannt werden. Vielmehr wird hieran deutlich, dass die Rechtsprechung des BAG ausschließlich auf sozialpolitischen Erwägungen beruht.

(3) Verstoß gegen Verfassungsrecht

Das in jüngerer Zeit aus Sicht des BAG entscheidende Argument für die Annahme eines Widerspruchsrechts ist zum einen das aus Art. 12 GG resultierende

---

[537] So z.B. bei § 333 BGB ein Zurückweisungsrecht beim Vertrag zu Gunsten Dritter; im Vermächtnis- und Erbfall ein Ausschlagungsrecht nach § 1944 bzw. 2185 BGB; ein Widerspruchsrecht ist ausdrücklich normiert in §§ 267 S.2, 556 a und b, 560, 569 a BGB; vgl. insoweit auch Pietzko, Der Tatbestand des § 613a, S. 240f.

[538] Vgl. die Nachweise bei ErfK/Preis, § 613a BGB, Rz.135; Erman/Hanau, § 613a, Rz. 107.

Grundrecht des Arbeitnehmers auf freie Arbeitsplatzwahl, zum anderen der aus Art. 1 GG hergeleitete Schutz der Menschenwürde.[539] Weder dürfe es gestattet werden, dass über den Arbeitnehmer wie über einen Gegenstand verfügt werde, noch sei es verfassungsrechtlich zulässig, ihm seinen Arbeitgeber aufzuoktroyieren.[540]

Beide verfassungsrechtlichen Argumente des BAG gehen indes fehl:

So umfasst der Schutzbereich des Art. 12 GG lediglich die Tätigkeit des Arbeitnehmers, also die Berufswahl und die Berufsausübung als eine dem Lebensunterhalt dienende Betätigung.[541]

Nicht dem Schutzbereich des Art. 12 GG unterfällt jedoch – wie vom BAG angenommen – ein verfassungsrechtlich garantierter Anspruch auf Beibehaltung eines bestimmten Arbeitgebers. Vielmehr setzt ein Eingriff in den Schutzbereich des Art. 12 GG eine arbeitsplatzbezogene Veränderung der Tätigkeit in rechtlicher oder tatsächlicher Hinsicht voraus.[542] Unter diesem Gesichtspunkt liegt damit durch § 613a BGB bereits kein Eingriff in den Schutzbereich von Art. 12 GG vor, da § 613a BGB die tatsächlichen und rechtlichen Arbeitsbedingungen gerade aufrecht erhält.

Unterstellt man jedoch – wie das BAG - einen Eingriff in den Schutzbereich des Art.12 GG, so ist dieser Eingriff verfassungsrechtlich gerechtfertigt, da Art. 12 GG einem Gesetzesvorbehalt unterliegt.

Nach der ständigen Rechtsprechung des Bundesverfassungsgerichtes ist die verfassungsrechtliche Rechtfertigung eines Eingriffs in den Schutzbereich des Art. 12 auf der Grundlage der sogenannten 3-Stufen-Theorie zu prüfen. Eine bloße Berufsausübungsregelung wird danach bereits durch jede vernünftige Erwägung des Gemeinwohls legitimiert.[543]

Der Gesetzgeber darf dabei Gesichtspunkte der Zweckmäßigkeit in den Vordergrund stellen und besitzt hinsichtlich der Festlegung arbeits-, sozial- und wirtschaftspolitischer Zielsetzungen einen weiten Spielraum.[544] Es ist damit verfassungsrechtlich unbedenklich, wenn der Gesetzgeber – wie im Rahmen des § 613a BGB – diesen Spielraum dadurch ausschöpft, dass er den automatischen Übergang der Arbeitsverhältnisse anordnet. Hierbei ist auch das Interesse des Betriebserwerbers an der Übernahme eines funktionsfähigen Betriebs zu be-

---

539 Vgl. nur BAG AP Nr. 24 und 55 zu § 613a BGB.

540 BAG a.a.O.

541 Vgl. nur BVerfG BVerfGE 58, 358(364); BVerfG BVerfGE 68, 256(267); Jarass/Pieroth, Art. 12, Rz. 7.

542 Ebenso Pietzko, Der Tatbestand des § 613a, S. 260 m.w.N.; Schreiber, RdA 1982, 137(141).

543 BVerfG BVerfGE 7, 377(400); BVerfG BVerfGE 65, 116(125).

544 BVerfG a.a.O.

rücksichtigen, der insbesondere unter wirtschaftspolitischen Gesichtspunkten schützenswert ist.[545]

Auch unter dem Gesichtspunkt der Menschenwürde liegt bei Ablehnung eines Widerspruchsrechts kein Verfassungsverstoß vor: Nach ständiger Rechtsprechung des BVerfG soll eine Verletzung des Art. 1 GG insbesondere dann in Betracht kommen, wenn der einzelne zum bloßen Objekt staatlichen Handelns gemacht, insbesondere wenn er zur Durchsetzung staatlicher Ziele als Mittel missbraucht wird.[546]

Gegen eine Verletzung der Menschenwürde spricht bereits der Schutzzweck des § 613a BGB, der – wie aus der Gesetzesbegründung hervorgeht – als Arbeitnehmerschutzgesetz konzipiert ist.[547] Darüber hinaus darf nicht außer acht gelassen werden, dass vor Inkrafttreten des § 613a BGB gerade die Möglichkeit der isolierten Veräußerung des Betriebes ohne Verpflichtung des Erwerbers zur Übernahme des Arbeitnehmers als Verstoß gegen Art. 1 und das Sozialstaatsprinzip angesehen wurde.[548]

Im übrigen kann eine Verletzung der Menschenwürde nur dort bestehen, wo es dem Arbeitnehmer verwehrt ist, sich dem ggf. unerwünschten Betriebsinhaber zu entziehen. Der Arbeitnehmer hat jedoch nach wie vor die Möglichkeit, sich des Betriebsinhaberwechsels durch sein Kündigungsrecht zu entledigen.[549] Aus welchem Grunde dem Arbeitnehmer ein weitergehendes Recht zum Widerspruch zuerkannt werden soll, bleibt unter systematischen Gesichtspunkten unerfindlich.

(4) Verstoß gegen europarechtliche Vorgaben

Kommt man somit bei bloß isolierter Betrachtung des deutschen Rechts zu dem Ergebnis, dass ein Widerspruchsrecht abzulehnen ist, so fragt sich, ob dieses Ergebnis auch im Rahmen einer europarechtskonformen Auslegung insbesondere unter Berücksichtigung der Betriebsübergangsrichtlinie aufrechtzuerhalten ist.

Die Rechtsprechung des EuGH zur Betriebsübergangsrichtlinie bietet in diesem Zusammenhang keine Hilfestellung:

In den ersten Entscheidungen zur Betriebsübergangsrichtlinie ging der EuGH von einem automatischem Übergang der Arbeitsverhältnisse auch ohne Zustimmung und sogar gegen den Willen der Arbeitnehmer aus.[550]

---

545 Das Argument von Brinkmann (Spaltung), der Arbeitnehmer dürfe „nicht zum Objekt betriebswirtschaftlicher Optimierung herabgesetzt werden", ist unter verfassungsrechtlichen Gesichtspunkten unbeachtlich.

546 So schon BVerfGE 7, 377(400ff.).

547 Vgl. zur teleologischen Betrachtung noch unten Ziff.(4).

548 Vgl. hierzu nur Pietzko, Der Tatbestand des § 613a, S. 262 m.w.N.

549 Vgl. auch Engelmayer, Spaltung, S. 354.

550 EuGH NZA 1990, 885.

Die Befürworter eines Widerspruchsrechts im Rahmen des § 613a BGB berufen sich demgegenüber vorrangig auf eine Entscheidung des EuGH aus dem Jahre 1991,[551] der zu entnehmen sei, dass die Aberkennung eines Widerspruchsrechts im Rahmen der Betriebsübergangsrichtlinie als Grundrechtsverstoß anzusehen sei.[552]

Soweit die Befürworter des Widerspruchsrechts sich durch diese Entscheidung in ihrer Auffassung bestärkt sehen, geht diese Annahme indes fehl: Der EuGH hat im Rahmen seiner Entscheidung keinesfalls den Streit um das Widerspruchsrecht abschließend als geklärt angesehen, er hat lediglich entschieden, dass die Betriebsübergangsrichtlinie der Anerkennung eines Widerspruchsrechts nicht entgegenstehe, die endgültige Entscheidung jedoch weiterhin den jeweiligen nationalen Vorschriften unterworfen.[553]

Die Rechtsprechung des EuGH hinsichtlich der Betriebsübergangsrichtlinie hat damit keinerlei Auswirkungen auf das Widerspruchsrecht im Rahmen des § 613a BGB, da hierin – wie dargestellt – kein Widerspruch zum Verfassungsrecht zu erblicken ist.

Im übrigen ist bislang nicht abschließend geklärt, ob die Rechtsprechung des EuGH auch tatsächlich in Einklang mit der – nochmals geänderten - Betriebsübergangsrichtlinie steht.

Der europäische Gesetzgeber hat - in Kenntnis der Rechtsprechung des EuGH - auch bei Novellierung der Betriebsübergangsrichtlinie im Jahr 1998 auf die Einfügung eines Widerspruchsrechts verzichtet. Hieraus ist zu schließen, das der europäische Gesetzgeber - wie zuvor auch - die Regelung der Rechtsfolgen eines Betriebsüberganges - soweit die Richtlinie nicht ausdrückliche Rechtsfolgen festschreibt - und damit auch die Frage des Widerspruchsrechts weiterhin der Regelung durch den nationalen Gesetzgeber unterwerfen will.

Auch europarechtliche Gesichtspunkte sprechen damit nicht für die Anerkennung des Widerspruchsrechts.[554]

---

551 EuGH AP Nr.97 zu § 613a BGB.

552 So z.B. Brinkmann, Spaltung, S. 99 die unter Verweis auf die Entscheidungsgründe, in denen es heißt: „(…) Zwar ermöglicht es die Richtlinie (…) dem Arbeitnehmer, sein Beschäftigungsverhältnis mit dem neuen Arbeitgeber (…) fortzusetzen, sie verpflichtet den Arbeitnehmer aber nicht.(…) Eine solche Verpflichtung verstieße gegen Grundrechte des Arbeitnehmers (…)“ die Diskussion um die Auslegung der Betriebsübergangsrichtlinie als geklärt ansieht.

553 EuGH a.a.O.

554 A.A. Brinkmann, Spaltung, S. 99.

cc. Historische Auslegung

Fraglich ist ferner, ob im Rahmen einer historischen Auslegung Ansatzpunkte für die eine oder andere Auffassung vorliegen.

(1) Die Aussagen bei Einführung und Änderung des § 613a BGB

Die Begründung zum Regierungsentwurf zur Einfügung des § 613a BGB weist zunächst darauf hin, dass sich § 613a BGB an die einschlägige Rechtsprechung anlehne, deren Grundsätze jedoch auf alle Arbeitnehmer ausdehne.[555]

Das BAG hat die Anerkennung des Widerspruchsrechts zunächst auf eben diese Aussage des Gesetzgebers gestützt, und zwar unter Verweis auf seine bisherige Rechtsprechung, nach der bei einer Betriebsnachfolge der entgegenstehende Wille des Arbeitnehmers die Zwangsübertragung des Arbeitsverhältnisses verhindert habe.[556]

Diese „Auslegung" des BAG hat in der Literatur schon früh Widerspruch erfahren, da das BAG über eine Weigerung des Arbeitnehmers im Falle des Betriebsübergangs überhaupt nicht entschieden hatte, vielmehr lediglich im Falle des Angestelltenarbeitsverhältnisses einen automatischen Übergang als für beide Parteien unzumutbar ansah.[557] Für diesen Fall hat das BAG explizit eine gesetzliche Regelung gefordert.[558]

Die Aussage des Gesetzgebers kann daher nur so verstanden werden, dass er den Übergang des Arbeitsverhältnisses auch auf Angestellte erstrecken wollte, und auch hier von einer Zwangsübertragung ausging, ohne jedoch ein Widerspruchsrecht festschreiben zu wollen.[559] Im Gegenteil findet sich an anderer Stelle des Regierungsentwurfes der Hinweis auf die Ablehnung des Vorschlages des DGB, den Betriebsinhaberwechsel der Mitbestimmung des Betriebsrates zu unterwerfen.

Die Zuerkennung eines Widerspruchsrechts des einzelnen Arbeitnehmers würde damit der gesetzgeberischen Intention zuwiderlaufen.[560]

(2) Die gesetzgeberischen Aussagen zum Umwandlungsgesetz

Die Betrachtung der gesetzgeberischen Aussagen zum Umwandlungsgesetz lässt bereits nach der Begründung auf die Anerkennung eines Widerspruchsrechts des Arbeitnehmers schließen.

Die Verfasser des Umwandlungsgesetzes scheinen der Auffassung des BAG gefolgt zu sein. So haben sie in der Begründung zum Regierungsentwurf zu

---

555 Begr. RegE, BT-Drucks. VI/1786, 59.

556 BAG DB 1975, 601(602); zustimmend Tschöpe, Widerspruchsrecht, S. 25.

557 So BAG AP Nr.1 zu § 419 BGB „Betriebsnachfolge".

558 BAG a.a.O.

559 Vgl. nur Gitter, FS 25 Jahre BAG, S. 133(145); ebenso Pietzko, Der Tatbestand des § 613a, S. 237f.

560 Vgl. auch Pietzko, Der Tatbestand des § 613a, S. 238.

§ 132 bei einer Abspaltung oder Ausgliederung angenommen, dass die Rechte und Pflichten aus dem betreffenden Arbeitsverhältnis nicht auf den übernehmenden oder neuen Rechtsträger, dem sie nach dem Spaltungs- und Übernahmevertrag oder dem Spaltungsplan zugeordnet wurden, übergehen, soweit der Arbeitnehmer von dem ihm nach der Rechtsprechung des BAG und des EuGH zustehenden Widerspruchsrecht Gebrauch mache. Bei einer Aufspaltung sei ein Widerspruchsrecht wegen des Erlöschens des übertragenden Rechtsträgers allerdings insoweit gegenstandslos, als seine Ausübung nicht zur Fortführung des bisherigen Arbeitsverhältnisses bei dem aufgespaltenen Rechtsträger führen könne.[561]

Da der Gesetzgeber in der Begründung zum Regierungsentwurf also für die Fälle der Abspaltung und Ausgliederung das Widerspruchsrecht ausdrücklich erwähnt, könnte also daran gedacht werden, allenfalls noch über die Rechtsfolgen des Widerspruchsrechts zu streiten, sofern man nicht den eindeutigen gesetzgeberischen Willen ignorieren will.

Die Befürworter des Widerspruchsrechts verkennen jedoch, dass der Gesetzgeber im Rahmen der Begründung des Regierungsentwurfs lediglich auf „die Rechtsprechung des BAG“ und – noch dazu unzutreffend – „die Rechtsprechung des EuGH“ abstellt, die den Arbeitnehmern ein solches Widerspruchsrecht „zubilligen“. Die Begründung des Gesetzentwurfes geht damit einmal mehr – wie dies in jüngerer Zeit bei verschiedenen Gesetzentwürfen zu beobachten war – erkennbar einer argumentativen Auseinandersetzung mit den zitierten Materialien aus dem Weg, ja ignoriert sie sogar bewusst. Dies ist angesichts der wechselhaften Geschichte des § 613a BGB anlässlich seiner Beurteilung im Rahmen des Umwandlungsgesetzes auch wenig verwunderlich: Die Anerkennung des § 613a BGB auch bei Umwandlungen ist erst im Zuge der letzten Beratungen akzeptiert und eingefügt worden, ohne dass die hiermit – auch rechtspolitisch – verbundenen Konsequenzen bedacht wurden.

Dies gilt insbesondere für das Widerspruchsrecht: Eine dogmatisch überzeugende Begründung für die Einräumung eines solchen Widerspruchsrechts liefert der Gesetzgeber ebenso wenig wie die Rechtsprechung. Auch hat der Gesetzgeber im Zuge des Umwandlungsgesetzes von der Schaffung einer gesetzlichen Grundlage für das Widerspruchsrecht des Arbeitgebers abgesehen.

Schließlich vermag die Begründung des Regierungsentwurfs den unauflösbaren Widerspruch zwischen der Zuerkennung eines Widerspruchsrechts im Falle der Abspaltung und Ausgliederung einerseits und der Aberkennung im Falle der Aufspaltung andererseits nicht aufzulösen, sondern beschränkt sich auf die lapidare Bemerkung: „eines Widerspruchsrechts bedürfe es im Falle der Auf-

561 Begr. RegE, Art. 1 § 132, BR-Drucks. 75/94, 121; diese Aussage wird zusätzlich durch die Tatsache unterstrichen, dass in der Fassung des RegE noch die später vom Rechtsausschuß auf § 324 UmwG verschobene Regelung in § 132 UmwG enthalten war, nach der § 613a BGB durch die Wirkungen der Eintragung der Spaltung unberührt bleibt.

spaltung“ nicht. Hieraus wird deutlich, dass die gesetzgeberische Begründung zum Umwandlungsgesetz tatsächlich nicht als Argument für die Anerkennung eines Widerspruchsrechts geeignet ist.

(3) Zwischenergebnis

Wenn man überhaupt von der Existenz eines Widerspruchsrechts ausgehen will, so bietet die gesetzgeberische Aussage zu § 126 UmwG bislang den einzig – einigermaßen - tragfähigen Ansatz zur Annahme eines derartigen Widerspruchsrechts. Betrachtet man die Aussage des Gesetzgebers jedoch unter dem Blickwinkel der Gesetzesentwicklung und berücksichtigt gleichzeitig die mangelnde dogmatische Begründung einerseits und die – nicht interessengerechte – Unterscheidung zwischen Aufspaltung und Abspaltung bzw. Ausgliederung andererseits, so bestehen ernstliche Zweifel, ob dieses Argument tatsächlich so durchschlagend ist, wie es auf den ersten Blick erscheint.

dd. Teleologische Auslegung

Sprechen die bisherigen Auslegungskriterien damit gegen die Anerkennung eines Widerspruchsrechts, so fragt sich, ob sich im Rahmen der teleologischen Betrachtung Ansätze für ein derartiges Widerspruchsrecht herleiten lassen.

Bereits aus der Begründung des Regierungsentwurfs zu § 613a BGB ergibt sich, dass der Gesetzgeber die Rechtsfolgen eines Betriebsüberganges „allgemein“ regeln wollte.[562]

Der Gesetzgeber musste also im Rahmen des § 613a BGB eine Güterabwägung zwischen den verschiedenen Interessenlagen der Beteiligten vornehmen und die hiermit verbundenen arbeitsrechtlichen Probleme lösen.[563]

Der Zweck des § 613a BGB besteht dabei zwar vorrangig – jedoch nicht ausschließlich - in der Gewährleistung des Bestandsschutzes der Arbeitsverhältnisse, § 613a BGB ist damit auch nicht allein ein Arbeitnehmerschutzrecht.

Die gegenteilige Auffassung, die auf der Grundlage einer ausschließlichen Betrachtung des Arbeitnehmerinteresses davon ausgeht, ein Übergang der Arbeitsverhältnisse gegen den Willen der Arbeitnehmer sei mit diesem Ziel nicht in Übereinstimmung zu bringen, übersieht zunächst das Interesse des bisherigen und zukünftigen Arbeitgebers in Bezug auf Rechts- und Planungssicherheit.

Auch wird übersehen, dass die Arbeitnehmer durch den Betriebsübergang weder begünstigt noch benachteiligt werden sollen; mit Ausnahme des bloßen Betriebsinhaberwechsels soll der bisherige Rechtszustand beibehalten werde. Diese Erhaltung des „Status quo“ wird durch die Zuerkennung jedoch gerade unterlaufen; vielmehr würde auf der Grundlage der Rechtsprechung des BAG

---

562 Begr. RegE, BT-Drucks. VI/1786, 59.

563 Vgl. nur Pietzko, Der Tatbestand des § 613a, S. 252.

dem Arbeitnehmer ein – vom Gesetzgeber nicht gewolltes – Arbeitsplatz- bzw. Arbeitgeberwahlrecht zuerkannt.

ee. Richterliche Rechtsfortbildung durch teleologische Reduktion

Schließlich kommt eine Anerkennung des Widerspruchsrechts noch unter dem Gesichtspunkt einer teleologischen Reduktion im Wege richterlicher Rechtsfortbildung in Betracht.

Das - vom Bundesverfassungsgericht anerkannte [564]- Rechtsinstitut der Rechtsfortbildung setzt eine planwidrige Regelungslücke voraus. Bei Fehlen einer solchen Regelungslücke liegt eine unzulässige Gesetzeskorrektur vor.[565]

Ferner muss nach Auffassung einzelner Autoren[566] das hieraus resultierende Fortbildungsergebnis durch die allgemeine Rechtsüberzeugung gebilligt sein, woran es bereits fehlen soll, wenn das Ergebnis in Rechtsprechung und Literatur auf Ablehnung stößt oder heftig umstritten ist.[567]

(1) Die bisherige Rechtslage

Eine Fortentwicklung des Rechts im Wege der richterlichen Rechtsfortbildung ist nur dann zulässig, wenn der Gesetzgeber bereits erkennbar einen weiteren Regelungsbedarf gesehen hat, dem er nicht nachkommen konnte bzw. wollte oder wenn eine unbewusste gesetzgeberische Lücke vorliegt. In den anderen Fällen obliegt es ausschließlich dem Gesetzgeber, seiner Gesetzgebungspflicht nachzukommen. Ausschließlich in den Fällen, in denen der Gesetzgeber durch Untätigkeit seine Gesetzgebungspflicht verletzt und hierdurch ein „Rechtsnotstand" eintritt, ist die Rechtsfortbildung erlaubt.

Gegen eine Ausdehnung der Rechtsfortbildung auf weitere Sachverhalte sprechen neben dem Gewaltenteilungsprinzip vor allem die – ebenfalls verfassungsrechtlich normierten – Gebote der Rechtssicherheit und –klarheit.[568]

Auf der Basis der obigen Überlegungen lag jedoch bereits keine Gesetzeslücke vor, die – aufgrund der Untätigkeit des Gesetzgebers - im Wege richterlicher Rechtsfortbildung hätte geschlossen werden müssen.

Bis zum Inkrafttreten des Umwandlungsgesetzes ist das Widerspruchsrecht von weiten Teilen der Literatur auch heftig angegriffen worden, es fehlte damit auch an der von Teilen der Literatur[569] geforderten weiteren Voraussetzung,

---

[564] Vgl. nur BVerfGE 34, 269(287f.); BVerfG NJW 1985, 2939 m.w.N.

[565] Zu den Voraussetzungen und Grenzen der richterlichen Rechtsfortbildung vgl. Wank, Auslegung von Gesetzen, S. 97; vgl. auch Heckelmann, Gedenkschrift Grabitz, S. 141ff.

[566] So wohl Wank, ZGR 1988, 314(323), der eine Rechtsfortbildung unter dem Gesichtspunkt des Demokratieprinzips für unzulässig hält, wenn es an einem entsprechenden Konsens in der Literatur fehlt.

[567] Vgl. auch Pietzko, Der Tatbestand des § 613a, S. 268f.

[568] Wank, Rechtsfortbildung, S. 197.

[569] Vgl. Wank, ZGR 1988, 314(323).

nämlich der Legitimation des Ergebnisses durch die allgemeine Rechtsüberzeugung.

Die bisherige Rechtsprechung des BAG kann damit nicht als verfassungskonform angesehen werden.

(2) Die Rechtslage nach Inkrafttreten des Umwandlungsgesetzes

An der vorgenannten Auffassung könnte sich jedoch durch das Inkrafttreten des Umwandlungsgesetzes etwas geändert haben. Der Gesetzgeber hat im Rahmen der Begründung zum Umwandlungsgesetz explizit auf die Rechtsprechung des BAG zum Widerspruchsrecht abgestellt und scheint damit die bisherige Auffassung des BAG gebilligt zu haben.

Auch sind die ein Widerspruchsrecht ablehnenden Autoren nahezu gänzlich verstummt, [570] so dass man annehmen könnte, die Rechtsauffassung des BAG habe sich endgültig durchgesetzt.

Tatsächlich hat sich jedoch auch durch das Inkrafttreten des Umwandlungsgesetzes nichts an den fehlenden dogmatischen Voraussetzungen für die Anerkennung des Widerspruchsrechts aufgrund „richterlicher Rechtsfortbildung“ geändert. Die Aussage des Gesetzgebers legitimiert in diesem Zusammenhang die Rechtsprechung des BAG ebenso wenig wie das Umschwenken der Literatur.

Vielmehr bleibt es dem Gesetzgeber – soweit er ein Widerspruchsrecht für erforderlich erachtet – unbenommen, ein derartiges Widerspruchsrecht gesetzlich zu normieren. Die Untätigkeit des Gesetzgebers allein erfüllt insoweit nicht die Voraussetzungen.

Auch darf nicht verkannt werden, dass die Existenz des Widerspruchsrechts vom Großteil der Literatur nur für die Fälle der Abspaltung und Ausgliederung anerkannt ist, und selbst die Befürworter über die Rechtsfolgen weiterhin uneinig sind. Es kann damit von einer allgemeinen Rechtsüberzeugung – zumindest hinsichtlich der Rechtsfolgen – keine Rede sein.

Schließlich kommt in diesem Zusammenhang dem Argument der fehlenden Rechtssicherheit und –klarheit eine entscheidende Bedeutung zu: Es ist derzeit nicht erkennbar, wie das BAG die Wirkungen des Widerspruchsrechts in Umwandlungsfällen beurteilen wird; angesichts der vielfältigen Auffassungen in der Literatur ist die Entscheidung auch nicht vorhersehbar. Hinzu treten die bereits jetzt im Rahmen des Widerspruchsrechts vom BAG getroffenen einzelfallbezo-

---

570 So gehen selbst Bauer und Lingemann mittlerweile - resignierend - davon aus, dass „dem Arbeitnehmer damit das vom BAG und EuGH anerkannte Widerspruchsrecht zusteht“; vgl. Bauer/Lingemann, NZA 1994, 1057.

genen Wertungen hinsichtlich der Rechtsfolgen bei der Sozialauswahl[571] und der Partizipation an Sozialplänen.[572]

Bereits hieran wird erkennbar, dass unter dem Gesichtspunkt der Rechtssicherheit und –klarheit die generelle Zuerkennung des Widerspruchsrechts im Wege richterlicher Rechtsfortbildung gerade abzulehnen ist.

d. Ergebnis

Ein Widerspruchsrecht der Arbeitnehmer im Falle eines Betriebsüberganges gemäß § 613a BGB ist weiterhin abzulehnen. Ein derartiges Widerspruchsrecht ist dogmatisch verfehlt und darüber hinaus nicht interessengerecht.

Eine teleologische Reduktion ist unzulässig, so dass auch eine Anerkennung des Widerspruchsrechts aufgrund richterlicher Rechtsfortbildung nicht in Betracht kommt. Es fehlt bereits an einer planwidrigen Regelungslücke als unabdingbarem Kriterium für die richterliche Rechtsfortbildung. Vielmehr ist bereits unter Zugrundelegung der allgemeinen Auslegungskriterien ein abschließendes Ergebnis erkennbar, wonach ein Widerspruchsrecht der Arbeitnehmer abzulehnen ist.

Das Bestehen eines Widerspruchsrechts wird auch durch die umwandlungsgesetzlichen Normierungen nicht bestätigt; im Gegenteil: gerade das Rechtsinstitut der Aufspaltung zeigt, dass ein Widerspruchsrecht des Arbeitnehmers auch in Umwandlungsfällen nicht anzuerkennen ist, anderenfalls ein einzelner Arbeitnehmer durch die bloße Ausübung seines Widerspruchsrechts eine Aufspaltung verhindern könnte.

Es ist auch nicht einzusehen, weshalb ein Widerspruchsrecht im Falle der Aufspaltung nicht existieren soll, im Falle der Abspaltung und Ausgliederung hingegen doch, zumal die Interessen- und Rechtslage in beiden Fällen identisch ist.

2. Widerspruchsrecht bei spaltungsrechtlicher Übertragung ?

Ein Widerspruchsrecht des Arbeitnehmers könnte jedoch im Falle einer spaltungsrechtlichen Übertragung des Arbeitsverhältnisses in Betracht kommen, zumal in diesem Falle der Übergang des Arbeitsverhältnisses nicht – wie im Rahmen des § 613a BGB – Rechtsfolge eines Betriebsüberganges ist, sondern – wie dargestellt - ausschließlich auf der Grundlage der allein vom Arbeitgeber getroffenen Zuordnung im Spaltungsvertrag bzw. -plan erfolgt.

Der Arbeitnehmer müsste also in diesem Fall als noch schutzwürdiger angesehen werden als im Falle des § 613a BGB, zumal die von § 613a BGB vorgegebene Zielsetzung, nämlich der Gleichlauf von Arbeitsplatz und Arbeitsverhältnis, in diesem Fall nicht gegeben ist.

---

[571] Vgl. nur BAG NZA 1993, 796: der widersprechende Arbeitnehmer ist in die Sozialauswahl einzubeziehen, soweit ein „objektiv vertretbarer Grund" für den Widerspruch vorlag; vgl. auch LAG Hamm, DB 1994, 2242; vgl. hierzu auch Lunk, NZA 1995, 711.

[572] Vgl. BAG AP Nr.112 zu § 112 BetrVG; LAG Sachsen, AuA 1997, 204.

Wie bereits die Begründung zum Regierungsentwurf zeigt, ist für ein Widerspruchsrecht im Falle der Aufspaltung jedoch ebenfalls kein Raum. Zu kurz gegriffen ist es allerdings, ein derartiges Widerspruchsrecht im Falle der Aufspaltung allein aufgrund der damit verbundenen praktischen Probleme abzulehnen.

Vielmehr gilt auch hier – wie bereits im Falle des § 613a BGB – der Vorrang des gesetzlich zwingenden spaltungsrechtlichen Übergangs unabhängig vom Willen der Arbeitnehmer, der vom Gesetzgeber dadurch manifestiert wird, dass die Regelung des § 399 BGB bei der Aufspaltung nicht gelten soll. Auch im Rahmen des spaltungsrechtlichen Übergangs liegt in einer derartigen Anordnung des Gesetzgebers kein Verstoß gegen Verfassungsgrundsätze vor. Insoweit kann auf die Überlegungen zu § 613a BGB verwiesen werden.[573]

3. Zusammenfassung

Weder bei einer spaltungsrechtlichen Übertragung noch bei einem Betriebsübergang nach § 613a BGB besteht ein Recht des Arbeitnehmers, dem Übergang seines Arbeitsverhältnisses zu widersprechen. Ein Widerspruchsrecht ist auch nach Inkrafttreten des Umwandlungsgesetzes rechtsdogmatisch verfehlt. Die diesbezügliche Rechtsprechung des BAG resultiert aus bloßen sozialpolitischen Erwägungen und muss weiterhin als verfassungsrechtlich höchst bedenklich angesehen werden. Schließlich ist das Widerspruchsrecht auch unter dem Gesichtspunkt der aus dem Rechtsstaatsprinzip resultierenden Prinzipien der Rechtssicherheit und –klarheit abzulehnen.

In den Fällen der Zuordnung des Arbeitsverhältnisses zu einem „falschen Betrieb“ kann der Arbeitnehmer durch eine Klage eine gerichtliche Entscheidung herbeiführen.

Hieraus resultiert jedoch nicht das Erlöschen des Arbeitsverhältnisses, vielmehr hat der Arbeitnehmer nach den insoweit allgemein gültigen Grundsätzen die Möglichkeit, den Übergang seines Arbeitsverhältnisses auf den nach seiner Auffassung nach zutreffenden Arbeitgeber feststellen zu lassen.

Bis zur Entscheidung des Arbeitsgerichts ist der Arbeitnehmer an die Zuordnung gebunden, d.h. zur Erbringung der Arbeitsleistung verpflichtet, sofern er nicht seinen Lohnanspruch verlieren will.

---

573 Vgl. oben 1 c bb (3).

III. Inhalts- und Bestandsschutz bestehender Arbeitsverhältnisse

Weitere Bedeutung kommt dem Inhalts- und Bestandsschutz bestehender Arbeitsverhältnisse zu.

Die bisherige Darstellung zeigt, dass die Arbeitsverhältnisse von der Unternehmensumwandlung – mit Ausnahme der etwaigen Überleitung – zunächst unberührt bleiben.

Gleichwohl kann es infolge oder anlässlich der Unternehmensspaltung durch die hierdurch ggf. erzielten „Synergieeffekte" zu einem Personalüberhang kommen, so dass die Gefahr betriebsbedingter Kündigungen der verbleibenden oder übertragenen Arbeitsverhältnisse besteht. Des weiteren können aus Spaltungen Einsparungserfordernisse resultieren, die ggf. durch verschlechternde Eingriffe in die bestehenden Arbeitsverhältnisse erzielt werden sollen. Es stellt sich weiter die Frage, welche Rechtsfolgen aus einer Spaltung hinsichtlich der Rechte eintreten, die lediglich auf der Grundlage einer tarifvertraglichen Regelung oder einer Betriebsvereinbarung hergeleitet werden können, sofern der übernehmende Rechtsträger nicht oder anders tarifgebunden ist und/oder beim neuen Rechtsträger kein Betriebsrat oder andere – ggf. schlechtere – Betriebsvereinbarungen existieren.

Diese Problematik stellt sich sowohl bei den Arbeitsverhältnissen, die im Rahmen der Spaltung – sei es arbeitsrechtlich nach § 613a BGB oder aber spaltungsrechtlich nach § 126 UmwG - auf einen neuen Rechtsträger übergehen, als auch bei den Arbeitsverhältnissen, die bei dem bisherigen Rechtsträger verbleiben, also von einer Spaltung bzw. einem Betriebsübergang nicht unmittelbar betroffen sind.

1. Der Bestandsschutz der Arbeitsverhältnisse

Sofern im Zuge der Spaltung Personaleinsparungen durch Kündigungen vorgenommen werden sollen, stellt sich zunächst die Frage nach dem Bestandsschutz der Arbeitsverhältnisse.

Hierbei ist zunächst zu differenzieren, ob die Spaltung die eigentliche Kündigungsursache ist oder aber Entlassungen erst im Anschluss an die Spaltung, ggf. aufgrund hieraus resultierender Entwicklungen ausgesprochen werden.

Gleichermaßen ist zwischen den einzelnen Arbeitnehmergruppen zu unterscheiden, die von einer solchen Kündigung betroffen sind.

a. Die Bestandsschutzregelungen

Da die Spaltung im Regelfall mit einem Betriebsübergang einhergeht, ist zunächst regelmäßig der Anwendungsbereich des § 613a Abs.4 BGB eröffnet, dessen Geltung auch in Umwandlungsfällen wiederum über § 324 UmwG klargestellt wird.

Daneben enthält das Umwandlungsgesetz eigene Bestandsschutzregelungen, die einen eigenen – von § 613a Abs.4 BGB abweichenden – Regelungsinhalt haben.

aa. Kündigungsschutz nach § 613a Abs.4 BGB

§ 613a BGB schließt eine kündigungsschutzrechtliche Lücke bei einem rechtsgeschäftlichen Betriebsinhaberwechsel durch einen gesetzlichen Vertragsübergang.[574]

Bis zum Inkrafttreten des § 613a Abs.4 BGB waren Arbeitnehmer nicht davor geschützt, „wegen" eines Betriebsüberganges entlassen zu werden.

Nach mittlerweile gefestigter Rechtsprechung,[575] die auch in der Literatur weitgehende Akzeptanz erfahren hat,[576] handelt es sich bei der Regelung des § 613a Abs.4 BGB um ein selbständiges, von den Voraussetzungen des Kündigungsschutzgesetzes unabhängiges Kündigungsverbot.

Durch § 613a Abs.4 BGB wird klargestellt, dass das Arbeitsverhältnis weder durch den Veräußerer noch durch den Erwerber allein wegen des Betriebsübergangs beendet werden kann; dieser besondere Kündigungsschutz greift demgegenüber – wie § 613a Abs.4 S.2 BGB klarstellt – nicht ein, sofern die Kündigung durch weitere Gründe, seien sie wirtschaftlicher, organisatorischer oder technischer Art, gerechtfertigt ist.[577]

Der Kündigungsschutz nach § 613a BGB greift damit zeitlich sowohl vor als auch nach dem Betriebsübergang ein und betrifft Veräußerer und Erwerber, sofern die Kündigung ausschließlich wegen des Betriebsübergangs erfolgt.[578]

Durch § 613a BGB wird allerdings die unternehmerische Dispositionsbefugnis tatsächlich nicht beeinträchtigt; vielmehr hat auch das BAG entschieden, dass eine Kündigung des Betriebserwerbers nicht gegen § 613a Abs.4 BGB verstößt, sofern die Beschäftigungsmöglichkeit für bestimmte Arbeitnehmer aufgrund eines Konzeptes wegfällt, das auch der bisherige Betriebsinhaber hätte durchfüh-

574 Eingefügt durch Gesetz vom 13.8.1980, BGBl I, 1308, wodurch die Vorgaben der Richtlinie 77/187 umgesetzt wurden.

575 BAG AP Nr.40 zu § 613a BGB; BAG AP Nr. 47 zu § 613a BGB.

576 So bereits Willemsen, ZIP 1983, 411(413); ErfK/Preis, § 613a BGB, Rz. 135; MünchArbR/Wank, § 121, Rz. 50; Stahlhacke/Preis, Rz.180; a.A. noch Hilger, ZGR 1984, 258(261); Berkowsky, DB 1983, 2683(2685), die § 613a Abs.4 BGB für einen Sonderfall der sozialwidrigen Kündigung i.S.d. § 1 KSchG halten; diese Auffassung ist indes abzulehnen, da § 613a Abs.4 BGB auch die Arbeitsverhältnisse schützen soll, die nicht dem Geltungsbereich des KSchG unterfallen, sei es aufgrund der Kleinbetriebsklausel oder aber der nicht erfüllten Wartezeit.

577 Vgl. zur Problematik der „anlassbezogenen" Kündigung im Rahmen des § 613a BGB und den damit verbundenen Darlegungs- und Beweislastfragen ausf. MünchArbR/Wank, § 121, Rz. 14ff.

578 Vgl. MünchArbR/Wank, a.a.O.

ren können.[579] Diese Auffassung resultiert daraus, der Schutzzweck des § 613a Abs.4 BGB allein darin besteht, die Kündigung eines bestimmten Arbeitnehmers, dessen Arbeitsplatz jedoch erhalten bleibt, zu verhindern. In den sonstigen Fällen bleibt der Arbeitnehmer auf die allgemeinen kündigungsschutzrechtlichen Bestimmungen, namentlich den § 1 KSchG, verwiesen.

bb. Der umwandlungsrechtliche Bestandsschutz

Neben dem Bestandsschutz nach § 613a BGB enthält das Umwandlungsrecht mit § 323 Abs.1 UmwG und § 322 Abs. 2 UmwG zwei eigenständige bestandsschützende Regelungen.

(1) Die Regelung des § 323 Abs.1 UmwG

Durch § 323 Abs.1 UmwG legt der Gesetzgeber fest, dass sich die „kündigungsrechtliche Situation eines Arbeitnehmers, der vor dem Wirksamwerden einer Spaltung oder Teilübertragung zu dem übertragenden Rechtsträger in einem Arbeitsverhältnis steht, aufgrund der Spaltung oder Teilübertragung für die Dauer von zwei Jahren nicht verschlechtert".

§ 323 Abs.1 UmwG erfasst damit zunächst ausschließlich Arbeitnehmer des übertragenden Rechtsträgers. Darüber hinaus muss die Verschlechterung der kündigungsrechtlichen Stellung (unmittelbar) auf der Spaltung beruhen, es ist also eine kausale Verknüpfung zwischen Spaltung und Verschlechterung der kündigungsrechtlichen Stellung erforderlich.[580]

Ebenso wie im Rahmen des § 613a Abs.4 BGB bleiben damit andere Ursachen, die die kündigungsrechtliche Stellung beeinflussen, sei es ein Rationalisierungskonzept im Anschluss an die Spaltung oder aber eine Vereinbarung mit dem Arbeitnehmer, von der Regelung unberührt.

Während über den personellen Schutzbereich des § 323 Abs.1 UmwG demnach weitgehende Einigkeit besteht, sind die aus § 323 Abs.1 UmwG resultierenden Rechtsfolgen und damit der sachliche Schutzbereich umstritten.[581]

---

579 BAG AP Nr.34 zu § 613a BGB; ebenso wohl Heinze, FS für Henckel, S. 401(403); vgl. auch die Kritik hierzu bei Richardi, NZA 1991, 289(291); vgl. auch Hanau, ZIP 1984, 141ff.

580 Allg. Auff., vgl. nur Bauer/Lingemann, NZA 1994, 1057(1061); ErfK/Ascheid, § 323 UmwG, Rz. 1; Lutter/Joost, § 323, Rz. 23; Müller-Ehlen, Übergang von Arbeitsverhältnissen, S. 154, jew. m.w.N.

581 Vgl. ErfK/Ascheid, § 323 UmwG, Rz. 3; Heinze, ZfA 1997, 1(47f.); Wlotzke, DB 1995, 40(44).

(a) Darstellung des Meinungsstandes

Nach einhelliger Auffassung schützt § 323 Abs.1 UmwG zunächst vor einer kündigungsrechtlichen Verschlechterung aufgrund eines Absinkens der Beschäftigtenzahl, was vor allem den Bereich des § 23 KSchG betrifft.[582]

Während eine restriktive Auffassung den Regelungsgehalt des § 323 UmwG bereits hier als erschöpft ansieht und ausschließlich auf die kündigungsschutzrechtliche Stellung des Arbeitnehmers abstellt,[583] geht eine extensive Auslegung davon aus, § 323 Abs.1 UmwG erfasse die gesamte kündigungsrechtliche Stellung des Arbeitnehmers, einschließlich vorhandener tariflicher Regelungen, die sich ggf. nur auf die Kündigungsfristen beziehen.[584]

Teilweise wird sogar auf der Grundlage des § 323 Abs.1 UmwG eine Erhaltung der Beteiligungsrechte des Betriebsrates für die Dauer von zwei Jahren erwogen.[585]

(b) Stellungnahme

Nach der Begründung des Regierungsentwurfs soll durch § 323 Abs.1 UmwG eine „Verschlechterung der kündigungsrechtlichen Situation" verhindert werden, soweit bei dem den Arbeitnehmer beschäftigenden Rechtsträger nach der Spaltung „die für die Anwendbarkeit kündigungsrechtlicher Regelungen notwendige Beschäftigtenzahl nicht mehr erreicht wird; dies betrifft insbesondere § 23 Abs.1 KSchG".[586]

Der Gesetzgeber verdeutlicht damit, dass vom Anwendungsbereich des § 323 Abs.1 UmwG lediglich der Erhalt der – gesamten - kündigungsrechtlichen Situation umfasst ist, soweit er an die Beschäftigtenzahl anknüpft.

Bereits vom Wortlaut des Gesetzes verbietet sich damit eine restriktive Einschränkung, wonach kündigungsrechtlich lediglich als „kündigungsschutzrechtlich" verstanden werden könne.[587]

Richtigerweise wird man damit – neben den Bestimmungen des Kündigungsschutzgesetzes – sämtliche kündigungsrechtlichen Bestimmungen dem Geltungsbereich des § 323 Abs.1 UmwG zuordnen müssen, soweit sie eine unmittelbare Wirkung entfalten und die kündigungsrechtliche Stellung unmittelbar selbst regeln. Nicht dem Anwendungsbereich des § 323 Abs.1 UmwG unterfällt demgegenüber die Regelung weiterer Begleitumstände – wie etwa betriebs-

---

582 ErfK/Ascheid, § 323 UmwG, Rz. 3; Heinze, TfA 1997, 1; Kallmeyer/Willemsen, § 323 Rz. 11; Trittin, AiB 1996, 349(356); Trümner, AiB 1995, 309.

583 Bauer/Lingemann, NZA 1994, 1057(1060f.); Heinze, ZfA 1997, 1(46f.).

584 Lutter/Joost, § 323, Rz. 23; Trümner, AiB 1995, 309(314); Wlotzke, DB 1995, 40(44).

585 Herbst, AiB 1995, 5(12f.).

586 Vgl. Begr. RegE, BT-Drucks. 12/6699, 175.

587 So jedoch Bauer/Lingemann, NZA 1994, 1057(1060); a.A. zutreffend Wlotzke, DB 1995, 40(44).

verfassungsrechtlicher Bestimmungen -, aus der mittelbar ein Kündigungsschutz bzw. eine Verlängerung des Beschäftigungsverhältnisses resultieren kann.[588]

Die Gegenauffassung,[589] die § 323 UmwG als Perpetuierung nicht allein des rechtlichen, sondern auch des faktischen Status quo ansieht, verkennt zunächst die Wechselwirkung zwischen § 322 UmwG und § 323 UmwG; darüber hinaus würde eine derartige Einordnung den Zielen des Umwandlungsgesetzes und dem Grundsatz der Privatautonomie zuwider laufen.

Aus den vorgenannten Gründen kommt eine Weitergeltung betriebsverfassungsrechtlicher oder tarifvertraglicher Regelungen, sofern sie nicht aufgrund anderer Regelungstatbestände ohnehin eintritt, ebenso wenig in Betracht wie die Anwendung von § 15 bzw. 17 KSchG.

Gegen eine Inbezugnahme betriebsverfassungsrechtlicher Regelungen spricht bereits die Tatsache, dass es sich hierbei nicht um individuell bestandsschützende Normen handelt. Im übrigen vermag die Gegenauffassung[590] den hieraus resultierenden Wertungswiderspruch zu § 325 Abs. 2 UmwG nicht zu erklären, der im Grundsatz vom Wegfall der Beteiligungsrechte des Betriebsrates ausgeht.[591]

Das vorgenannte Argument lässt sich demgegenüber auf die Fortgeltung von Tarifverträgen nicht übertragen, weshalb insbesondere Wlotzke[592] davon ausgeht, dass die Regelung des § 323 Abs.1 UmwG auch Tarifverträge umfasse, und in diesem Fall eine lex-specialis-Regelung zu § 613a BGB darstelle.
Gegen die Auffassung von Wlotzke ist indes einmal mehr anzuführen, dass der Gesetzgeber die Geltung des § 613a BGB – einschließlich der Sätze 2-4 des ersten Absatzes - durch § 324 UmwG explizit klargestellt hat, so dass bereits unter diesem Gesichtspunkt für eine lex-specialis-Regelung kein Raum ist.

Eine vergleichbare Sachlage wie bei den betriebsverfassungsrechtlichen Regelungen gilt hinsichtlich der weiteren „kündigungsrechtlichen" Normen:

So gilt der nachwirkende Kündigungsschutz nach § 15 Abs.1 S.2 KSchG unmittelbar, ohne dass es einer Verweisung durch § 323 UmwG bedürfte. Demgegenüber kommt eine Weitergeltung der Betriebsratsfunktionen nicht in Betracht, da dies einer – von § 323 UmwG nicht gedeckten – Perpetuierung des faktischen Status quo gleich käme.

Die Befürworter einer Anwendung des § 17 KSchG verkennen demgegenüber die Zielsetzung des § 17 KSchG, dem gerade keine unmittelbar kündigungsschützende Wirkung, sondern allein eine arbeitsmarktpolitische Funktion zukommt. Soweit das BAG – im übrigen zu Unrecht – den Verstoß gegen die Anzeigepflicht als absoluten Unwirksamkeitsgrund herangezogen hat, handelt es

---

588 Ebenso Kallmeyer/Willemsen, § 323, Rz.9, 11; Kreßel, BB 1995, 925(928).

589 Trümner, AiB 1995, 309(312); Mengel, Umwandlungen, S. 265ff.

590 Herbst, AiB 1995, 5(12).

591 So zutreffend Kallmeyer/Willemsen, § 323, Rz. 14.

592 Wlotzke, a.a.O.

sich um eine bloße Reflexwirkung des § 17 KSchG, die einmal mehr aus sozialpolitischen Erwägungen erfolgt und keine dogmatische Grundlage bietet.

Faktisch wird der Geltungsbereich des § 323 UmwG damit auf die Fälle des § 23 KSchG beschränkt bleiben.[593]

(c) Ergebnis

§ 323 Abs.1 UmwG schützt ausschließlich vor einer Verschlechterung der kündigungsrechtlichen Stellung, die unmittelbar aus der aufgrund einer Spaltung eintretenden Verringerung der Beschäftigtenzahl resultiert.

§ 323 Abs.1 UmwG betrifft dabei ausschließlich Normen, die die kündigungsrechtliche Stellung unmittelbar und ausschließlich von einer bestimmten Beschäftigtenzahl abhängig machen. Tarifliche Kündigungsregelungen sind damit ebenso wenig vom Geltungsbereich des § 323 Abs.1 UmwG erfasst wie nur mittelbar bestandsschützende Vorschriften, z.B. § 17 KSchG. Auch eine Weitergeltung der Beteiligungsrechte des Betriebsrates kommt damit nicht in Betracht.

(2) Der Kündigungsschutz nach § 322 Abs.2 UmwG

Ferner stellt der Gesetzgeber in § 322 Abs.2 UmwG die Existenz der Rechtsfigur des „gemeinsamen Betriebes" erstmals verbindlich fest, und statuiert damit verbindliche bestandsschützende Rechtsfolgen.

Nach § 322 Abs.2 UmwG gilt ein von den an einer Spaltung beteiligten Rechtsträgern nach dem Wirksamwerden der Spaltung gemeinsam geführter Betrieb als ein Betrieb im Sinne des Kündigungsschutzgesetzes.

Diese gesetzgeberische Aussage hat zunächst zur Folge, dass sich die Sozialauswahl bei betriebsbedingten Kündigungen auf sämtliche Arbeitnehmer des „gemeinsamen Betriebes" erstrecken muss, unabhängig davon, mit welchem Rechtsträger die Arbeitsverhältnisse bestehen.[594] Gleichermaßen bezieht sich der Geltungsbereich der Kleinbetriebsklausel ebenfalls auf sämtliche betrieblich eingesetzten Arbeitnehmer, unabhängig von ihrer Zuordnung zu einem bestimmten Arbeitgeber.[595] Weitergehende Rechtsfolgen hat die Rechtsfigur des gemeinsamen Betriebes nicht. Insbesondere ist der Arbeitgeber nicht verpflichtet, über die gemeinschaftsbetriebliche Beschäftigungsmöglichkeit hinaus eine weitergehende – unternehmensübergreifende - Sozialauswahl durchzuführen oder auch nur eine derartige Beschäftigungsmöglichkeit zu prüfen.[596]

Demgegenüber erstreckt sich die Vermutungsregelung des § 322 Abs.1 UmwG – wie bereits dargestellt -[597] nicht auf den Regelungsbereich des § 322

---

593 Ebenso i.E. Kallmeyer/Willemsen, § 323, Rz. 11.

594 Unstr. vgl. nur ErfK/Ascheid, § 322 UmwG, Rz. 6 m.w.N.

595 Ders. a.a.O.

596 BAG AP Nr.10 zu § 1 KSchG; vgl. auch Dehmer, § 322, Rz. 10.

597 Kap. B IV 4 b.

Abs.2 UmwG; es bleibt vielmehr bei den von der Rechtsprechung aufgestellten Grundsätzen, nach denen der Arbeitnehmer das Vorhandensein einer – konkludenten oder tatsächlichen – Leitungsmacht darzulegen und zu beweisen hat.[598]

Neben dem insoweit eindeutigen Wortlaut und dem vom Gesetzgeber mit der Einfügung des § 322 Abs.2 UmwG beabsichtigten Zweck, nämlich einer bloßen Klarstellung, spricht gegen eine derartige Vermutungsregelung auch die dann ggf. fehlende Durchsetzungsbefugnis: Im Rahmen einer bloßen Vermutung hätte der zu einer Kündigung entschlossene Rechtsträger keinerlei rechtliche Möglichkeit, die Umsetzung seines eigenen Arbeitnehmers oder gar die Kündigung eines – bei einem Dritten beschäftigten Arbeitnehmers – gegen den Willen des weiter beteiligten Rechtsträgers durchzusetzen. Hierzu bedarf es vielmehr der tatsächlich vorhandenen Leitungsmacht, die ausdrücklich oder konkludent vorhanden sein muss.[599] Demgegenüber reicht im Rahmen des Betriebsverfassungsgesetzes die bloße Vermutung aus.[600]

b. Das Verhältnis der Regelungen des Umwandlungsgesetzes zu § 613a BGB

Wie die vorstehenden Überlegungen zeigen, betreffen sämtliche Vorschriften unterschiedliche Regelungsgehalte.

Während § 613a BGB ausschließlich eine Kündigung unmittelbar aufgrund eines Betriebsüberganges trotz ggf. noch vorhandenem Arbeitsplatz verhindern will, garantiert § 323 Abs.1 UmwG den bisher an die Beschäftigtenzahl gekoppelten Kündigungsschutz für die Dauer von zwei Jahren.

§ 322 Abs.2 UmwG knüpft demgegenüber ausschließlich an die Existenz der Rechtsfigur des „gemeinsamen Betriebs“ an und hat – insoweit vergleichbar zu § 323 Abs.1 UmwG – Auswirkungen auf den Anwendungsbereich des Kündigungsschutzgesetzes und die erforderliche Sozialauswahl.

c. Die Auswirkungen auf die einzelnen Arbeitsverhältnisse

Es fragt sich damit, wie sich die Vorschriften auf die einzelnen Arbeitsverhältnisse auswirken.

aa. Übergang des Arbeitsverhältnisses nach § 613a BGB

Soweit der Übergang der Arbeitsverhältnisse gemäß § 613a Abs.1 BGB erfolgt, ist dadurch auch im Umwandlungsrecht die Anwendbarkeit der in § 613a BGB

---

598 BAG a.a.O.

599 So zutreffend Müller-Ehlen, Übergang von Arbeitsverhältnissen, S. 152f.

600 Allerdings ist davon auszugehen, dass die gerichtliche Praxis die mangelnde Organisationsänderung im Sinne des Abs.1 zumindest als Indiz für das konkludente Vorliegen einer einheitlichen Leitungsmacht heranziehen wird; vgl. insoweit auch Schnitker, 107; vgl. auch Däubler, FS für Zeuner, S. 19ff.

enthaltenen Schutzregelungen und damit des § 613a Abs.4 BGB impliziert. Dies wird bereits durch § 324 UmwG klargestellt.

Daneben treten die umwandlungsgesetzlichen Spezialvorschriften, soweit deren Regelungsbereich erfüllt ist.

bb. Spaltungsrechtlicher Übergang

Soweit sich der Übergang der Arbeitsverhältnisse rein spaltungsrechtlich gemäß §§ 126, 131 UmwG vollzieht, sind die Schutzregelungen des § 613a BGB wegen ihres Bezuges auf einen nach dieser Vorschrift erfolgenden Rechtsübergang nicht unmittelbar anzuwenden. Auch enthält das Gesetz keinerlei Regelungen, die für die Fälle spaltungsrechtlicher Übertragung auf die Vorschrift des § 613a Abs.4 BGB verweisen.

Ein Teil der Literatur sieht die Ursache darin, dass der Gesetzgeber der Ansicht gewesen sei, § 613a BGB habe für jedes einzelne Arbeitsverhältnis Geltung und ist deshalb der Auffassung, die Regelung des § 613a BGB sei auf die spaltungsrechtliche Übertragung analog anzuwenden.[601]

Diese Auffassung ist indes abzulehnen: § 613a Abs.4 BGB schützt die Arbeitnehmer vor einem Verlust des Arbeitsplatzes durch willkürliche Auslese bei einem Betriebsübergang, nicht jedoch vor dem Verlust des Arbeitsplatzes, der sich bloß anlässlich eines Betriebsüberganges vollzieht.[602]

Im Falle der spaltungsrechtlichen Übertragung ist die Interessenlage damit nicht vergleichbar: Es geht gerade kein Betrieb oder Betriebsteil über, dem der Arbeitnehmer zugeordnet werden kann, so dass auch kein vergleichbares Schutzbedürfnis besteht.

Damit fehlt es bereits an der Grundvoraussetzung einer Analogie, nämlich der Existenz einer planwidrigen Regelungslücke.[603]

Der gesetzgeberischen Aussage im Rahmen des § 324 UmwG kann auch keine gegenteilige Bedeutung zuerkannt werden: Der Gesetzgeber spricht nämlich explizit von dem „Unberührt bleiben" des § 613a Abs.1 und 4 BGB und verdeutlicht damit bereits, dass dieser Norm kein erweiterter Anwendungsbereich zukommen soll.

Der Arbeitnehmer ist bei einer spaltungsrechtlichen Übertragung auf die allgemeinen kündigungsrechtlichen Schutzbestimmungen zu verweisen. Dies ist bei einer spaltungsrechtlichen Übertragung auch ausreichend. Daneben gelten ergänzend die umwandlungsrechtlichen Schutzvorschriften, soweit deren Geltungsbereich im Einzelfall betroffen ist.

---

601 So Bartodziej, BuW 1994, 788(793); Boecken, ZIP 1994, 1087 (1094); ebenso i.E. Schalle, Bestandsschutz, S. 253f.

602 Vgl. hierzu bereits oben aa.

603 Vgl. zu den Voraussetzungen analoger Rechtsanwendung Larenz, Methodenlehre, S. 195f.

cc. Die beim übertragenden Rechtsträger verbleibenden Arbeitsverhältnisse

Fraglich ist schließlich, ob die dargestellten Normen auch auf die Arbeitnehmer anzuwenden sind, deren Arbeitsverhältnisse nicht gem. § 613a BGB übergehen.

Ebenso wie in den Fällen des umwandlungsrechtlichen Übergangs fehlt es hierbei an einer dem § 613a BGB vergleichbaren Sachlage, so dass eine analoge Anwendung des § 613a Abs.4 BGB auch in diesen Fällen nicht in Betracht kommt. Es gelten damit die zum spaltungsrechtlichen Übergang erörterten Grundsätze.

2. Der Inhaltsschutz der Arbeitsverhältnisse

Über den bloßen Bestandsschutz hinaus kommt dem Inhaltsschutz der Arbeitsverhältnisse eine weitere grundlegende Bedeutung zu.

Ausgehend von den oben dargestellten Prämissen hat eine Unternehmensumwandlung zunächst keine unmittelbare Auswirkung auf den Inhalt der Arbeitsverhältnisse mit Ausnahme eines ggf. damit verbundenen Arbeitnehmerwechsels.

Für den Fall des Betriebsüberganges wird dies durch § 613a Abs.1 S.1 BGB klargestellt, wonach der Erwerber in „sämtliche Rechte und Pflichten" des bisherigen Betriebserwerbers eintritt. Gleiches gilt für die spaltungsrechtliche Übertragung, da diese ebenfalls einen bloßen Arbeitgeberwechsel ohne eine weitergehende Inhaltsänderung bewirkt.

Die einzelvertraglichen Rechtspositionen, seien sie durch Individualarbeitsvertrag, Gesamtzusage oder betriebliche Übung begründet, werden durch die Spaltung damit unmittelbar nicht berührt.[604]

Gleichwohl kann eine Spaltung mittelbar auf den Inhalt der Arbeitsverhältnisse einwirken, sofern diese durch kollektivrechtliche Vereinbarungen, namentlich Tarifverträge oder Betriebsvereinbarungen, (mit-)geregelt werden. Auch derartige kollektivrechtliche Regelungen haben eine zwingende individualrechtlich bindende normative Wirkung, wie sich aus § 4 TVG bzw. § 77 Abs.4 BetrVG ergibt.[605] Diese kollektivrechtlichen Bestimmungen werden trotz ihrer Bindungswirkung allerdings im Regelfall nicht Inhalt des Arbeitsvertrages, so dass eine Schutzlücke entstehen kann.[606]

---

604 MünchArbR/Richardi, § 12, Rz. 38.

605 Die individualrechtliche Wirkung der Betriebsvereinbarung wird dabei entweder aus § 317 BGB, so Erman/Hanau, § 611, Rz. 213 oder aber ihrem Rechtsnormcharakter so wohl Richardi, § 77 BetrVG, Rz. 25 jew. m.w.N. hergeleitet.

606 Eine derartige Schutzlücke entsteht dann nicht, wenn die Geltung des Tarifvertrages kraft individualvertraglicher Inbezugnahme vereinbart war; vielmehr geht diese Vereinbarung bei einem Betriebsübergang ebenso wie bei einer spaltungsrechtlichen Übertragung über; vgl. zum Fall des Betriebsübergangs bereits Wank, NZA 1987, 505(506) m.w.N.

Dieses Problem hat auch der Europäische Gesetzgeber erkannt und für den Fall des Betriebsüberganges in der Richtlinie 77/187 dem Erwerber die Verpflichtung auferlegt, die kollektivrechtlichen Arbeitsbedingungen mindestens für ein Jahr nach dem Betriebsübergang aufrechtzuerhalten.[607]

Der deutsche Gesetzgeber hat diese Richtlinienvorgabe durch die Einfügung des § 613a Abs.1 S.2 BGB erfüllt.[608] Nach § 613a Abs.1 S.2 BGB gelten Betriebsvereinbarungen und Tarifverträge für die Dauer von zwei Jahren fort, soweit nicht nach den Sätzen 3 und 4 andere Bestimmungen getroffen werden.

Demgegenüber besteht eine spezielle umwandlungsrechtliche Vorschrift nicht.

a. Der Inhaltsschutz nach § 613a Abs.1 S.2 BGB

Zur Bestimmung des Regelungsbereichs des § 613a BGB ist zunächst eine Klärung erforderlich, ob neben § 613a BGB noch andere Mechanismen in Betracht kommen, die eine Fortgeltung kollektivrechtlicher Regelungen bewirken.

Angesichts der unterschiedlichen Rechtsnatur von Betriebsvereinbarung und Tarifvertrag bietet sich dabei eine getrennte Betrachtung an.

aa. Die Fortgeltung von Tarifverträgen

Die Fortgeltung von Tarifverträgen ist auf zweierlei Weise denkbar:

Es ist zunächst möglich, dass Tarifverträge kollektivrechtlich fortwirken, was jedoch grundsätzlich voraussetzt, dass auch der neue Arbeitgeber den Voraussetzungen für die tarifliche Bindung unterliegt.[609]

Vorstellbar wäre auch eine Transformation, aufgrund derer die Normen des Tarifvertrages individualrechtlich fortwirken. Eine solche Transformation ist in § 613a Abs.1 S.2 BGB für tarifvertragliche Regelungen im Falle eines Betriebsüberganges vorgesehen.[610]

(1) Die kollektivrechtliche Fortgeltung

Von der überwiegenden Auffassung in der Literatur[611] und der Rechtsprechung [612] wird angenommen, dass auch nach Inkrafttreten des § 613a BGB neben der

---

607 Vgl. hierzu auch Kamlah, Bestandsschutz, S. 29ff.

608 BGBl I, 1308.

609 Vor Inkrafttreten des § 613a BGB war die kollektivrechtliche Fortgeltung von Tarifverträgen und Betriebsvereinbarungen allg. anerkannt; vgl. insoweit MünchArbR/Wank, § 120, Rz. 167.

610 Einhellige Auff., vgl. nur MünchArbR/Wank, § 120, Rz. 168.

611 ErfK/Preis, § 613a BGB, Rz. 94; Hanau/Vossen, FS für Hilger/Stumpf, S. 271 (272); Jung, RdA 1981, (360)362; Kempen, BB 1991, 2006(2007); Moll, NJW 1993, 2016(2020); MünchArbR/Wank, § 120, Rz. 168; Wank, NZA 1987, 505(506).

612 BAG NZA 1995, 222(225).

hieraus resultierenden Transformation eine kollektivrechtliche Fortgeltung von Tarifverträgen in Betracht kommt.

Die Anordnung der individualrechtlichen Fortgeltung in § 613a Abs.1 S.2 BGB bilde lediglich einen Auffangtatbestand, der zurücktrete, wenn die angestrebte Sicherung der kollektiven Rechtsposition schon tarifvertraglich erreicht werde; im letzteren Falle könnten Tarifverträge nicht Gegenstand einer individualrechtlichen Transformation sein. [613]

Für diese Auffassung sprechen neben der bereits angeführten Zielsetzung des § 613a BGB auch die mit einer Transformation verbundenen Rechtsfolgen: Die individualrechtliche bezieht sich nur auf den normativen Teil des Tarifvertrages und lässt den schuldrechtlichen Teil unberührt.[614] Auch hieraus ergibt sich, dass dem kollektivrechtlichen Übergang nach Inkrafttreten des § 613a BGB weiterhin der Vorrang einzuräumen ist; § 613a BGB kommt lediglich ein Auffangcharakter zu.

Schließlich ist der Vorrang der kollektivrechtlichen Fortgeltung vor dem Inhaltsschutz nach § 613a Abs.1 S.2 BGB auch nicht über die Regelung des § 324 UmwG beseitigt worden. Zunächst bezieht sich § 324 UmwG nur auf die – unmittelbaren - Wirkungen einer Spaltung, so dass unter diesem Gesichtspunkt bereits fraglich ist, ob die Norm überhaupt den Tatbestand der kollektivrechtlichen Fortgeltung erfasst.[615] Darüber hinaus ist einmal mehr auf die bloß klarstellende Wirkung des § 324 UmwG zu verweisen.

(2) Die Voraussetzungen der kollektivrechtlichen Fortgeltung

Im Rahmen der Prüfung der Voraussetzungen einer kollektivrechtlichen Fortgeltung ist zwischen dem Verbandstarifvertrag und dem Haustarifvertrag zu unterscheiden.

(a) Verbandstarifverträge

Bei Verbandstarifverträgen knüpft die unmittelbare und zwingende tarifrechtliche Wirkung zunächst an die Verbandszugehörigkeit der Parteien an. Daneben unterliegt der Verbandstarifvertrag einem bestimmten räumlichen und sachlichen Geltungsbereich.

Unproblematisch ist damit eine kollektivrechtliche Fortgeltung in den Fällen, in denen der übernehmende Rechtsträger dem Arbeitgeberverband angehört, dem der bisherige Arbeitgeber ebenfalls angehörte und der räumliche und sachliche Geltungsbereich sich nicht ändert (vgl. §§ 3,4 TVG).

Ebenfalls tritt eine kollektivrechtliche Geltung ein, sofern der Erwerber Mitglied eines anderen Arbeitgeberverbandes ist als der Veräußerer, der Arbeitneh-

---

613 MünchArbR/Wank, § 120, Rz. 168.

614 Brinkmann, Spaltung, S. 165.

615 Ebenso i.E. Däubler, RdA 1995, 136(139); Müller-Ehlen, Übergang von Arbeitsverhältnissen, S. 106.

mer jedoch Gewerkschaftsmitglied der am Abschluss des Tarifvertrages im Erwerberbetrieb beteiligten Gewerkschaft ist: In diesem Fall gilt der neue Tarifvertrag, ohne dass es auf einen Günstigkeitsvergleich ankommt.[616]

Von Teilen der Literatur[617] wird im Zusammenhang mit dem Umwandlungsgesetz die Auffassung vertreten, anlässlich einer Spaltung erfolge kraft Gesamtrechtsnachfolge ein automatischer Eintritt in die Verbandsmitgliedschaft des bisherigen Rechtsträgers bzw. könne durch Zuordnung nach § 126 Abs.1 Nr.9 UmwG erreicht werden, mit der Folge, dass auch in diesem Fall eine kollektivrechtliche Fortgeltung eintrete.

Diese Auffassung ist – mit der herrschenden Meinung - indes abzulehnen.[618] Ein Übergang im Wege der Gesamtrechtsnachfolge scheitert schon an der verfassungsrechtlich durch Art.9 Abs.3 GG garantierten negativen Koalitionsfreiheit.[619]

Demgegenüber scheitert eine Zuweisung der Mitgliedschaft im Spaltungsvertrag bereits an der fehlenden Mitwirkung der Verbände: Die Verbände selbst sind ebenfalls durch Art. 9 GG abgesichert; darüber hinaus stellt die Verbandsmitgliedschaft regelmäßig ein höchstpersönliches, nicht übertragbares Recht dar, da die Verbände als Vereine organisiert sind, und insoweit die Regelung des § 38 BGB Anwendung findet.[620]
Eine Übertragung der Verbandsmitgliedschaft kommt damit nicht in Betracht.

(b) Haustarifverträge

Neben den Verbandstarifverträgen kommen als weitere kollektivrechtliche Normen auch Haustarifverträge in Betracht.

Die Bindung des Arbeitgebers tritt bei einem Firmentarifvertrag, der in seinen Rechtswirkungen dem Verbandstarifvertrag gleichsteht, gem. § 3 Abs.1 TVG durch seine Stellung als Vertragspartei ein.

Da im Falle des Haustarifvertrages darüber hinaus die oben angeführten Bedenken – zumindest bei erster Betrachtung - nicht zu bestehen scheinen, könnte eine Überleitung von Firmentarifverträgen im Rahmen des Spaltungs- und Übernahmevertrages auf den übernehmenden Rechtsträger als zulässig anzusehen sein, sofern diese nicht bereits automatisch kraft Gesamtrechtsnachfolge übergehen.

Ein automatischer – jedoch kollektivrechtlich wirkender Übergang – wurde von Teilen der Literatur bereits vor Inkrafttreten des Umwandlungsgesetzes an-

---

616 MünchArbR/Wank, § 120, Rz. 170f.; ders., NZA 1987, 505(508).

617 Hennrichs, ZIP 1995, 794(798); vgl. auch Brinkmann, Spaltung, S. 168.

618 Boecken, Unternehmensumwandlungen, Rz. 184; Lutter/Joost, § 324, Rz. 17; Schaub, FS für Wlotzke, S. 103(107); Trittin, AiB 1996, 349(361).

619 Ebenso Brinkmann, Spaltung, S. 168.

620 Boecken, Unternehmensumwandlungen, a.a.O.; vgl. auch Brinkmann, Spaltung, S. 168f., jew. m.w.N.

genommen, da Firmentarifverträge als zum Betrieb gehörend anzusehen seien.[621] Andere Auffassungen haben einen solchen Übergang jedoch mit dem Argument abgelehnt, der Gesetzgeber habe mit § 613a Abs.1 S.2 BGB eine – bezogen auf die Firmentarifverträge – abschließende Regelung treffen wollen. Eine Fortgeltung im Wege der Gesamtrechtsnachfolge – etwa auf der Grundlage einer Analogie – komme daher nicht in Betracht.[622]

(aa) Die Möglichkeit der umwandlungsrechtlichen Übertragung

Mit Inkrafttreten des Umwandlungsgesetzes ist der Meinungsstreit über die Möglichkeit der kollektivrechtlichen Fortgeltung von Firmentarifverträgen neu entbrannt.

Nach einer Auffassung soll ein automatischer Übergang auf den Rechtsträger erfolgen, der einen seine Identität bewahrenden Betrieb übernimmt.[623]

Eine weitere Auffassung geht demgegenüber davon aus, dass – ähnlich dem gewandelten Verständnis zu § 613a BGB – die Regelungen des Firmentarifvertrages aufgrund der (partiellen) Gesamtrechtsnachfolge unmittelbar auf den übernehmenden Rechtsträger übergehen,[624] wobei teilweise von einer Zuweisungsbefugnis bzw. dem entsprechenden Erfordernis im Spaltungsvertrag ausgegangen wird.[625]

Kreßel schließlich lehnt die Möglichkeit einer Zuweisung im Rahmen des Spaltungsvertrages unter Verweis auf Art.9 Abs.3 GG ab und schließt damit eine kollektivrechtliche Fortgeltung von Firmentarifverträgen auch im Rahmen des Umwandlungsgesetzes aus.[626]

Soweit im Rahmen der neueren Auffassungen versucht wird, wiederum das Kriterium der arbeitsplatzbezogenen Bindung für eine kollektivrechtliche Fortgeltung des Firmentarifvertrages heranzuziehen, handelt es sich um ein Argument, das bereits mit Einführung des § 613a Abs.1 S. 2 BGB obsolet wurde: Der Gesetzgeber hat mit der Einführung des § 613a Abs.1 S.2 BGB klargestellt, dass ein betriebsbezogener kollektivrechtlicher Übergang gerade nicht vorliegt.[627] Hiergegen spricht auch die Rechtsnatur des Firmentarifvertrages, der gerade nicht betriebs-, sondern unternehmensbezogen ausgestaltet ist, weshalb es nicht auf die Fortführung des Betriebes, sondern allein auf die Fortführung der darüber

---

621 Jung, RdA 1981, 360(362); Soergel/Kraft, § 613a, Rz. 47.

622 Vgl. MünchKomm/Schaub, § 613a, Rz. 52; MünchArbR/Wank, § 120, Rz. 172; Seiter, Betriebsinhaberwechsel, S. 91; Wank, NZA 1987, 505(507).

623 Berscheid, FS für Stahlhacke, S. 15(40); Trittin, AiB 1995, 317(325).

624 Bachner, NJW 1995, 2881(2882); Lutter/Joost, § 324, Rz. 18; Däubler, RdA 1995, 136(140).

625 Boecken, Unternehmensumwandlungen, Rz. 206.

626 Kreßel, BB 1995, 925(930).

627 Vgl. zu dieser Auffassung bereits die zutreffende Darstellung von Wank, NZA 1987, 505(507).

stehenden rechtlich-wirtschaftlichen Einheit, nämlich des Unternehmens, ankommen muss.[628]

Auch das Argument von Kreßel vermag nicht zu überzeugen: Es ist bereits zweifelhaft, ob bei der Übertragung eines Firmentarifvertrages überhaupt der Schutzbereich des Art. 9 GG betroffen ist, da es nicht um die Mitgliedschaft in einer Koalition geht. Darüber hinaus handelt es sich jedoch auch nicht um eine aufgezwungene Mitgliedschaft; vielmehr ist bei der Spaltung zur Aufnahme der übernehmende Rechtsträger unmittelbar an der Entscheidungsfindung beteiligt, wohingegen bei der Spaltung zur Neugründung der übertragende Rechtsträger die Entscheidung als Rechtsvorgänger des neuzugründenden Rechtsträgers übernimmt.[629]

Eine kollektivrechtliche Fortwirkung aufgrund umwandlungsrechtlicher Übertragung des Firmentarifvertrages könnte jedoch an dem Sondercharakter des Firmentarifvertrages scheitern:

Die Normen des Firmentarifvertrages werden von den Tarifvertragsparteien unter Berücksichtigung bestimmter Prämissen vereinbart; neben der allgemeinen arbeitsmarkt- und wirtschaftspolitischen Lage hängen die Vereinbarungen im Firmentarifvertrag maßgeblich von der konkreten wirtschaftlichen Unternehmenssituation ab. Es kann in diesem Zusammenhang auch von einer bestimmten Zweckbindung des Tarifvertrages bzw. einer höchstpersönlichen Verpflichtung des bisherigen Rechtsträgers, nämlich des Unternehmens, gesprochen werden, die - bezogen auf den schuldrechtlichen Teil des Tarifvertrages – einen Unterfall des § 399 BGB darstellen.

Es ist dabei allerdings zunächst davon auszugehen, dass aufgrund des dargestellten Unternehmensbezuges der Tarifvertrag keine unteilbare Verbindlichkeit darstellt.[630]

Die Gegenauffassung,[631] die eine „Duplizierung" der Rechte und Pflichten des Tarifvertrages auf mehrere Parteien ausschließt, verkennt, dass eine gemeinschaftliche Übertragung von Rechten und Pflichten in Betracht kommt.

Im Falle einer Unternehmensspaltung erfahren die bei der Entscheidung zugrunde gelegten Strukturen damit bereits durch die bloße Ausgliederung bestimmter Betriebe oder Betriebsteile eine wesentliche Änderung: Die Kriterien, die ursprünglich zum Abschluss des Tarifvertrages führten, liegen bei den Betrieben oder Betriebsteilen, auf die der Firmentarifvertrag übertragen werden soll, nicht vor, es käme ferner zu einem Wechsel des Vertragspartners; eine Übertragung käme daher – bezogen auf die übergehenden - Betriebsteile einer Inhaltsänderung gleich und scheidet bereits unter diesem Gesichtspunkt aus.

---

628 Ebenso Brinkmann, Spaltung, S. 176.

629 Vgl. auch Müller-Ehlen, Übergang von Arbeitsverhältnissen, S. 125.

630 Vgl. Müller-Ehlen, Übergang von Arbeitsverhältnissen, S. 127.

631 Ders., Übergang von Arbeitsverhältnissen, a.a.O.

(bb) Das Sonderproblem der Aufspaltung

Demgegenüber stellt sich das Problem bei der Aufspaltung nicht, da in diesem Fall § 399 BGB nicht eingreift.

Es bleibt dem übertragenden Rechtsträger in diesem Fall also unbenommen, die Rechte und Pflichten aus dem Firmentarifvertrag nach den allgemeinen umwandlungsgesetzlichen Regeln zu übertragen. Im Falle der unterlassenen Zuordnung greift § 131 Abs.3 S.1 UmwG.

Allein im Falle der Aufspaltung kommt damit eine kollektivrechtliche Fortgeltung bei Firmentarifverträgen in Betracht.

(c) Zusammenfassung

Eine kollektivrechtliche Fortgeltung aufgrund einer umwandlungsrechtlichen Übertragung ist nur im Falle der Aufspaltung möglich.

Im übrigen gelten auch bei der Unternehmensspaltung nach dem Umwandlungsgesetz die bisherigen Grundsätze der kollektivrechtlichen Fortgeltung.

bb. Die Fortgeltung von Betriebsvereinbarungen

Die vorstehenden Grundsätze lassen sich aufgrund des unterschiedlichen Charakters von Tarifverträgen und Betriebsvereinbarungen indes nicht unbesehen auf die letzteren übertragen.

Betriebsvereinbarungen sind eigene betriebsverfassungsrechtlich vorgesehene Rechtsinstrumente zwischen den Betriebspartnern mit normativem Regelungscharakter.[632]

Im Gegensatz zum Tarifvertrag kommt es hinsichtlich des persönlichen Geltungsbereichs einer Betriebsvereinbarung nicht auf die Gewerkschaftszugehörigkeit, sondern auf die bloße Betriebszugehörigkeit des Arbeitnehmers an.

(1) Die kollektivrechtliche Fortgeltung

Bereits vor Inkrafttreten des Umwandlungsgesetzes ist die herrschende Lehre von der Möglichkeit einer kollektivrechtlichen Fortgeltung von Betriebsvereinbarungen ausgegangen, sofern anlässlich der Übertragung die Betriebsidentität gewahrt bleibt.[633] Unter Betriebsidentität wird dabei die Beibehaltung der bisherigen Strukturen im Sinne einer unveränderten Organisationseinheit verstanden.[634] Begründet wurde diese Auffassung damit, dass die Betriebsvereinbarung ein ausschließlich auf den Betrieb bezogenes Regelungs- und Ordnungsinstrument darstelle, dessen alleiniger Anknüpfungspunkt in der Auf-

---

[632] Vgl. nur Fitting, § 77, Rz. 11; vgl. zur rechtl. Einordnung auch Gussen, Betriebsvereinbarungen, S. 25.

[633] GK-BetrVG/Kreutz, § 77, Rz.377; Hanau/Vossen, FS für Hilger/Stumpf, S. 271 (272ff.); Jung, RdA 1981, 360(361).

[634] Dies., a.a.O.

rechterhaltung der betrieblichen Identität unabhängig von einem Wechsel der Arbeitsvertragsparteien bestehe.

Diese Auffassung scheint auch im Einklang mit der Rechtsprechung des BAG zu stehen, wonach eine Betriebsvereinbarung in ihrem Bestand nicht vom Wechsel der Betriebspartner abhängig sein soll.[635]

Der individualrechtlichen Fortgeltung nach § 613a Abs.1 S.2 BGB komme daher nur in den Fällen eine Bedeutung zu, in denen eine Betriebseingliederung oder eine Betriebsverschmelzung erfolge.

Nach anderer Auffassung[636] kommt eine kollektivrechtliche Fortgeltung von Betriebsvereinbarungen bei einem Betriebsübergang nicht in Betracht. Der Gesetzgeber habe mit Einführung des § 613a Abs.1 S.2 BGB eine abschließende Regelung im Sinne der individualrechtlichen Lösung getroffen.

Dies ergebe sich bereits aus der Entstehungsgeschichte des Gesetzes sowie der – systematischen – Gleichstellung von Tarifvertrag und Betriebsvereinbarung im Gesetzestext. Die kollektivrechtliche Fortwirkung von Tarifverträgen könne insoweit nicht als Vergleich herangezogen werden, da diese unmittelbar aus § 3 TVG resultiere, der durch § 613a Abs.2 S.1 BGB nicht berührt werde. Die Theorie der kollektivrechtlichen Fortwirkung widerspreche damit dem Prinzip der Gesetzesbindung.[637]

Der zweiten Auffassung ist zu folgen: Neben den bereits erwähnten Argumenten spricht vor allem das Ziel des Gesetzes, der Schutz der Arbeitnehmerinteressen, gegen die kollektivrechtliche Lösung.

Eine Charakterisierung des § 613a Abs.1 S.2 BGB als bloßer Auffangtatbestand mit eingeschränktem Wirkungsbereich ist bereits mit dem Schutzzweck der Norm nicht in Übereinstimmung zu bringen.

Auch sollte dem Arbeitgeber über den Wortlaut des § 613a Abs.1 S.2 BGB hinaus keine kollektivrechtliche Geltung von Tarifverträgen aufgezwungen werden.[638] Vielmehr soll der Arbeitgeber – wie sich aus den nachfolgenden Bestimmungen explizit ergibt – die Möglichkeit haben, sich unter bestimmten Voraussetzungen und nach Ablauf eines bestimmten Zeitraumes von den transformierten Regelungen zu lösen.

Eine kollektivrechtliche Fortgeltung von Betriebsvereinbarungen im Falle des Betriebsübergangs ist damit abzulehnen.

(2) Die rechtsgeschäftliche Zuordnung im Spaltungsvertrag

Es fragt sich danach, ob – auf der Grundlage der vorstehenden Überlegungen - eine kollektivrechtliche Fortgeltung von Betriebsvereinbarungen im Wege der Zuordnung im Rahmen des Spaltungsvertrages erfolgen kann.

---

635 Vgl. BAG AP Nr.2 zu § 87 BetrVG 1972 „Urlaub".

636 MünchKomm/Schaub, § 613a, Rz.53; Wank, NZA 1987, 505(507) m.w.N.

637 Wank, a.a.O.

638 Ders., a.a.O.

Gegen die Zulässigkeit einer Zuordnung von Betriebsvereinbarungen im Rahmen des Spaltungsvertrages sprechen bereits die im Rahmen der Überlegungen zum rechtsgeschäftlichen Übergang von Firmentarifverträgen angeführten Argumente: Die Betriebsvereinbarung wird ausschließlich betriebsbezogen abgeschlossen, so dass sich eine abweichende Zuordnung bereits vom Sinngehalt verbietet. Vielmehr kann die Überleitung nur in entsprechender Zuordnung zu den übergehenden Betrieben bzw. Betriebsteilen erfolgen.
Bereits dies widerspricht jedoch dem Prinzip der freien Zuordnungsmöglichkeit nach § 126 Abs.1 Nr.9 UmwG.

Daneben ist auch hier die Regelung des § 324 UmwG heranzuziehen, wonach § 613a Abs.1 BGB durch die Wirkungen der Eintragung einer Spaltung unberührt bleibt.

Hierdurch wird hinsichtlich der Fortgeltung von Betriebsvereinbarungen die Zuordnungsfreiheit ebenfalls eingeschränkt, da insoweit wiederum die Regelung des § 613a Abs.1 S.2 BGB vorrangig zu berücksichtigen ist. Damit wird jedoch ebenfalls der Grundsatz der spaltungsrechtlichen Zuordnungsfreiheit aufgehoben.

Eine spaltungsrechtliche Zuordnung kommt damit auch bei Betriebsvereinbarungen nicht in Betracht.

cc. Der Regelungsbereich des § 613a Abs.1 S.2-4 BGB

Der Regelungsbereich des § 613a Abs.1 S.2 BGB umfasst danach sämtliche Fälle, in denen keine kollektivrechtliche Fortgeltung von Tarifverträgen erfolgt. Dies sind namentlich die Fälle der einseitigen Tarifbindung des Arbeitnehmers. Spaltungsrechtlich gelten insoweit keine besonderen Regelungen.

Aufgrund der individualrechtlichen Fortwirkung nach § 613a Abs.2 BGB dürfen die Regelungen aus dem früheren Tarifvertrag oder der Betriebsvereinbarung nicht vor Ablauf eines Jahres nach dem Betriebsübergang einseitig zu Lasten des Arbeitnehmers geändert werden. Soweit nicht die Voraussetzungen des § 613a Abs.1 S.4 BGB erfüllt sind, sind Änderungen vor Ablauf der Jahresfrist gem. § 134 BGB nichtig.[639]

Nach Ablauf der Jahresfrist entfällt die zwingende Wirkung der transformierten Kollektivnormen, die dann jedoch als arbeitsvertragliche Einheitsregelungen weitergelten, und deren Änderung den allgemeinen Voraussetzungen unterliegt.

Schließlich ist gem. § 613a Abs.1 S.3 BGB die individualvertragliche Weitergeltung ausgeschlossen, sofern die Rechte und Pflichten bei dem Betriebserwerber durch Rechtsnormen eines anderen Tarifvertrages geregelt werden.

---

639 Vgl. auch ErfK/Preis, § 613a BGB, Rz. 101.

dd. Ergebnis

Im Falle des Betriebsübergangs richtet sich der Inhaltsschutz der Arbeitsverhältnisse ausschließlich nach den bereits vor Inkrafttreten des Umwandlungsgesetzes geltenden Kriterien. Umwandlungsrechtliche Sonderregelungen bestehen nicht.

b. Der Inhaltsschutz bei spaltungsrechtlichem Übergang

Im Rahmen des spaltungsrechtlichen Übergangs der Arbeitsverhältnisse gelten zunächst die bereits im Rahmen des Übergangs nach § 613a BGB dargestellten Grundsätze hinsichtlich der kollektivrechtlichen Fortgeltung von Tarifverträgen.

Soweit eine derartige kollektivrechtliche Fortgeltung ausscheidet, stellt sich die Frage nach einer analogen Anwendung der inhaltsschützenden Vorschriften des § 613a BGB.

Von Teilen der Literatur[640] wird eine analoge Anwendung des § 613a Abs.1 S.2 BGB auf den Fall der spaltungsrechtlichen Übertragung von Arbeitsverhältnissen deshalb befürwortet, weil die Interessenlage des spaltungsrechtlichen Übergangs derjenigen des Betriebsüberganges vergleichbar sei: auch für die Arbeitnehmer, deren Arbeitsverhältnisse spaltungsrechtlich übergehen, stelle sich die Frage nach dem Inhalt des inhaltlichen Status quo ihrer Arbeitsverhältnisse. Ergänzend wird in diesem Zusammenhang das Argument angeführt, der Gesetzgeber sei – wie dies in der Gesetzesbegründung zum Ausdruck komme – von der Anwendbarkeit des § 613a BGB auf alle Arbeitsverhältnisse im Rahmen einer Umwandlung ausgegangen.[641] Schließlich werden zur Begründung der Analogie die Vorgaben der Spaltungsrichtlinie herangezogen, aufgrund derer die Vorgaben der Betriebsübergangsrichtlinie auch bei Unternehmensspaltungen umzusetzen seien.[642]

Bei näherer Betrachtung ergibt sich jedoch, dass die Voraussetzungen für eine Analogie nicht erfüllt sind.

So fehlt es bereits an der vergleichbaren Interessenlage: Die Rechtsfolgenanordnungen des § 613a BGB sollen nach der gesetzgeberischen Wertung die Kontinuität der bestehenden Arbeitsverhältnisse in einer organisatorischen Einheit gewährleisten. Daran fehlt es bei der spaltungsrechtlichen Übertragung gerade.[643] Aus den genannten Gründen verbietet sich ebenfalls der Verweis auf die Betriebsübergangsrichtlinie, die die außerhalb der wirtschaftlichen Einheit übergehenden Arbeitnehmer gerade nicht erfasst.

Schließlich fehlt es bereits an einer planwidrigen Regelungslücke. Entgegen der Auffassung von Boecken[644] war sich der Gesetzgeber durchaus der Mög-

---

640 Boecken, Unternehmensumwandlungen, Rz. 174ff., 210.

641 Ders., Unternehmensumwandlungen, Rz. 177.

642 Ders., Unternehmensumwandlungen, Rz. 178.

643 Brinkmann, Spaltung, S. 192.

644 Dies., Spaltung, a.a.O.

lichkeit einer umwandlungsrechtlichen Übertragung der Arbeitsverhältnisse bewusst, wie dies auch in der Gesetzesbegründung zum Ausdruck kommt.[645]

Eine analoge Anwendung der Regelungen des § 613a Abs.1 S.2-4 BGB auf die spaltungsrechtlich übergehenden Arbeitsverhältnisse kommt damit nicht in Betracht.

c. Ergebnis

Der Inhaltsschutz der arbeitsrechtlich, d.h. nach § 613a BGB übergehenden Arbeitsverhältnisse bestimmt sich auch bei einer Spaltung nach den allgemeinen arbeitsrechtlichen Bestimmungen, namentlich dem § 613a Abs.1 S.2-4 BGB.

Ein vergleichbarer Inhaltsschutz besteht für die spaltungsrechtlich übergehenden Arbeitsverhältnisse nicht, allerdings besteht hierfür auch kein besonderes Bedürfnis. Insbesondere kommt eine analoge Anwendung des § 613a Abs.1 S.2-4 BGB auf diese Arbeitsverhältnisse nicht in Betracht.

IV. Haftungsfragen

Für den Arbeitnehmer als Gläubiger ist von besonderem Interesse, einen ebenso solventen Schuldner wie bisher zu erhalten, eine Konstellation, die dem Prinzip der Spaltung und der durch § 126 Abs.1 Nr.9 UmwG generell vorgegebenen Möglichkeit zur freien Vermögensverschiebung und einer hieraus resultierenden Verringerung der Haftungsmasse zuwider zu laufen scheint.

Aufgrund der hieraus resultierenden Haftungsrisiken hat der Gesetzgeber mit den §§ 133, 134 UmwG ein besonderes System zum Schutz der Gläubiger geschaffen.

Über die umwandlungsrechtlichen Sonderregelungen hinaus enthält auch das allgemeine Zivilrecht gesetzliche Haftungstatbestände, die spaltungsrechtlich relevant werden können. Neben den Vorschriften der §§ 25 ff. HGB, die im Rahmen des hier untersuchten Problemkreises nicht relevant sind,[646] kommt aus arbeitsrechtlicher Sicht dem § 613a Abs.2 BGB eine besondere Bedeutung zu.

1. Die Grundlagen der Haftung nach dem Umwandlungsgesetz

Wie bereits dargestellt,[647] sieht das Umwandlungsgesetz in den §§ 133, 134 besondere Vorschriften für den Gläubigerschutz vor.

Daneben gilt mit § 25 UmwG eine besondere Haftungsvorschrift für ein schuldhaftes und rechtswidriges Verhalten von Organen der Rechtsträger anläss-

---

645 Begr. RegE, BT-Drucks. 12/6699, 118.

646 Vgl. insoweit nur die Kommentierung bei Baumbach/Hopt.

647 Kap. B III 2 dd.

lich der Umwandlung sowie mit § 22 UmwG eine Norm, die einen Anspruch auf Sicherheitsleistung der Gläubiger begründet.[648]

a. Die Haftung nach § 133 UmwG

Gemäß § 133 Abs.1 UmwG haften die an der Spaltung beteiligten Rechtsträger für Verbindlichkeiten des übertragenden Rechtsträgers, die vor dem Wirksamwerden der Spaltung begründet wurden, als Gesamtschuldner.

Fraglich ist jedoch, ob die Haftung nach § 133 UmwG auch für die Ansprüche von Arbeitnehmern Geltung erlangt.

Die arbeitsrechtlich relevante Haftungsregelung ist in diesem Zusammenhang § 613a Abs.2 BGB. Nach dieser Vorschrift haftet der bisherige Arbeitgeber im Falle des Betriebsübergangs neben dem neuen Inhaber für sämtliche Verpflichtungen nach § 613a Abs.1 BGB, die vor dem Übergang entstanden sind, und binnen eines Jahres fällig werden, als Gesamtschuldner.

Werden solche Ansprüche nach dem Übergang fällig, haftet der bisherige Arbeitgeber für sie nur in dem Umfang, der dem im Zeitraum des Übergangs abgelaufenen Teil ihres Bemessungszeitraumes entspricht.

Namentlich in den mit einem Betriebsübergang verbundenen Spaltungsfällen könnte die Vorschrift des § 613a Abs.2 BGB der Regelung des § 133 UmwG entgegenstehen.

Die Anwendbarkeit des § 613a Abs.2 BGB im Umwandlungsrecht könnte jedoch bereits deshalb zweifelhaft sein, weil § 324 UmwG ausdrücklich nur § 613a Abs.1 und 4 BGB als von den Wirkungen einer Umwandlung „unberührt" bleibend ansieht. Eine Aussage über die Anwendbarkeit des § 613a Abs.2 BGB fehlt hingegen.

Zwar kommt § 324 UmwG lediglich eine klarstellende und keineswegs eine konstitutive Funktion im Rahmen des § 613a BGB zu, so dass die Norm allein keine Schlussfolgerung dahingehend zulässt, dass § 613a Abs.2 BGB in den Umwandlungsfällen unwendbar ist.

Geht man vielmehr – wie hier – davon aus, dass § 613a BGB auch generell im Umwandlungsgesetz anwendbar ist, kommt es allerdings zu einem Konkurrenzverhältnis zu den Haftungsregelungen des Umwandlungsgesetzes, das es aufzulösen gilt.

Die fehlende Erwähnung des § 613a Abs.2 BGB im Rahmen des § 324 UmwG könnte darauf hindeuten, dass § 613a Abs.2 BGB hinter die spaltungsrechtlichen Schutzvorschriften zurücktreten soll.[649]

Gegen eine derartige Subsidiarität des § 613a Abs.2 BGB spricht allerdings zunächst die Regelung des § 613a Abs.3 BGB, die zuletzt anlässlich der Einfüh-

---

648 Beide Vorschriften sind über § 125 UmwG auch im Falle der Spaltung anzuwenden; die hieraus resultierenden Haftungsfolgen interessieren im Rahmen der hier untersuchten Probleme jedoch nicht, insoweit wird auf die allg. umwandlungsrechtliche Literatur verwiesen.

649 Vgl. Düwell, NZA 1996, 393(397).

rung des Umwandlungsgesetzes geändert wurde, und durch die explizit festgeschrieben wird, dass § 613a Abs.2 BGB in den Umwandlungsfällen keine Geltung erlangen soll, in denen der bisherige Rechtsträger erlischt. Dies legt die Geltung der Haftungsregelung des Abs.2 in den sonstigen Haftungsfällen nahe.[650]

Anderseits hat der Gesetzgeber im Rahmen des § 133 UmwG bestimmte Haftungsvorschriften aufgezählt, deren Geltung unberührt bleiben soll, nicht jedoch § 613a Abs.2 BGB. Eine diesbezügliche Klarstellung hätte jedoch nahegelegen.[651]

Gegen die Anwendbarkeit des § 133 UmwG auf Arbeitnehmeransprüche könnte schließlich sprechen, dass hierdurch die Arbeitnehmer, deren Arbeitsverhältnisse anlässlich eines mit einer Spaltung verbundenen Betriebsübergangs übergehen, haftungsrechtlich besser gestellt werden, als diejenigen, deren Arbeitsverhältnisse lediglich im Rahmen der Einzelrechtsnachfolge übertragen werden.

Andererseits darf nicht übersehen werden, dass gerade aus der umwandlungsrechtlichen Spaltung völlig andere Vermögensverschiebungen resultieren können, als dies bei der Einzelrechtsübertragung möglich ist.

Auch ist nicht einzusehen, weshalb Arbeitnehmer im Rahmen der Spaltung schlechter gestellt werden sollen als Drittgläubiger. Dies gilt insbesondere aufgrund der aus einer vorrangigen Geltung des § 613a Abs.2 BGB resultierenden Benachteiligung der arbeitsrechtlich übergehenden Arbeitnehmer gegenüber den spaltungsrechtlich übergehenden Arbeitnehmern.

Das Konkurrenzverhältnis zwischen dem arbeitsrechtlichen und dem umwandlungsrechtlichen Gläubigerschutz ist damit zugunsten der umwandlungsrechtlichen Vorschriften zu lösen. Auch im Falle eines Betriebsübergangs gilt für die Ansprüche der Arbeitnehmer § 133 UmwG.

b. Die Haftung nach § 134 UmwG

Nach § 134 UmwG haften Anlage- und Betriebsgesellschaft, die durch eine Spaltung entstehen, für sämtliche Ansprüche der Arbeitnehmer, die innerhalb von fünf Jahren nach dem Wirksamwerden der Spaltung begründet werden, gesamtschuldnerisch unter der Voraussetzung, dass an den an der Spaltung beteiligten Rechtsträger im wesentlichen die gleichen Personen beteiligt sind.

Eine Betriebsaufspaltung im Sinne des § 134 UmwG liegt nach dem Wortlaut des Gesetzes immer dann vor, wenn die Anlagegesellschaft sich nach der Spaltung „im wesentlichen" auf die Verwaltung der übertragenen Vermögensteile beschränkt und der Betriebsgesellschaft die Vermögensteile „im wesentlichen" übertragen bzw. zur Nutzung überlassen wurden.

---

650 Baumann, DStR 1995, 888(890).

651 Müller-Ehlen, Übergang von Arbeitsverhältnissen, S. 180f.

Mit dem Begriff der „Wesentlichkeit“ verwendet das Umwandlungsgesetz einen unbestimmten und damit auslegungsbedürftigen Rechtsbegriff. Entscheidendes Kriterium im Rahmen der „Wesentlichkeitsprüfung“ dürfte dabei die Möglichkeit der uneingeschränkten und unveränderten Fortführung des Betriebes bzw. Betriebsteiles als arbeitsorganisatorischer Einheit sein.[652]

Sofern die oben dargestellten Voraussetzungen erfüllt sind, tritt gemäß § 134 Abs.1 UmwG eine gesamtschuldnerische Haftung für Arbeitnehmeransprüche aus den §§ 111 - 113 BetrVG ein, wenn diese innerhalb von 5 Jahren nach dem Wirksamwerden der Spaltung begründet werden.

Ferner gilt gem. § 134 Abs.2 UmwG die Haftung nach Absatz 1 auch für bereits vor der Spaltung begründete Ansprüche auf Versorgungsleistungen nach dem BetrAVG.

Die Haftungserweiterung betrifft damit ausschließlich Ansprüche aus Interessenausgleich bzw. Sozialplan sowie ggf. Nachteilsausgleichsansprüche nach § 113 BetrVG sowie Ansprüche aus betrieblicher Altersversorgung.[653]

Diese Ansprüche müssen innerhalb dieses Zeitraums lediglich begründet worden, d.h. noch nicht fällig sein. Insoweit sieht § 134 Abs.2 UmwG eine weitere Frist von fünf Jahren vor.

c. Die Geltung des § 134 UmwG bei Aufspaltung und Ausgliederung

Da § 134 UmwG nach dem Wortlaut des Gesetzes nur für den Fall der Abspaltung gem. § 123 Abs.2 UmwG gilt, stellt sich die Frage, ob die gesetzliche Regelung insoweit abschließend ist oder eine analoge Anwendung – namentlich in den Fällen der Aufspaltung – in Betracht kommt.

Das Bedürfnis für eine derartige analoge Anwendung könnte deshalb bestehen, weil es ansonsten den Unternehmen leicht möglich wäre, die verschärften Haftungsregelungen des § 134 UmwG durch die Konstruktion der Aufspaltung bei ansonsten gleichen Tatbestandsvoraussetzungen zu umgehen.[654] Es liegt damit eine vergleichbare Interessenlage vor.

Fraglich ist jedoch, ob auch die Voraussetzung einer planwidrigen Regelungslücke erfüllt ist. Wie sich der Gesetzesbegründung entnehmen lässt, wollte der Gesetzgeber über § 134 UmwG sämtliche Fälle einer gesonderten Haftung unterwerfen, in denen aufgrund der „Aufteilung in Anlage- und Betriebsgesellschaft“ haftungsrechtliche Nachteile für die Arbeitnehmer entstehen.[655] Der Gesetzgeber unterscheidet dabei in der Begründung nicht zwischen den einzelnen Spaltungsarten, sondern legt sämtliche Spaltungsfälle zugrunde.

Dies legt den Schluss nahe, dass es sich bei der im Gesetz selbst getroffenen Formulierung um ein bloßes redaktionelles Versehen handelt, mithin die Fälle

---

652 Wie hier Kallmeyer/Willemsen, § 134, Rz. 8.

653 Vgl. hierzu auch noch unten V.

654 Vgl. Kallmeyer/Willemsen, § 134 Rz.4.

655 Vgl. Begr. RegE, BT-Drucks. 12/6699, 122.

der Aufspaltung und Ausgliederung ebenfalls dem Geltungsbereich des § 134 UmwG unterfallen, sofern die sonstigen Tatbestandsvoraussetzungen erfüllt sind.[656]

2. Ergebnis

Sämtliche von einer Spaltung betroffenen Arbeitsverhältnisse, einschließlich denjenigen, bei denen ein Betriebsübergang nach § 613a BGB vorliegt, unterliegen der haftungsrechtlichen Bestimmung des § 133 UmwG, die die Regelung des § 613a Abs.2 BGB verdrängt.

Darüber hinaus gilt in sämtlichen Spaltungsfällen – einschließlich Aufspaltung und Ausgliederung – im Falle einer Betriebsaufspaltung die Sonderbestimmung des § 134 UmwG.

V. Exkurs: Die betriebliche Altersversorgung

Ein Sonderproblem im Rahmen der Spaltung stellen die Verbindlichkeiten aufgrund von Versorgungszusagen aus der betrieblichen Altersversorgung - namentlich in den Fällen der Aufspaltung – dar.[657]

Obwohl Betriebsrentenzusagen von erheblicher praktischer Relevanz sind, sind sie im Rahmen des Umwandlungsgesetzes – mit Ausnahme der Regelung in § 134 UmwG - nicht gesondert berücksichtigt worden

Dies erscheint aufgrund der besonderen Rechtsnatur der Versorgungszusagen besonders verwunderlich:

So betreffen Rechte aus Versorgungszusagen nicht nur aktive, sondern in erster Linie bereits ausgeschiedene Mitarbeiter. Die Arbeitsverhältnisse dieser Mitarbeiter können weder nach § 613a BGB noch nach umwandlungsrechtlichen Gesichtspunkten übertragen werden, so dass sich die Frage stellt, ob eine freie Dispositionsbefugnis der an der Spaltung beteiligten Rechtsträger besteht und wie die Ansprüche der Ruheständler haftungsrechtlich geschützt werden.

Eine ähnliche Problemlage besteht bei den aktiven Mitarbeitern, soweit deren Arbeitsverhältnisse spaltungsrechtlich übergehen.

Auch haben die Mitarbeiter überwiegend noch keine Vollrechte erworben, sondern lediglich – z.T. noch verfallbare – Anwartschaften. Es fragt sich damit, ob derartige Anwartschaften rechtlich ebenso geschützt sind wie die Vollrechte.

1. Übergang der Versorgungsverpflichtungen

Hinsichtlich des vermögensrechtlichen Übergangs von Betriebsrentenansprüchen in Form der unmittelbaren Zusage ist zwischen Versorgungsverpflichtungen

[656] Ebenso i.E. Kallmeyer/Willemsen, § 134, Rz. 4; Lutter/Hommelhoff, § 134, Rz.45.

[657] Vgl. zur Problematik der Versorgungszusagen bei Spaltung bzw. Betriebsübergang allg.: Binz/Raiser, BB 1980, 897; Blomeyer/Otto, BetrAVG; Höfer, BetrAVG; Junker, RdA 1993, 203; Kaiser/Gradel, DB 1996, 1621; Neye, Wprax 1994, 15.

gegenüber aktiven Arbeitnehmern einerseits und aus dem Arbeitsverhältnis ausgeschiedenen Arbeitnehmern, vor allem Pensionären, andererseits zu unterscheiden.

a. Der Übergang bei aktiven Arbeitnehmern

Unmittelbare Betriebsrentenzusagen sind als Bestandteil des Arbeitsverhältnisses anzusehen, so dass sie, soweit das Arbeitsverhältnis gekoppelt an den zugehörigen Betrieb gemäß § 613a BGB übergeht, ebenfalls von der Überleitung nach § 613a BGB erfasst werden. Es verbleibt damit bei den allgemeinen Grundsätzen.[658]

Soweit die Arbeitsverhältnisse spaltungsrechtlich übergehen, folgt die Versorgungszusage bzw. Anwartschaft ebenfalls dem Arbeitsverhältnis; es handelt sich um ein untrennbares Recht.

b. Die ausgeschiedenen Mitarbeiter

Demgegenüber kommt ein arbeitsrechtlicher Übergang von Versorgungszusagen für Mitarbeiter, die bereits ausgeschieden sind, nicht in Betracht. Dies folgt aus der gesetzlichen Vorgabe im Rahmen des § 613a BGB, wonach das Arbeitsverhältnis zum Zeitpunkt des Betriebsübergangs bestehen muss.[659]

Einer hieraus resultierenden Zuordnungsfreiheit könnte jedoch § 4 BetrAVG entgegenstehen. Nach § 4 BetrAVG ist eine vertragliche Schuldübernahme hinsichtlich unverfallbarer Versorgungsanwartschaften und laufender Versorgungsverpflichtungen ausgeschlossen. Die Norm dient vorrangig der Sicherung der Arbeitnehmeransprüche.

Es fragt sich damit, ob § 4 BetrAVG einer spaltungsrechtlichen Zuordnung entgegensteht. § 4 BetrAVG knüpft an die Regelungen zur vertraglichen Schuldübernahme i.S.d. §§ 414ff. BGB an.

Wie bereits oben dargestellt, [660] sind die Regelungen über die vertragliche Schuldübernahme im Falle der Spaltung nach dem Umwandlungsgesetz bereits durch § 132 UmwG ausgeschlossen; durch die umwandlungsrechtlichen Regelungen soll die ansonsten erforderliche Beteiligung der Gläubiger gerade vermieden werden.

Gegen ein Übertragungsverbot nach § 4 BetrAVG spricht ferner der Charakter des Umwandlungsvorganges als partielle Gesamtrechtsnachfolge.

Einzuräumen ist allerdings, dass die Vorschrift des § 4 BetrAVG über das bloße Erfordernis der Gläubigerzustimmung hinaus eine Beschränkung des berechtigten Personenkreises enthält.

---

[658] Ebenso BAG NZA 1993, 643; Boecken, Unternehmensumwandlungen, Rz.136 und einhellige Auff. in der Literatur.

[659] Einhellige Auffassung, vgl. nur ErfK/Preis, § 613a BGB, Rz. 69 m.w.N.

[660] Kap. B III 2 cc.

Es fragt sich damit, ob der umwandlungsrechtlichen Übertragungsfreiheit oder der Übertragungsbeschränkung des § 4 BetrAVG der Vorrang einzuräumen ist.

Angesichts der weitgehenden Haftungsregelungen des Umwandlungsgesetzes und der Beschränkung des Vorrangs im Rahmen des § 132 UmwG auf die allgemeinen Regelungen, wozu § 4 BetrAVG jedoch aufgrund seiner speziellen Schutzrichtung gerade nicht zählt, hätte es eines besonderen gesetzlichen Vorbehalts bedurft, um die spaltungsrechtliche Übertragungsfreiheit über § 4 BetrAVG auszuschließen.[661]

§ 4 BetrAVG steht der spaltungsrechtlichen Zuordnung von Versorgungszusagen somit nicht entgegen.

2. Haftungsregelungen

Haftungsrechtlich sind die Ansprüche der Arbeitnehmer über § 133 UmwG abgesichert. Für den Fall der Betriebsaufspaltung tritt daneben die Haftung nach § 134 Abs.2 UmwG.

661 Vgl. auch Hill, BetrAV 1995, 114(117ff.).

D. Schlussbetrachtung

Der vorliegenden Untersuchung lassen sich im wesentlichen die folgenden Erkenntnisse entnehmen:

Die im Umwandlungsgesetz vorgenommenen arbeitsrechtlichen Flankierungen sind weitgehend geglückt. Die dem Gesetzgeber von der Literatur im Zusammenhang mit dem Umwandlungsgesetz vorgeworfene arbeitsrechtliche „Unklarheit" und „fehlende Harmonisierung" beruht weitgehend auf unterschiedlicher - und teilweise unzutreffender - Interpretation nicht der umwandlungsrechtlichen Vorschriften, sondern vielmehr der bereits vor dem Umwandlungsgesetz geltenden arbeitsrechtlichen Schutzvorschriften.

Die Vorschriften des Umwandlungsgesetzes haben auch keinen Einfluss auf die allg. arbeitsrechtlichen Normen, und zwar weder aufgrund unmittelbarer gesetzlicher Anordnung noch rechtstatsächlich. Dies gilt namentlich im Bereich des § 613a BGB. Soweit von Teilen der Literatur versucht wird, aus den umwandlungsgesetzlichen Vorschriften ein neues Verständnis bestimmter Rechtsfolgen auf arbeitsrechtlichem Gebiet herzuleiten, wird verkannt, dass das Umwandlungsgesetz ein Unternehmensorganisationsrecht darstellt, und die getroffenen arbeitsrechtlichen Flankierungen lediglich der Sicherung der Arbeitnehmerpositionen dienen, nicht jedoch die Arbeitnehmerrechte erweitern oder aber gar neue individualrechtliche Verpflichtungstatbestände begründen sollen.

Es wäre allerdings wünschenswert gewesen, wenn der Gesetzgeber hinsichtlich einzelner Problemfelder - namentlich im Bereich des § 613a BGB – im Zuge des Umwandlungsgesetzes auch durch eindeutige klarstellende gesetzliche Regelungen seinen gebotenen Beitrag zur Rechtssicherheit geleistet hätte.

Diese Aufgabe bleibt daher - wie leider immer häufiger in der jüngeren Vergangenheit - der Rechtsprechung vorbehalten.

In diesem Zusammenhang bleibt ebenfalls zu hoffen, dass die Rechtsprechung - namentlich des BAG - ebenfalls wieder die Aufgabe erfüllt, die ihr zukommt, nämlich auf der Grundlage des Willens des Gesetzgebers für Rechtssicherheit und -klarheit zu sorgen und keine zeitgeistabhängige Rechtsfortbildung zu betreiben oder, um mit Rüthers zu sprechen: „zum denkenden Gehorsam zurückzufinden."

Peter Lang · Europäischer Verlag der Wissenschaften

Karsten Bremer

Strafbare Internet-Inhalte in internationaler Hinsicht

Ist der Nationalstaat wirklich überholt?

Frankfurt/M., Berlin, Bern, Bruxelles, New York, Oxford, Wien, 2001.
279 S., 1 Abb.
Europäische Hochschulschriften: Reihe 2, Rechtswissenschaft. Bd. 3053
ISBN 3-631-37419-4 · br. DM 89.–*

Die Arbeit beschäftigt sich mit dem Problem, daß Internet-Inhalte weltweit als strafbare Kommunikationsdelikte angesehen werden können. Die Warnungen vor Neonazis, die aus dem Ausland agieren, werden immer eindringlicher; gleichzeitig fürchten sich deutsche Anbieter vor ausländischen Strafverfolgungsbehörden. Ob diesen Entwicklungen aber durch eine internationale Lösung erfolgreich entgegengewirkt werden kann, erscheint fraglich. Der Autor untersucht daher die Strafbarkeit von Internet-Inhalten im weltweiten Kontext. Die bisherigen Bemühungen um eine internationale Lösung werden dargestellt und ihre Erfolgsaussichten überprüft. Dabei zeigt sich, daß nationale Ansätze nicht vorschnell übergangen werden sollten.

Aus dem Inhalt: Arbeitsweise des Internet · Anwendbarkeit des nationalen Rechts · Kommunikationsdelikte im Rechtsvergleich · Schließung von Strafbarkeitslücken durch internationale Rechtsangleichung · Nationale Lösungsansätze

FSC
www.fsc.org
MIX
Papier | Fördert
gute Waldnutzung
FSC® C083411

Kolibri 360 GmbH
Ferdinand-Jühlke-Straße 7
99095 Erfurt, Deutschland
produktsicherheit@kolibri360.de

Druck:
CPI Druckdienstleistungen GmbH
im Auftrag der
Kolibri 360 GmbH
Ferdinand-Jühlke-Str. 7
99095 Erfurt